JN098145

土地所有を考える

所有者不明土地立法の理解を深めるために

松尾　弘

日本評論社

物的資源の中でいちばん偉大なものは、
疑いもなく土地である。
ある社会が土地を利用する仕方を探れば、
その社会の行く末をかなり正確に予言できる。

E・F・シューマッハー／小島慶三＝酒井懋訳
『スモール イズ ビューティフル
　──人間中心の経済学』（講談社、1986年）133頁

はしがき
——国家の中で「土地を所有する」とはどのようなことを意味するか

　本書は、国家の中で「土地を所有する」とはどのようなことを意味するかを考えようとするものである。それは、《土地の所有とは、誰が、どのように土地に関わることを意味するか》を問い、それに一応の答えを出すことにほかならない。このことが、本書の目的である。本書の考察を踏まえた回答は、「おわりに」の末尾に提示している。この問いは、国家以前に私的所有権が存在するとみる自然権論の立場とも、国家によって私的所有権が創出されたとみる立場とも、両立可能であり、いずれかの視点を前提とするものではない。

　長いこと当たり前のように行われてきた土地所有の意味を、今改めて問う理由は、土地の所有をめぐる制度が、現在動揺していると思われるからである。長引く経済の停滞、人口の減少、社会の高齢化に伴い、利用や管理がされなくなった土地が増大し、そうした状態がしばらく続くと、次第に誰が所有者または共有者であるか判明しない、あるいは判明してもその所在が分からない土地が増えてゆく。そうした所有者不明土地が放置され、雑草や雑木が生え、土地上の建物や工作物が荒廃し、倒壊しかかるなどの問題が生じている。この場合、誰が、どのようにこの問題に対処し、多くの人々が納得する形で、解決を導くことができるであろうか。従来の土地所有制度は、この問題に対処するための明確かつ実効性のあるルールを欠いていた。これに答えようとしてきたのが、最近の一連の所有者不明土地に関する立法である。

　土地は必ず誰かが所有し、利用し、管理し、処分し、自然人の場合は死亡により、法人の場合は合併や清算により、他人の手に移ってゆく。この土地所有サイクルが円滑に繰り返される中で、土地は様々な物やサービスや便益を直接・間接に産み出す源泉になっている。このサイクルが各所で途切れていることが、現代の所有者不明土地問題の元凶であると思われる。その途切れた環、ミッシング・リンクを補完するものとして、所有者不明土地問題に対処するための諸立法——本書ではこれら一連の立法を所有者不明土地立法と呼ぶことにする——が、平成20年代に森林および農地から始まり、その他の土地へと拡張される形で続けられてきた。令和2年3月には「土地基本

法」が改正され（令和2年法律12号）、様々な分野の土地法が、全体として包摂的で、整合性をもち、それによって持続可能性の高い制度となるための方向性が示された。そして、それを具体化するものとして、令和3年4月には所有者不明土地の発生予防、利用管理および解消促進に向けた「民法等の一部を改正する法律」（令和3年法律24号）および「相続等により取得した土地所有権の国庫への帰属に関する法律」（同法律25号）が制定された。さらに、令和4年5月には、「所有者不明土地の利用の円滑化等に関する特別措置法」（平成30年法律49号）の改正が行われた（令和4年法律38号）。また、所有者不明土地立法ではないが、国民の生活や国土の防衛にとって重要な施設の周辺や領海を定める基線がある離島の区域内にある土地等が、それらの機能を阻害する行為の用に供されることを防止すべく、区域を指定して利用状況の調査、勧告・命令による利用の規制、契約の届出の義務づけ等の措置について定めた「重要施設周辺及び国境離島等における土地等の利用状況の調査及び利用の規制等に関する法律」（重要土地等調査法。令和3年法律第84号）が制定・施行された。これも土地の利用管理への関心の高まりを示すものといえる。

　こうした動向に着目し、本書は「土地を所有する」ということをその根本に遡って考えることにより、所有者不明土地立法の理解を深めるとともに、そのことを通じて、現在の日本で「土地を所有する」ということがどのようなことを意味するに至っているか、その内実を明らかにしようとするものである。このような観点から、本書の第Ⅰ部では、誰が土地所有に関わっているか、土地所有の様々な担い手について、その歴史的な変遷プロセスを概観したうえで、現在の状況を検討する。それを踏まえ、第Ⅱ部では、立場の異なる様々な主体がどのように土地所有に関わっているか、土地所有制度の内容について、公共の福祉に基づく土地所有権の制限に焦点を当て、土地の私的所有の自由と公共性の調和がどのように図られようとしているか、具体的な局面を通じて明らかにする。

　日本では、全国一律に適用される土地所有制度の形成が始まってから、ちょうど150年が経過した。この間、日本の土地所有制度は、土地をめぐるその時々の政策課題に懸命に対応することを通じて形成されてきた。今やそうした従来の経緯を足場にして、地価の高騰や下落、人口の増大や減少、産業構造や労働形態の変化といった様々な事情変更に対応可能な、より包摂的で、

整合的で、持続可能性のある土地所有制度の構築に向けて再出発する時期を迎えている。本書が、そうした強靭な土地法制の構築に通じる長い道のりの歩みに寄与する小さな一歩となりうれば幸いである。

　本書は、法学セミナー771号（2019年4月）〜782号（2020年3月）に連載された「土地所有を考える1〜12（完）」をベースにしつつ、連載後に成立した立法等の帰結をフォローするとともに、全体構成および内容にも修正を加えた。

　本書の執筆は、日本評論社の晴山秀逸さんの一貫したご支援の下で進めることができた。記して深甚の謝意を表する次第である。また、前記連載を始めるに際しては、同社の柴田英輔さんに格段のご高配を賜った。その後、連載中から本書に至るまでの間には、大東美妃さん、田村梨奈さんにも大変にお世話になった。そして、最終段階は、長年お世話になってきた上村真勝さんの手で仕上げていただくことができた。この場を借りて、深くお礼を申し上げたい。

令和5（2023）年1月27日　東京・三田の研究室にて

松尾　弘

目次

第Ⅰ部

土地所有と国家
——土地所有の担い手

　第1部では、土地を所有する場合において、誰がその担い手になるかについて検討する。一般に、自由主義国家においては私人が土地所有の担い手の中心になり、国や地方公共団体等の公的団体による土地所有は公共用地に限定されるのに対し、社会主義国家においては土地は国家すなわち全人民が所有するものと考えられている。このように土地所有の主体が誰かということは、国家の基本構造を決定づける重要な意味をもつ。

　もっとも、自由主義国家であれ、社会主義国家であれ、私人のみが、あるいは国家のみが、土地の所有を担いうるわけではない。むしろ、私人と国家がどのような形で協力することにより、土地が産み出す効用を最大化できるかが、土地所有制度の根幹をなす。第1部ではこのような観点から、日本という国家における土地所有の担い手について、どのような制度が形成され、変容し、どのような課題があるかを検討する。

　土地は誰かが所有し、利用し、管理し、そして他人に移転するというサイクルを繰り返す中で、私たちの生活に必要な、そしてまたそれを豊かにする、様々な物やサービスを直接・間接に産み出す源泉である。農地が産出する農産物、工場用地の上で営まれる製造業が産み出す製品、商業施設が建つ土地の上で営まれる商業活動が産み出すサービス、あるいは宅地の上に立つ住居で営まれる生活の享受も、土地が産み出す物やサービスの重要な一部である。こうして土地が産み出すことのできる潜在的利益をどのように顕在化させ、現実に引き出すことができるかは、私たちがどのような土地所有制度を創出するかにかかっている。そして、産業構造の変化、政治状況の変動、人口の増加・減少、地価の高騰・下落等々、様々な経済・政治・社会事情の変化に対して柔軟に対応することができる、持続可能性の高い土地所有制度を構築

してゆくことは、人々の豊かで安定した生活の維持・向上に直結するであろう。そのような土地所有制度を確立するために、私たちは国家を形成し、発展させてきた。国家の成立および発展と土地所有制度の形成および変容は密接不可分に関係している（第1章）。このことは、日本の場合にも当てはまる（第2章）。

　国家の成立と形態を特徴づける土地所有制度の根幹は、誰がどのように土地を所有し、利用し、管理し、そして自然人の場合にはいつか（少なくとも死亡時には）必ず、法人の場合にも必要に応じて、他人に移転するかにある。それは国によっても、時代によっても大きく異なり、そのことが国家間における経済・政治・社会の発展の違いや、1つの国の歴史における経済・政治・社会の盛衰と相互に深く関わっている。この意味において、土地には常にそれを所有し、利用・管理する適切な担い手が必要であり、土地所有の適切な担い手がいなくなってしまうような状況は回避する必要がある。

　わが国における土地所有の主体としては、自然人および私法人が中心になる。しかし、土地の所有の担い手としては、国や地方公共団体、慣習法上の地域コミュニティ等も、それぞれの関わり方において重要な役割を果たしている。例えば、土地の所有・利用・管理は、その土地が所在する地域コミュニティ（地方の集落や区、都市の自治会や町内会等）による街路の清掃や環境の維持に支えられている面を無視することができず、そうした地域コミュニティ自体が土地を所有することも少なくない（第3章）。また、土地の所有者（またはその者から当該土地に権原の設定を受けた利用権者）は隣地に対し、相互にその隣地の所有者（またはその利用権者）という資格で、隣地の使用や管理をめぐり、一定の権限をもちうる（第4章）。さらに、土地の所有者が自ら土地を利用および管理することができず、他人に賃貸、売却、贈与する等もできないときには、最終的に国家にそれを引き取ってもらうことも——一定の要件を設けたうえでのことではあるが——どうしても必要になる（第5章）。

　第Ⅰ部では、そうした土地所有の担い手の広がりについて、その歴史的な変遷プロセスも踏まえて検討することにより、国家において土地を所有する場合に必要となる担い手、各担い手の役割およびそれらの相互関係について理解を深める。

第1章

なぜ今「土地所有」が問題か、それをどのように考えるべきか

　近年、所有者が誰であるかや、その所在が容易に明らかにならない土地、いわゆる**所有者不明土地**[1)]の増加が問題になっている。それを契機に、所有者不明土地を所有者不明のまま利用したり、その新たな発生を予防したり、それを解消するための諸立法、それに基づく政策的諸措置などが行われている。しかし、そもそも所有者不明土地問題とは何か、その原因は何かを辿ってゆくと、少子高齢化、土地価格の下落、災害の発生、濫開発の進行など、

---

1)　「所有者不明土地」については、法令上統一的定義があるわけではなく、各法令がその目的に応じて定義している（松尾2019a：342-348頁参照）。例えば、所有者不明土地利用円滑化法2条1項は、「相当な努力が払われたと認められるものとして政令で定める方法により探索を行ってもなおその所有者の全部又は一部を確知することができない一筆の土地」と定義する（なお、同法施行規則1条～3条も参照。土地基本法13条5項も同旨。その他の定義例につき、松尾2021c：16-18頁参照）。ある土地が「所有者不明」か否かは、その土地の所有者およびその所在の探索に、誰がどれだけ時間と費用をかけて探索するかどうかによって異なる。この意味で「所有者不明土地」は探索者、その者がかけることができる時間および費用に依存する相対的概念である。専門家が時間と費用をいくらでも使ってよいとすれば、所有者不明土地はほとんどなくなると考えられる。しかし、ある者が土地の所有者およびその所在の探索にかけることができる時間と費用には、法令の目的に応じて限度がある。この意味で、「所有者不明土地」とは、《各法令の目的に照らして所有者およびその所在を知る必要のある者が合理的に用いることができる時間および費用をかけて探索しても所有者またはその所在が判明しない土地》と一般的に定義することができよう（松尾2021b：4頁、松尾2021c：14-16頁。山野目2022：5-8頁、12-13頁、51-58頁も参照）。所有者不明土地には、①土地の登記名義人が死亡した後、相続登記がされておらず、その後数次相続が生じる等して、土地の所有者（共有者を含む）が特定できない場合（**特定不能**）と、②仮に所有者（共有者を含む）が特定できたとしても、その所在が不明の場合（**所在不明**）の場合がある（松尾2018b：94頁注1参照）。①・②を併せて「所在等不明」ともいわれる（民法262条の2等参照）。

現在の土地所有制度の形成期には想定されず、それゆえに対応策が制度の中に準備されていなかった社会状況の変化により、土地の所有が私人の手だけでは支えきれなくなった制度的限界というものに突き当たる。その結果、土地の利用や管理をめぐる私人と国家の役割分担のあり方が問われようとしている。それは、そもそもなぜ国家が形づくられ、維持されてきたかという国家の根本的な存在理由に関わる問題でもある。ある国家の土地所有の有り様を追求することは、その国家それ自体の有り様を明らかにし、その問題点と解決策を探ることに通じる。本書のコンセプトはこの点にある。そして、その探求は、国家と土地所有の関係——典型的には、自由主義（私人による土地所有が中心）か社会主義（全人民所有が原則）かという問題——に纏わりついてきた既成の観念（イデオロギー）を相対化し、その対立を克服することのできる、より柔軟で包括的な土地所有権の概念の獲得へと通じているかも知れない。

1 | 土地所有と国家

(1) 「国家の姿を映し出す鏡」としての土地所有

人間は土地の上に暮らし、土地から生じる産物を飲食して生活している。人間は土地なしに生きることはできない。しかし、全ての人々が土地を所有しているわけではない。土地所有は誰が、いつ、どのようにして決めたのであろうか。

　　ある土地に囲いをして「これはおれのものだ」と宣言することを思いつき、それをそのまま信ずるほどおめでたい人々を見つけた最初の者が、政治社会〔国家〕の真の創立者であった。杭を引き抜きあるいは溝を埋めながら、「こんないかさま師の言うことなんか聞かないように気をつけろ。果実は万人のものであり、土地はだれのものでもないことを忘れるなら、それこそ君たちの身の破滅だぞ！」とその同胞たちにむかって叫んだ者がかりにあったとしたら、その人は、いかに多くの犯罪と戦争と殺人とを、またいかに多くの悲惨と恐怖とを人類に免れさせてやれたことであろう？[2]

---

　2)　ルソー／本田＝平岡訳1933：85頁。

これは、ルソー（Jean-Jacques Rousseau：1712-1778）の『人間不平等起原論
(*Discours sur l'origine et les fondements de l'inégalité parmi les hommes*)』（1755
年）における第2部冒頭の一節である。私たちは、そこからどのようなメッ
セージを受け取るべきであろうか。ちなみに、これを読んだヴォルテール
（Voltaire = François-Marie Arouet：1694-1778）は憤慨し、「これこそ、金持の
ものを貧乏人が盗むことを望んでいる、ならず者の哲学だ」と同書の余白に
書き込んだとされる[3]。もっとも、そうした反応をルソーは予想しながら、
あえて論争を惹起すべく、熱っぽく土地所有論を書き始めたのかも知れない。
というのも、それに続けてルソーは、熱を冷ますかのように、伝えるべき要
点を冷静に整理しているからである。

　　しかしまたその頃〔政治社会（国家）の成立時、すなわち、自然状態の終局
　　点〕はすでに事態がもはや以前のような状態をつづけられない点にまで達して
　　いたことも明らかなようである。というのは、この私有の観念は、順次的にし
　　か発生できなかった多くの先行観念に依存するもので、人間精神のなかに突如
　　として形作られたのではないからである。すなわち、自然状態のこの最後の終
　　局点に到達するまでには、多くの進歩をとげ、多くの才覚と知識とを獲得し、
　　それを時代から時代へと伝達し増加させなければならなかった[4]。

ここでルソーはむしろ、「ある土地に囲いをして『これはおれのものだ』
と宣言」することにより、突如として土地所有が始まったのではないことを
確認している。つまり、土地の「**私有の観念**」（idée de propriété）は、人間
が「多くの才覚と知識とを獲得」したことにより、**順次的に**（successive-
ment）発生した「多くの先行観念」の蓄積の上に成立したものであるとみ
ている[5]。そして、それは「多くの進歩」を遂げた結果であるとして、積極
的に評価すべき面もあることを示唆している。結局、土地所有は状況に応じ
て良い結果をも悪い結果をももたらす可能性を秘めた両面価値的（アンビヴァレント）なものとし

---

　3)　ルソー／本田＝平岡訳1933：235頁参照。
　4)　ルソー／本田＝平岡訳1933：85頁。〔 〕内は筆者による（以下同じ）。
　5)　「多くの先行観念」には、同書第2部において土地所有（私有）の成立過程として検討さ
　　　れる土地の耕作、土地の分配、労働、暗黙の約束などが含まれると考えられる。ルソー／
　　　本田＝平岡訳1933：99-100頁、104-105頁、107頁参照。

て捉えられている[6]。

　最も重要なことは、この一節が自然状態について論じた第1部に続き、**「政治社会（国家）」**(la société civile) の成立を論じる第2部の冒頭に置かれていることである。それは、土地所有の漸次的成立が人々の自然状態 (l'état de nature) に終わりを告げ、徐々に国家を成立させたという基本視点の提示である。ここから私たちが受け取るべきメッセージは、土地所有制度の漸次的形成は国家の漸次的形成をもたらしたというものであり、《ある国の土地所有の有り様を見れば、そこに一体どんな国が築かれてきたか、国の有り様がわかる》ということである。この意味で、土地所有は国家の姿を映し出す鏡であるということができる。

(2)　土地所有と私的自治

　もっとも、土地所有の漸次的成立と表裏一体をなすものとして形づくられてきた「政治社会（国家）」が意味するものには注意が必要である。それは原語である "la société civile"（civil society）が示唆するように、政治権力（civil power）をもって国内統治（civil government）を行う組織であるが、いわゆる「お上」のような狭い意味の国家（政府）ではなく、後にそこから営利組織（企業）や非政府・非営利の固有の意味の市民社会が分化してくる広い意味の国家を指している[7]。このことは、近時の所有者不明土地問題をはじめ、日本の土地問題を解決する糸口を探るためにも重要である。なぜなら、土地所有の成立が広義の国家の形成に伴うものであるとすれば、土地問題もまた政府（中央政府——しばしば「国」と呼ばれる——のほか、都道府県・市町村などの地方公共団体を含む）の手に委ねれば解決するものではなく、企業や市民社会を含む国家全体の問題として対処しなければ解決できないからである。例えば、所有者不明土地をなくすために、政府が法改正をして、土地およびその権利変動の登記を義務化し、土地の取引や相続においても登記を強制すれば済むかというと、けっしてそうではないであろう。なぜなら、個人、企業および地域コミュニティをはじめとする非政府組織（NGO）・非営利組

---

6)　土地所有が両面の価値をもつ（アンビヴァレントな）制度であることについては、松尾2012:183-184頁参照。

7)　国家と市民社会との関係については、松尾2012:105-109頁参照。

織（NPO）を含む固有の意味の市民社会（以下、これらを総称して「**私人**」という）が自発的に協力しない限り、サンクションをどれだけ強化しても、義務違反はなくならないだろうからである。そもそも政府がつねに土地の所有者やその異動についてすべてを把握し、管理することは不可能というほかない。むしろ、土地所有は人々の意識の中に漸次的に形成された観念──それは当然ながらそれぞれの国家によって異なりうる──に依拠するとすれば、土地問題は政府のみならず私人が協働し、私人の自発的意思に合致する形で対処しなければ、根本的解決に向かわないであろう。土地所有問題に対処するためには、政府の果たすべき役割を探ると同時に、私人間の私的自治のレベルにおける対応方策も合わせて検討し、広い意味での国家全体の問題として捉える必要がある。

（3） 社会の基盤を刻印する制度としての土地所有

土地所有は社会の制度の中でもその根幹部分をなし、経済の仕組みの基盤となるものである。なぜなら、土地が誰のものであるかが、土地から直接または間接に生み出される様々な物や利益が最初に誰のものであるかを決める根拠とされてきたからである。このことは、「**物件の最初の取得は土地の取得にほかならない**」とみたカント（Immanuel Kant：1724-1804）の考察に示されている。

　　土地（Der Boden）（この言葉で理解されるのは、すべての居住可能な陸地である）は、その上にあるすべての移動可能なもの〔樹木や家屋なども含む「破壊可能なもの」。これらは「付属物」（das Anhängende）と呼ばれる〕とのかかわりにおいて実体（Substanz）〔原文隔字体〕とみなされるが、……土地の上の移動可能なものは、あらかじめその土地〔実体、物件〕がだれかに（その人の自分のものとして）法によって占有されていると認められるのでなければ、その人の自分のものであることはできない。
　　というのも、土地がだれかに帰属していないと仮定するなら、私はその土地そのものを占拠するために、その土地の上にあるあらゆる移動可能なものをその場所から取り去ってすっかりなくしてしまうことができるし、それによって他の人のいずれかの自由が、その人がまさにそのときにその土地を所持しているのでなければ、毀損されることはない[8]。

ここでカントは《土地が生み出す収益である「付属物」の帰属は、その「実体」である土地の帰属の帰結である》という**法則**の存在を示している[9]。この財産帰属の法則は、様々な財産の帰属を決定づける**土地所有の根源性**を示すものといえる。このことは、①土地の果実は元物である土地の所有者に帰属するというルール、②自分が所有する土地を他人に貸して賃料を収取できることが所有の権能に含まれているというルールなどに端的に示されている。これら①・②のルールの形成を前提に、③そうした土地所有者の利益享受が侵害されたり、その危険が生じたときには、侵害の除去や予防のために所有者を保護するルールが形成された。また、④土地を複数の者が共同で所有する場合には、各共同所有者の権能を定めるルールが必要になる。これらは土地所有の内容を構成するルールである。一方、⑤誰がどのようにすれば土地の所有者になり、どのようにすれば所有者ではなくなるか、土地所有の取得と喪失に関するルールも必要になる。時効取得、売買・贈与のような譲渡、相続、放棄などのルールがそれに当たる。そして、⑥土地所有者を確定する画一的ルールをつくり、それを管理し、紛争を解決できる国家の権力機構を維持する費用を賄うために土地に課税するルールも不可欠である[10]。

　これらは土地に対する人々の行動を規律する一連のルールの集合物としての**制度**（institution）にほかならない。制度とは、各地域の習俗・道徳・宗教などの非形式的なルール、国家の法律や命令などの形式的なルールおよびその中間にある慣習法や判例法などの複合物であり、人々に様々なインセンティブを与えることを通じて、人々の行動を一定の範囲に枠づけるものである[11]。前記①〜⑥のルールを中核とする土地所有の制度は、土地から生み出

---

8)　カント／樽井＝池尾訳2002：89頁。

9)　すなわち、「私のもの・あなたのものは規則（従物はその主物に従う［accessorium se-quitur suum principale］）に従って、実体の所有から帰結しなければならない」、「すでに私のものである土地の上にある諸物体について言えば、その諸物体は、他の人のものでないかぎり、**私に**〔原文隔字体〕に帰属する。そのために私が特別な法的行為をする必要はない（なされた事実による［facto］のではなく、法則による［lege］）」（カント／樽井＝池尾訳2002：98頁、99頁。下線は筆者による）。

10)　土地所有者は一定の税金を支払う義務を負うというルールも、土地所有の内容を構成するルールの１つである。ラズ／松尾訳2011：208頁。

11)　「制度」の本質・存在意義・構造および法との関係に関しては、松尾2012：7頁、51頁、117-211頁参照。

される利益の最初の帰属を決定するゆえに、社会の基盤を構成する制度にほかならない。そして、土地所有制度は土地の帰属主体に「**所有権**」という「**権利を設定する法**」制度となり[12]、さらに、それは権利の概念および権利概念を中核とする近代法の体系を形づくる原動力にもなった[13]。

　こうしてみると、社会秩序の根幹を形づくってきた所有権制度の形成において、土地所有が担ってきた根源性を確認することができる。

(4)　土地所有権制度の多様性と国家の風土

　形式的および非形式的ルールの複合物である土地所有権制度の内容は、各国によって多様である。土地所有権制度は、ある国では登記や裁判システムの整備と結びつき、土地の耕作、工場やオフィスの建築、担保権の設定による資金調達手段としての利用などにより、土地という物理的な資産（asset）を、様々な天然果実および法定果実としての富を効率的に創造する**資本**（capital）へと転換することに成功した。しかし、他の国では成功しなかった[14]。その結果、土地所有権を中心とする財産権の制度の違いは、国家間の経済格差を決定づける要因であるとみられている[15]。

　さらに、そうした経済成果にとどまらず、土地所有権制度の相違は、人間の土地への働きかけに様々な影響を与えることにより、土地と人間の相互作用によって形成される、各国に独特の「**風土**」の相違をもたらしている[16]。私たちが各国・各地を旅したときに感じる風景・景観の相違の背後には、土地の地形・地質・気候などの自然条件の相違と相俟って、土地所有権の制度の相違がある。風土は国家の土地所有権制度の内容を反映する「顔」にほかならない。

---

12)　ラズ／松尾訳2011：206-208頁。
13)　Matsuo1997：pp. 73-78；松尾2012：174-185頁。
14)　De Soto2000：pp. 5-8, 40, 46-62.
15)　North2001/2002：pp. 321-322参照。
16)　和辻1979：9-10頁、15頁、20頁、25-26頁、31-32頁。

2 │ 土地問題の推移と原因

(1) 国家形成と土地問題

　土地所有権制度の形成は国家の発展と一体をなし、土地問題は国家の統治制度の変更と不可分であった。ホッブズ（Thomas Hobbes：1588-1679）が考えたように、国家権力が樹立されていないところに真の「所有」（Propriety）はないといえるからである[17]。そして、スミス（Adam Smith：1723-1790）は、「所有権の保存と占有の不平等が最初に統治を形成し」たとみている[18]。このように富の所有の安全を保障することが国家による統治の目的であるといえる。もっとも、スミスも認めているように、社会の幼少期には統治権力は弱体無力であり、その権威が「諸個人の勤労を隣人たちの貪欲にたいして保護できるようになるまでには、ながくかかった」に違いない[19]。こうして、所有権の状態は国家統治の形態とともに絶えず変わってきたと考えられる。さらに、所有権を保護するための統治権力の強化は、外国からの侵略の危険に対して安全を保障することまでをも含意することに注意する必要がある。

　　統治権力が、勤労の生産物を防衛しうるまでに大きくなるときには、もうひとつの障碍が、別の方面から発生する。野蛮状態における隣接諸国民のあいだにはたえ間なく戦争が存在し、一方の他方にたいする侵略と掠奪が続く。私的所有は隣人たちの暴力にたいしては安全を保障されているとはいえ、敵の侵略を受ける危険にさらされている。このようなやりかたでは、貯えがいくらかでも蓄積されうるということは、不可能に近い[20]。

　すなわち、国内の「隣人たちの暴力」に対する安全の保障とは「別の方面」から発生する「もうひとつの障碍」である、外国による侵略の危険から、勤労の生産物を防衛しうるだけの強大な統治権力が、私的所有には必要である。

---

17)　ホッブズ／水田訳1992：237頁。
18)　スミス／水田訳2005：31頁（傍点は引用者による）。
19)　スミス／水田訳2005：355頁。
20)　スミス／水田訳2005：355-356頁。

国内外に対する国家の統治権力の形成と土地の所有を形づくる制度の構築との関係についての以上の議論は、日本の場合にも妥当する。すなわち、①公地公民の理念と班田収授制に基づく律令国家体制は、貴族や寺社による私的な支配地である荘園の形成によって崩壊した。②荘園およびかつて国司が支配した国衙領（公領）に対する武家による守護・地頭を通じた土地支配の強化は、武家政権の成立基盤となった。③守護大名による土地支配にとって代わった戦国大名は、支配下の領地で分国法による独自の統治を形成した。しかし、④全国的な検地が行われ、それに基づいて算出された村全体の石高を基準に「知行」という抽象的な土地支配を宛がわれた大名・領主と、検地帳に記録されて年貢を負担する一方で田畑・屋敷の「所持」という具体的な土地支配を認められた名請人による分割所有制度が一般化し、武家政権による封建制が確立した。それによっていったん安定化した国内統治は、⑤列強諸国による侵略の危機に直面し、さらなる中央集権化を図るべく、明治維新によって武家政権から天皇政権への土地支配権が移譲された。明治政府は、地租改正によって私的土地所有権を導入する一方で、所有者に金納地租を課すことにより、集権的な権力基盤を確立した（後述17-22頁〔第2章**1**〕参照）。このように日本においても、土地問題は常に国家の統治形態を左右する中心的要因であった。

(2)　私的土地所有権制度と土地問題

　土地問題は、土地の私的所有権制度が形成された後も、繰り返し生じた。例えば、①地券発行後の小農民の土地喪失と大地主の土地兼併による格差拡大、②小作料をめぐる地主と小作人との紛争、③地代をめぐる地主と借地人との紛争、④農地改革をめぐる紛争、⑤土地の濫開発と環境・景観の破壊の進行、⑥原野商法などの詐欺的取引の横行、⑦昭和30年代半ばの高度成長期、昭和40年代後半の日本列島改造ブーム期および昭和60年代のバブル経済期の3度にわたる地価高騰と、その後のバブル経済の崩壊、⑧少子高齢化、人口減少および不況に伴う空き地の増加、⑨地方におけるコミュニティの過疎化や崩壊、⑩相続による所有者の変更が土地登記簿に反映されないことなどに起因する所有者不明土地問題の深刻化などである[21]。

---

21)　国土交通省「土地白書（平成30年版）」55-112頁参照。

こうした土地所有権問題は、その時々の経済・社会の変化によって偶然生じた別々の問題のようにもみえる。しかし、その背後には明治維新期に急造され、低コストでの土地取引を可能にした土地所有権制度が、土地を資本として流動化し、商品化した土地所有権の効率的な取引を通じ[22]、急速な経済成長をもたらした一方で、バブル経済とその崩壊、高齢化と人口減少、日本産業の国際競争力の減退、長引く不況などを契機に、商品所有権を中核とする土地所有権制度が機能不全を起こした状況も見出される。そこには土地所有権制度に当初から存在していた弱点が見え隠れしている。その兆候は、すでに明治期から看取されていた。

　　この江山の洵美なる、生殖の多種なる、これ日本人の審美心を過去、現在、未来に涵養する原力たり。この原力にして残賊せられんか、日本未来の人文啓発を残賊すると同一般、しかも近年来人情醨薄、ひたすら目前の小利小功に汲々とし、ついに遥遠の大事宏図を遺却し、あるいは森林を濫伐し、あるいは『名木』、『神木』を斬り、あるいは花竹を薪となし、あるいは古城断礎を毀ち、あるいは『道祖神』の石碣を橋梁に用い、あるいは湖水を涸乾し、…（維新後、松島の松樹を伐りて木材となし、東京忍ヶ岡の桜樹を斬りて印材となし、…『文明開化の世に無用の長物なり』とて東京増上寺に放火せし者の類は、近年来、少しく改悛したりといえども）、もって日本の風景を残賊する、そこばくぞ、かつや名所旧跡の破壊は歴史観念の連合を破壊し、国を挙げて赤裸々たらしめんとす[23]。

　これは明治27（1894）年、日清戦争の真只中で刊行された志賀重昂『日本風景論』の一節である。すでにここで志賀が嘆いている森林や名木・神木の濫伐、史跡の礎石や石碑の毀滅、名所旧跡の破壊は、いずれも土地所有権の効力が及ぶ土地の付属物の処分であり、最初に土地所有者の承諾なしには起こりえないもので、これらの付属物に価値を見出し難い土地所有権制度の帰結である。それは「商品」性のない土地の利用や管理を誰がどのように行うべきかを備えないまま**急造された日本の土地所有権制度の未成熟さ**を示唆し

22）　商品所有権の流通を促進する民法ルールの分析に関し、川島1981:154-285頁参照。
23）　志賀2014（1894）:237頁。

ている。日本の土地所有権制度も、ルソーのいう通り、ある日突如として始まったのではなく、国家の形成に伴って漸次的に形成された。しかし、制度変化の速度は一様でない。とくに明治維新期に私的土地所有権制度の導入を始め、土地の市場化は急ピッチで進んだものの、市場に委ねることが適切でない土地の利用・管理のシステムが整う前に濫開発が進行し、同制度の持続可能性が危うくなってきた。約25万 km^{2}の森林を含む約37万8千 km^{2}の日本の土地を、約1億2千7百万人・約5,230万世帯（うち約2,560万世帯が宅地を所有する。【図表 I - 1】）が政府とどのように利用・管理すべきか、今や様々な土地を包摂する持続可能な土地所有権制度の構築が求められている。

3 │ 所有者不明土地問題とその原因

(1) 土地問題の連続性と所有者不明土地問題

国土交通省の調査では、平成28年度に地籍調査を実施した622,608筆のうち、不動産登記簿によって土地所有者・その他の利害関係人またはこれらの代理人の所在が確認できなかった土地が125,059筆（20.1％）あった。原因は、相続が発生したが未登記だったものが83,371筆（66.7％）で最も多く、売買・交換などの未登記は1,192筆（1.0％）にとどまった。残りの40,496筆（32.4％）は住所変更の未登記によるものであった。もっとも、地籍調査の実施主体である地方公共団体が戸籍・住民票、聞取りなどによる追跡調査をした結果、最終的に土地所有者等が所在不明だった土地は2,526筆（0.41％）で、そのうち宅地が134筆（0.14％）、林地が1,399筆（0.57％）であった[24]。

この調査においても土地が商品性を欠く場合の管理が問題となっており、所有者不明土地問題も前述した**土地所有権制度の急造に起因する未成熟問題**と連続性をもつことが確認できる。その際、地方公共団体や国が時間と労力をかければ一定程度は土地所有者等が判明するが、負担可能な費用と人員は中央・地方の政府機関によって一様でなく、無制限でもない。この問題の核心が、土地の管理をめぐる私人と政府との役割分担のあり方に存在するとみられる所以である。

---

24) 国土交通省「平成28年度地籍調査における土地所有者等に関する調査」（国土交通省「土地白書（平成30年版）」114頁図表3-1-1）。

【図表 I-1】 日本の土地と所有者（世帯）数等

土地面積（km^2）*1	377,971
宅地面積（km^2）*2	19,000
農地面積（km^2）*2	45,500
森林面積（km^2）*2	250,600
人口（人）*3	127,298,000
世帯数*4	52,298,000
住宅の敷地を所有する世帯数*4	25,586,000
住宅の敷地以外に宅地等を所有する世帯数*4	6,201,000
住宅の敷地以外に農地を所有する世帯数*4	4,503,000
住宅の敷地以外に山林を所有する世帯数*4	2,673,100
所属不明土地の面積（km^2）*5	105,300

【出典】
＊1：国土技術研究センター（2015年）
＊2：「土地白書（平成25年度版）」（図表1-4-2。平成24年の数値）
＊3：総務省統計局「人口推計」（平成25年10月1日現在）
＊4：「平成25年住宅・土地統計調査」
＊5：国土交通省「土地所有・利用概況調査報告書（2015年
　　　度版）」

(2)　所有者不明土地問題と日本社会

　所有者不明（共有者の全部または一部の不明を含む）の土地の増加は、現代の日本社会に多くの問題を投げかけている。それは、①民間が実施する再開発事業などの開発プロジェクトや、政府その他の起業者が実施する公共事業のコストを増し、利益を削減し、公益の実現を妨げ、全体として大きな社会・経済損失を生じさせている。その一場面として、被災地では、所有者不明土地が災害の復旧・予防のための事業実施の障害になっている。また、市町村が都道府県および国の補助を用いて行う地籍簿を整備するための地籍調査も妨げている。②所有者不明土地は、市町村による固定資産税の徴収漏れも生じさせている[25]。さらに、③近隣住民に対しては、所有者不明土地は、

---

25)　吉原2017：21-22頁、52-83頁、94-107頁。

特にその上に建物・樹木などがある場合にはその管理不全とも相俟って、住環境の悪化や危険状態を生じさせている。そして時には、④所有者不明状態の土地は、土地取引詐欺の温床にもなっている[26]。

(3) 所有者不明土地が生じる原因

　土地が所有者不明となる主な原因は、相続が生じても登記せず、転居しても住所の変更を届け出ないなど、不動産登記簿の情報が随時更新されない場合が多いことによる。その背景には、人口減少、高齢化、経済の停滞などにより、買い手のない土地が増加し、将来土地を処分するために実際上必要となる登記名義等の更新をあらかじめしておくことへのインセンティブが縮減している事情がある。引き取り手のない土地の所有権を放棄する制度も整備されていない[27]。所有者不明土地問題は、土地価格が継続的に上昇し、かつ市場で容易に取り引きできるという前提状況の中で形成された私的土地所有権制度が、そうした前提状況が崩れた事態に対応する仕組みを組み込んでいなかったため、既存の制度が社会の変化に対応できなかったことに起因する、土地所有権制度の構造的な未完成問題である。

(4) 土地所有制度史の重要性

　所有者不明土地問題の対策については、①相続および氏名・名称または住所の変更の登記の義務化、専門家によるサポートや教育・啓蒙活動等による相続登記の促進、②マイナンバー等を用いた所有者の異動に関する情報と登記情報との関連づけ、③ランドバンクの創設等も含む、利用されない土地の引受先の拡大方策や利用手続の整備等、注力すべき要点が明らかになってきた[28]。今後はこれらの対策を具体化し、着実に実施するための法改革が重要になる。そのためには日本の土地所有制度の来し方を確認し、それらの法改革が、今なお未完成な日本の土地所有制度の補完プロセスであるという歴史認識の下で、実現可能な制度改革の内容を具体的に明らかにすることが鍵になる。

---

26)　濱崎2017:22-23頁、藤川2017:26-27頁。
27)　吉原2017:83-86頁、154頁。
28)　吉原2017:139-178頁。

第2章

土地所有権の制度はどのように形成され、どのような問題を生じさせたか

　第1章でみたように、土地所有制度は国家の発展に伴って形成されてきた。それは国家が国民の所有の安全を国内のみならず国外の危険からも保障するために構築されてきたからである。江戸時代の安定した国内統治の構築にもかかわらず、明治維新によるさらなる中央集権化と、その財政基盤を確保するための地租改正が必要とされた根本理由はここにある。所有の安全が保障されないところでは、生命や身体の安全すら危ういに違いない。また、土地所有の保護は所有一般の安全の基盤である。そうした土地所有制度の形成は漸進的なプロセスであるが、そのペースと内容は一様でない。250年以上継続した江戸時代の土地制度は、一定の連続性をもちつつも、明治維新の地租改正によって10年程度の間に急激に変化した。このような制度変化の緩急は、様々な土地問題を生む淵源となった。日本の土地問題（大地主の土地兼併と小農民の没落、小作人争議、借地人争議、農地改革争議、濫開発の進行、詐欺的土地取引の横行、地価高騰、空き地の増加、地域コミュニティの崩壊、所有者不明化など）は、短期間での私的土地所有権制度の導入によって始まった急激な土地の商品化と土地取引の市場化に深く関わっている[1]。土地問題の抜本的解決策を探るには、土地所有制度の変容プロセスの特色と、そこに生じた歪みを理解することから始める必要がある。

1）　前述11-13頁（第1章 **2** (2)）参照。

1 │ 日本における私的土地所有権制度の成立プロセス

(1) 国家の成立と土地所有制度の形成

　天皇中心の中央集権化による律令国家の成立に向けて、形式的な制度変更を提示した孝徳天皇による**改新の詔**（大化 2〔646〕年）は、「その一」が土地・人民に対するかつての天皇・豪族による私的な所有を廃止し、**公地公民制**の理念を宣明したものと解されている。

> 　其一曰、罷昔在天皇等所立子代之民・處々屯倉、及別臣連伴造國造村首所有部曲之民、處々田荘（其の一に曰はく、昔在の天皇等の立てたまへる子代の民・処処の屯倉〔朝廷直轄の農業経営地〕、及び、別には臣・連・伴造・国造・村首の所有る部曲の民・処処の田荘〔豪族が経営する土地〕を罷めよ）……[2]

　ちなみに、改新の詔の「その二」は中央・地方の行政組織、「その三」は戸籍制度・班田収授法の土地制度、「その四」は租税制度の整備に関するものであった。もっとも、この改新の詔には、飛鳥浄御原令（持統 3〔689〕年）、大宝律令（大宝元〔701〕年）および養老令（天平宝字元〔757〕年）を参照して加えられたと考えられる修正ないし書替えも見出される[3]。しかし、改新の詔には後代の律令とは異質な要素も混在しており、その全文を後代の修飾とみることも困難である。それは政権が土地と人民を一元的に把握するために、造籍と班田の仕組みを打ち出し、租税制度を創出して、国家の制度を整備することを試みたものと理解するのが穏当であろう[4]。そうであるとすれば、国家による国土と人民の一元的把握の大前提として、公地公民制を理念として宣明したことには、その実効性の程度にかかわらず、国家の構築に向けて論理必然的な意味があったとみることができる。日本の統一的な国家秩序の整備を試みたこの最初期の法令が、土地所有の制度化への取組み（改新の詔「その一」）から始まっていたことは、やはり注目に値する。

---

2) 坂本ほか（四）1995:505-507頁（原文）、256-260頁（訓み下し文・注）。〔〕内は筆者による補足。

3) 坂本ほか（三）1995:413-414頁（補注）、牧＝藤原:31頁［林紀昭］。

4) 牧（英正）＝藤原1993:31頁［林］。

奈良時代には、そうした土地の正当な支配はシルといわれ、「**知**」るの字を当てることが通常であった[5]。

(2)　知行と所持の分離

　もっとも、公地公民制の宣明（形式的制度化）にもかかわらず、その徹底および持続は困難であった。墾田永年私財法（天平15〔743〕年）は開墾地を「私財」とし、その相続、売買等を認め、班田収授法も衰退した。次第に有力な貴族や寺社による私的な支配地である荘園が形成されて「私領」が認められ、売買等の処分が行われて拡大した。これらの土地に対する支配は「**知行**」または「**領知**」と呼ばれ、相伝（譲与、相続など）、質券（質流れ）、買得が可能であった。その主体は「**領主**」と呼ばれた。私的な土地支配の拡大は、支配地を防衛するための武士団（武家）の台頭をもたらし、その政治的影響力を高めることになった。武家は相互間の確執を経て支配力を強化・拡大し、領地の付与と軍役の提供からなる封建的な主従関係を形成して成長した。その支配権は、荘園のみならず、国司が支配した公領（国衙領）にも及んだ。

　しかし、封建制の進展に伴う封建領主への土地支配の集中によって荘園および公領に対する支配秩序が崩壊するに従い、知行は公法的な租税徴収権限に転化していった。特に太閤検地（天正10〔1582〕年以降）は、年貢を賦課すべき土地として検地帳に記載された高請地の貢租負担者である名請人を確定し、村全体の石高である村高を算出することにより、村請制度が形成された。こうして知行は公法的な徴税権限となる一方、検地帳に名請人として記載された者による田畑の支配は「**所持**」と呼ばれ、私法的な土地支配の権限となった。

　江戸時代には、土地を所持する名請人は「**地主**」と呼ばれたが、幕府直轄の高請地では田畑の永代売買が禁止され（1643年）、多くの藩もこれに倣った。また、地主による高請地の所持は名請人の個人的な土地支配ではなく、村請制度の下では村の土地でもあった。しかも、村の土地には、高請地（田畑、屋敷地）のほか、入会・社寺地・溜池・墓地等があり、村落共同体の中で有機的に結合していた。さらに、村落共同体内では質地の請戻慣行や、日本海地方・四国地方における土地の割換慣行も形成され、地主が所持する土

　5）　牧（健二）1956:30頁。

地は「私のものであるとともに村のもの」でもあった。もっとも、そうした中で村落内部の一部上層農民への田畑の所持が集中し、地主化の進行と小作人との対立がすでに生じていた[6]。

　こうして近世封建制の土地支配は、①領地を宛て行う将軍の権限に基づき、②村高自体を宛て行われた領主の「知行」の下で、③貢租義務を負う名請人が「所持」するという意味での**分割所有秩序**であった。それは、①将軍の領主に対する、②領主の名請人に対する、③名請人の小作人に対する人的支配秩序と不可分に結合したものであった。

(3)　土地の分割所有秩序の解体

　日本における土地の私的所有権制度の導入は、こうした人的階層秩序と不可分に結合した分割所有秩序を、単一主体への土地の絶対的帰属に転換したものである。それは二方面から展開した。

　一方では、［1］土地に対する将軍および領主の権限を処理した方策として、①将軍が幕府の直轄領に対する土地支配権および大名・領主に対する人的支配権を天皇に返還することを願い出て勅許された**大政奉還**（慶應3〔1867〕年10月）、②天皇を中心とする政権の樹立を宣明した**王政復古**（同年12月）、③藩主から天皇へ封土と領民を返上した**版籍奉還**（明治2〔1869〕年6月）、④藩主権力の解体と天皇政権の集権化を強化した**廃藩置県**（明治4〔1871〕年7月）、および⑤華士族の家禄・賞典禄を金禄化・公債化して廃した**秩禄処分**（明治9〔1876〕年8月）が行われた。これにより、将軍・藩主の土地支配権（知行）は天皇を中心とする国家（官）に帰属した。**公地公民制**の復活である[7]。もっとも、それが確定するには一定の時間を要した。すなわち、戊辰戦争（慶應4〔1868〕年1月～明治2〔1869〕年6月）の終結、佐賀の乱（明治7〔1874〕年2月）に始まる一連の士族反乱、特に不平士族の大規模な反乱である西南戦争（明治10〔1877〕年2月～9月）の終結により、明治政府への土地支配権の帰属が実質上も確定したとみることができる（【図表Ⅰ-2】参照）[8]。

---

6)　以上の経緯につき、文献も含め、松尾2018b：99-104頁参照。

7)　以上の経緯につき、文献も含め、松尾2018b：105-107頁、112-113頁参照。

8)　松尾2018b：123-124頁。

【図表Ⅰ-2】 日本における私的土地所有権制度の形成の諸要因

文久1 （1861）年	神田孝平「農商弁」（12月）
慶應3 （1867）年	大政奉還（10月）、王政復古（12月）
明治2 （1869）年	版籍奉還（6月）・禄制改革，税法改革ノ議（4月）
明治3 （1870）年	田税改革議（6月）
明治4 （1871）年	廃藩置県（7月）・秩禄処分 土地耕作制限令解除（9月） 一般地券発行（12月）
明治5 （1872）年	田畑永代売買禁止解除（2月）、田租改革建議（4月） 官林払下げ（6月）、旧慣による土地利用禁止（8月） 徴兵の詔（新暦12月〔以下同じ〕）
明治6 （1873）年	徴兵令（1月）、地租改正条例（7月）・壬申地券発行
明治7 （1874）年	土地官民有区分（11月）
明治10 （1877）年	西南戦争（2～9月）
明治32 （1899）年	国有土地森林原野下戻法（4月）

【出典】筆者作成。

(4) 土地の所持から所有権へ

　他方では、［2］土地の私的所有主体の創出として、①貢租負担者であっ
た土地の「所持」者に対する耕作制限を緩和して土地利用の自由を拡大した
田畑勝手作の許可（明治4〔1871〕年9月4日大蔵省47号）に続き、②同じく
土地の「売買」と「所持」を「四民」に認めた**田畑永代売買解禁**（明治5
〔1872〕年2月15日太政官布告50号）により、分割所有秩序の下での「所持」
は、**一地一主としての「所持」**へと性質を変えた。また、分地制限令も解除
され（明治5〔1872〕年2月24日大蔵省25号）、耕地の分割・売買の自由が認
められた。これらの土地制度改革と合わせて看過できないのは、③その直前
に行われた**身分制度改革**である。すなわち、平民にも苗字の使用、乗馬、華
族との婚姻、穢多非人等の呼称廃止と一般民籍への編入、職業・居住の自由
を認めた（明治3〔1870〕年9月～明治4〔1871〕年12月）[9]。これは、土地所
持の受け皿としての所持主体の拡大と、土地所持を制約していた身分秩序の
解体の開始を意味するとともに、「一地一主」の原則を実質化することに寄

9）　松尾2018b:115頁。

与した点で、重要な意味をもつ。こうしてあらゆる私人が土地を所持できることになった。もっとも、この段階では、前述した大政奉還・版籍奉還・廃藩置県・禄制改革・士族の反乱の平定を経ていったん官有となった土地に対し、誰でも唯一の「所持者」になることが認められたにとどまる。

　しかし、明治政府はこれらの制度改革を踏まえ、さらに土地制度改革を進めた。すなわち、④すでに政府は東京府下で**一般地券を発行し**、従来無税の市街地の持主に地租上納を命じていたが（明治4〔1871〕年12月）、田畑永代売買解禁（前述②。1872年2月15日）の直後、「地所売買譲渡ニ付地券渡方規則」（明治4〔1872〕年2月24日大蔵省25号）を定め、郡村地にも地券を発行した。そして、地券は地所の「**持主**」たる確証とされた。その後、⑤**地租改正条例**（明治6〔1873〕年7月）により、全国的な土地調査に基づいて地価に従って課税する金納地租体制の確立を図った。その地券（壬申地券）の裏面では地券は地所を「**所有**」する証しであるとされた。さらに、太政官布告は地券によらない売買の買主には地所の「**所有ノ権**」がないとした（明治7〔1874〕年10月）。こうしてあらゆる私人が「持主」として土地を「所有」できることになった。さらに、⑥官林を払い下げて「**私有物**」とすること（明治5〔1872〕年5月）、⑦「**官有地**」と「**民有地**」（その第1種は「人民各自所有ノ確証アル耕地宅地山林等」）の区分（明治7〔1874〕年11月）、いったん官有地に編入された土地の「**下戻し**」（「所有又ハ分収ノ権利」の取得）を認めた国有土地森林原野下戻法（明治32〔1899〕年4月）などを通じ、私人の私的所有を具体的に認めていった。その間に、⑧法令上も「**所有権**」が次第に用いられ、定着した。土地売買譲渡規則（明治13〔1880〕年）4条、登記法（明治19〔1886〕年）16条・19条、大日本帝国憲法（明治22〔1889〕年）27条などである。憲法に基づいて制定された民法（明治23〔1890〕年）財産編2条2項第1・30条1項、民法（明治19〔1896〕年）206条・207条なども「**所有権**」の語を用い、定着した。すでに幕府・藩主による封建的土地支配およびその末端にあった村落共同体における慣行的土地所有も禁じられ（明治5〔1872〕年8月）、土地の「所有権」は土地を自由に使用・収益・処分し、売買できる「権利」として純化された。その移転は当事者の意思表示のみで可能とする意思主義を採用し（民法176条）、登記は「第三者」に権利移転を対抗するための要件として、当事者の自発的登記に期待することにした（民法177条）[10]。

(5)　公地主義と私人との所有権との相克

　このように［1］幕藩権力から天皇政権に帰属した土地支配権に基づき、
［2］国家が私人に「所有」権を新たに付与することにより、日本の土地所
有権は徐々に成立していった。その背景には、徴兵の詔（明治5〔1872〕年
11月＝新暦12月）・徴兵令（明治6〔1873〕年1月）により、明治政府が軍備増
強資金を必要としていた事情があった。もっとも、［1］・［2］両側面の関
わり方には問題が残り、土地の「所有権」が土地そのものに対する私人の絶
対的に自由な権利を意味するのか、国家の所有権を分有したものか、なお曖
昧であった。地券発行当初はもとより、それが一段落した頃にも、国家が土
地の所有権を保持し、私人には「土地ヨリ生ズル所ノ収穫利益ヲ売買使用ス
ルノ権」（土地の使用・収益権）を付与したにすぎない（明治15〔1882〕年7月、
岩倉具視の三条実美宛て意見書）という見解が、政府の中に根強く残っていた。
大日本帝国憲法（明治22〔1889〕年）の起草者である井上毅も、同27条の臣
民の「所有権」は、国家が国土に対してもつ「原有権／オリヂナルプロパチ
ー」（original property）に基づいて「小民ニ恵与」したものとみる公地主義
を支持していた[11]。このように公地思想は1880年代になっても繰り返し復活
した。

2 ｜ 私的土地所有権制度の形成プロセスの特色と土地問題の淵源

(1)　2つの土地所有権の未調整

　こうして日本では、公地主義を正面から公式に更新する決定も修正する決
定もされないまま、土地は誰のものかという根本問題について、国家のもの
であるような私人のものであるような**跛行的な土地所有権の観念**が形成され
た。この曖昧で両面的な状態は、法理面からも時間をかけて解決すべきもの
であった。しかし、その余裕がないまま事態は進行し、問題が複雑化した。
　政府は道路・鉄道などの都市インフラの整備のために東京市区改正条例
（明治21〔1888〕年8月）を定め、東京市区改正土地建物処分規則（明治22
〔1889〕年1月）は建築制限について定めたものの、これらの法令の適用区域

---

10)　以上の経緯につき、文献も含め、松尾2018b:114-123頁参照。
11)　石井1976:123-126頁、伊藤＝宮沢1940:56-58頁。

外では規制がない状態が放置され、使うも使わぬも、何を建てるも壊すも所有者の自由という土地所有権観が醸成され、無秩序な都市景観が形成されていった。折から日清戦争（明治27〔1894〕年～明治28〔1895〕年）、日露戦争（明治37〔1904〕年～明治38〔1905〕年）を経て、産業資本の発達に伴う都市への人口集中により、乱雑な宅地化に拍車がかかった。大正8〔1919〕年4月に都市計画法および市街地建築物法が制定されたが、いったん普及した土地「所有権」＝使うも使わぬも自由という観念は、法令の規制がなければ自由であるという所有者意識を定着させてしまった。そうした偏った土地所有権意識に基づく濫開発は、本来的に利用価値が低く、商品性を欠く土地を大量に生み出し、後の所有者不明化の遠因にもなった。そうした偏った土地所有意識を生み出し、持続可能性を欠く土地所有権制度は、それが未成熟であったことを示している[12]。

（2） 土地の商品化とその思想的背景

　土地をできる限り自由に使用・収益し、容易に売買できる商品とする土地所有権制度は、地券制度の導入を促した**商業立国論**（神田孝平「農商弁」〔文久元〔1861〕年12月）に基づくものであった。それは、①農産物や工業製品から得られる収益率よりも、これらを運送し、貿易することによって得られる収益率の方が大きいこと、②同じ物でも2度・3度と貿易すれば、商業から上がる利益には際限がないこと、③商業から上がる利益に課税し、農産物からの租税を減らせば、農業の利潤を多くし、山野が開発され、産物は増し、その価格は下落し、工業・商業も盛んになり、農工商が発展し、国家が栄えることである。これを土地取引にも適用し、土地の利用・処分を自由にし、取引が活発になれば収益が際限なく生じるという基本思想は、神田の「**税法改革ノ議**」（明治2〔1869〕年4月）における沽券税法の構想、同「**田税改革議**」（明治3〔1870〕年6月）で具体的に展開された。沽券税法の制度が土地の兼併を生じさせ、貧富の差を拡大するとの批判に対し、神田は、人の性格には「智愚」・「勤惰」・「倹奢」があり、「智勤倹」を兼ねる者が「漸ク富ミ」、「愚惰奢」を兼ねる者が「漸ク貧シキ」は「当然ノ理」であると断じた。富者から奪って貧者に与えることは智勤倹を抑えて愚惰奢を勧めることになり、

12）　以上の経緯につき、文献も含め、松尾2018b：125-127頁参照。

かえって民を窮苦の中に陥れるという、自由尊重主義的な思想を標榜した。また、田地の売買は「戦国以来」自由であったが、徳川幕府の中葉以来売買禁止の令が下されたのは「元来不当ノコト」であり、売買を禁止するならばいったん官が悉く買い上げ、改めて民に渡した後でなければ、「条理」に適わないと述べている。ここには神田の自然権的な自由主義思想が現れている[13]。

(3) 地券発行と土地問題の淵源

神田の沽券税法の説は、大蔵省官僚を動かし、大蔵卿・大久保利通、大蔵大輔・井上馨による「地所売買方禁処分──収税法施設之儀正院伺」（明治4〔1871〕年9月）および「三府下地券発行之儀正院伺」（同年10月）を経て、前述20-21頁（**1** (4)〔2〕③・④）の諸法令への形式化が行われ、その実施を通じて具体化されていった。その際、地券に記載すべき地価の決定方法が問題になった。神田の沽券税法は持主に自由に決定させる方式を提示したが、土地市場がまだ形成されていない段階では現実的でなかった。

そうした中、神奈川県令・陸奥宗光は「**田租改革建議**」を太政官に上申し（明治5〔1872〕年4月）、地租金納の前提となる田畑の実価をその土地の良否肥瘠の度合によって規定することを提案した。これは従前の地租制度における土地評価方法を足場として利用しつつ、金納への漸次的制度変更を企図したものである。しかし、それは農民にとって極めて重い負担であった従来の封建的貢租と変わらない負担を課すものでもあった。同年6月、陸奥は大蔵大輔・井上馨によって大蔵省・租税頭に抜擢され、同権頭・松方正義とともに地租改正法案の策定に携わり、大蔵省地方官会同（明治6〔1873〕年4月～5月）等を通じ、地租改正事業の準備を進めた[14]。

そのようにして導入された地券は、低コストでの土地取引を可能にし、土地価格を上昇させ、土地を担保とする資金調達を拡大し、それを通じた投資の増大によって経済成長をもたらす**土地本位制**の形成を促した。それは明治維新以降の経済発展の原動力となった。

反面、地租改正によって導入された自由な土地所有権制度は、土地市場が

---

13) 松尾2018b:107-111頁。
14) 松尾2018b:111-112頁。

機能不全を起こした場合の問題処理や、公益の増進と調整するための土地市場に対する規制の発展を抑制した。その結果、日本は様々な土地問題に悩まされることになった[15]。それらは、市場に委ねることが適切でない土地や商品性を欠く土地の利用・管理のシステムを装備しないまま急造された日本の土地所有権制度に当初から存在していた未完成部分である。これに対し、福沢諭吉は以下のように批判的にコメントしている。

　先年の地租改正は文明流行の熱狂中に断行したることにして、之を改正して百年の得失如何を考へたるに非ず、国有の性質を具へたる土地を改めて人民の私有に帰するの大事を思ふたるに非ず、地租を低くして其利益は到底何者に帰す可きやを究めたるに非ず、其実は当時在朝の儒流書生輩が少しく翻訳の書を読み又西洋人の説など聞き、宿昔斯民休養の儒魂に投ずるに西洋商国の新説を以てし、一時心酔の余りに匆々着手したる政策にして、今日より之を思へば其策の完全ならざるのみか、寧ろ明治政府の一大失策として計ふ可き程のものなれば、其改正の本体に於て既に非難を免かれず……[16]

福沢は、地券発行は古来「国有の性質」を備えた土地を「人民の私有」に改めた「日本開闢以来の一大改革」で、「利益」も「弊害」も少なくないが、富豪が容易に大地主となり、小作人が困窮し、自作農民までが土地を失う傾向に危機感を表明した[17]。それは地券制度が自由主義的な「西洋商国の新説」に一時心酔して着手した政策で「完全ならざる」＝未完成のものだったからである。

(4)　包摂的で持続可能な土地所有権制度の構築に向けて

それにもかかわらず、土地問題の解決を市場原理に則った需給調整論によって解決しようとする傾向はいまだに根強い[18]。しかし、今や日本の土地所有制度の歴史的連続性に立脚し、かつ商品性のない土地の利用・管理システ

---

15)　前述11-13頁（第1章**2**(2)）参照。
16)　福沢1959（1892）:128頁。
17)　福沢1959（1892）:121-123頁。
18)　松尾2018b:131-135頁。

ムも含む、**包摂的で、そしてそれゆえに持続可能な土地所有権制度**の構築が求められているのではなかろうか。

　所有者不明土地問題を1つの契機として、その背景にある本質的問題が明らかになってきた。それは、土地の所有や利用・管理が私人の手では負担し切れなくなってきている状況にどのように対処すべきかという問題である。この事態に対して、土地基本法制と民事基本法制の各観点からの制度改革が共通課題として浮上してきた。ある人が土地を所有し、利用・管理し、途中で処分することもあるが、自然人の場合はいずれは死亡して、必ず他人にわたってゆく。現在の日本の土地法制度においては、こうした土地の所有、利用・管理、処分および移転というサイクルの各所でスタックが生じ、土地の所有および利用・管理の担い手の活動やその円滑な交代が阻害されている。これらの制度的障害を取り除き、土地の所有、利用・管理、処分および移転のシステム全体を改善してゆくことが、土地所有制度改革の目標であるということができる。

第3章

地域コミュニティによる土地所有はどうあるべきか、それはなぜ重要か

　私的土地所有権制度の下では、自然人だけでなく、法人も土地を所有し、登記名義人となることができる。例えば、会社などの営利法人、公益法人・特定非営利活動法人・中間法人（農業協同組合、消費生活協同組合など）・その他の非営利法人である。これらの私法人と並んで、国・地方公共団体（都道府県、市長村、特別区など。地方自治法1条の3、2条1項）などの公法人も土地を所有することができる。それは私人による土地所有と併存するゆえに、私的土地所有権制度と矛盾するわけではない。問題は、明治期以前から存続する各地の集落（一般に部落、区などと呼ばれる）や自治会・町内会などの地域コミュニティによる土地所有である。判例は地域コミュニティの性質を権利能力のない社団とみて、その構成員たる世帯（主）全員による土地の所有を「総有」とし、実体法上の所有主体と認める一方で、権利能力のない社団である限り、地域コミュニティの名前での登記を認めていない[1]。しかし、地域コミュニティの法主体性およびその名前による登記を正面から認め、その土地所有を名実ともに確立することは、明治維新期の土地制度改革で取りこぼされた部分を補完し、日本における土地所有制度の過去を現在に繋げ、連続性を確認しつつ、現在の土地所有制度を発展させて未来に繋げるための強固な結節点となる可能性を秘めている。

---

1)　最判昭和47・6・2民集26巻5号957頁。

1 ｜ 地域コミュニティと明治政府の地方政策

（1）　地域コミュニティによる土地所有

　最初に、地域コミュニティによる土地所有の実態を理解するために、Ｘ県Ｐ市Ａ集落（【写真】）を例にとってみよう。Ａ集落（Ａ「区」と呼ばれる）はＸ県の中山間地に位置する。Ａ集落はかつてＱ町の１集落（区）であったが、平成18（2006）年３月、Ｑ町がＰ市と合併したため、現在はＰ市の一部である。現在Ｐ市には241の集落（区）ないし自治会＝地域コミュニティが存在する。Ａ集落は典型的な権利能力のない社団であり、定款があり、代表者・総会・財産管理規則などが備わっているが、認可地縁団体（地方自治法260条の２）としての認可手続はとられていない。Ａ集落は平成30（2018）年１月１日現在、26筆の土地を所有していた。それらの登記地目は、原野・山林・宅地・雑種地・その他となっている。ところが、登記名義にはつぎの３種類が存在する。

　①26筆中12筆はいわゆる記名共有地であり、Ｂ外２名、Ｃ外１名（２筆）、Ｄ外１名、Ｅ外１名、Ｆ外１名、Ｇ外１名、Ｈ外２名（４筆）、Ｉ外１名となっている。Ｂ～Ｉは登記当時のＡ集落の代表者などであり、すでに全員が死亡している。

　②他の10筆は「Ａ組」名義である。

　③残りの４筆はＰ市名義である。このうち、Ｐ市名義の３筆（公民館敷地）は、かつて「Ａ組」で登記されていたが、昭和45（1970）年３月に、Ａ集落

【写真】Ｘ県Ｐ市Ａ集落

が属するＱ町（後にＰ市に合併）から補助を得て公民館を建てた際に、「Ａ組」からＱ町に登記名義が変更された。Ｐ市名義の残り１筆は、Ａ集落が区民広場を作るためにＪ（個人）から買い上げた際、昭和57（1982）年にＱ町名義に移転登記された（その後、Ｑ町のＰ市への合併により、現在はいずれもＰ市名義となっている）。

　ここで注目すべきは、Ａ集落が権利能力のない社団であるにもかかわらず、「Ａ組」名義の登記が存在することである。これはＡ集落が明治以前から「Ａ村」であったことに由来する。その経緯を知るためには、明治維新期の地方制度改革の模様を確認する必要がある。

(2)　明治維新の地方制度改革と地域コミュニティ

　明治維新における地券発行・土地官民有区分等による土地の私的所有権の導入事業（前述20-21頁〔第２章 **1 (4)**〕）が取り残した重要問題の１つは、近世の生活共同体であり、村請制の単位であり、入会地を管理した「村」（近世村落。地域により、集落、部落、区などと呼ばれる。地域コミュニティ）[2]に対し、独立した私的土地所有権の主体たる法的地位（法人格）を与えなかったことである[3]。なぜ問題かというと、地域コミュニティは、それに期待される潜在的機能の１つとして、地域の土地利用計画の策定など、ボトムアップ型の公共性の第一次的形成主体として、重要な役割が期待される存在だからである。

　明治政府は、明治４（1871）年７月14日の廃藩置県の詔書に先立ち、①同年４月４日の戸籍法により、各地方に区を置き、区長・副区長を置くことを各藩に命じた。その後、②明治５（1872）年４月９日太政官布告117号により、旧来の村役人（庄屋または名主、年寄など）を廃止し、戸長・副戸長と改称する旨を命じた。そして、③同年10月10日の大蔵省布達146号により、区（大区）に区長、それを区分した小区に副区長を置き、従来の村役人をこれに当てることを府県に命じた。この**大区小区制**の下で、旧来の「村」（近世

---

2)　その内部組織は、一般に、各家（の家長）が五人組に組織され、村方三役といわれる名主（庄屋）・組頭（年寄）・百姓代によって統治された。大島1994：75頁。

3)　その結果、入会地は適切な受け皿を与えられず、ひとまず、個人名義の民有地か、官有地に編入されることになった。

村落）の取扱いは各府県によって様々であったが、これを小区の中の「組」として位置づけ、組総代を置き、その下に旧来の五人組ごとに**伍長**を置く地方が少なくなかった[4]。④明治7（1874）年3月8日太政官達28号は、区長・戸長を官吏に準じる身分とした。こうして旧来の「村」は明治政府の官僚機構の下部組織に組み込むことが企図され、地租改正も「村」単位で遂行された。しかし、明治初年の世直し一揆、農民騒擾などが「村」単位の結束によって惹起・拡大された経緯に鑑みて、「村」に法人格を付与するなど、共同体的団結やそれによる政治活動を促すような措置に対しては、政府は消極的であった[5]。

　大区小区制は、⑤明治11（1878）年7月22日の新三法——郡区町村編制法（太政官布告17号）・府県会規則（太政官布告18号）・地方税規則（太政官布告19号）——によって改変され、大区・小区に代えて郡・町村が置かれ、かつ府県と町村には議会の設置が認められた。しかし、町村制の基本方針は、従来の「村」＝「組」＝地域コミュニティ（地方により、集落、部落、区などと呼ばれる）を複数統合したレベルの新たな町村秩序の創出であった。それはまた、中小地主を中心とする村落体制の再編であって、そのために村落有財産の統一化が勧奨された。なぜなら、各部落がそれぞれ共有する山林原野は、各部落が独自の利害を主張してバラバラになり、町村行政の円滑を欠き、共同事業の遂行に支障を来すと考えられたからである。

　しかし、近世以来の生活単位であり、日常的に団結してきた部落および部落有財産を上から統合することは、必ずしも実効的ではなかった[6]。実際、土木事業や小学校等の経費分担をめぐって部落（集落）間の対立も頻発した[7]。

---

4)　大島1994:77-88頁。
5)　大島1994:88頁。
6)　大島1994:202-203頁。部落有財産を公有財産とみなして新たな町村有財産に編入しようとする政府の方針に対し、旧来の村（むら）の抵抗は激しく、この時に部落有財産を新たな町村有財産に持ち込ませないために、旧来の村の代表者名や複数の者による共有名義の登記が行われた（山下2016:82頁）。
7)　坂口2014:60-61頁。

(3)　長沼事件（その1）──入会地の官有地への編入

こうした明治政府の地方政策の下、「村」は、一方では周辺の「村」との利害調整をめぐり、他方では政府の「村」統合方針をめぐり、二方面で存立に関わる紛争に巻き込まれた。その一例が長沼事件である。

長沼は印旛県（明治6〔1873〕年から木更津県と合併して千葉県）長沼村（現在の千葉県成田市長沼）に隣接した約230町歩（約250ha）のひょうたん型をした沼（昭和期の干拓事業により、現在は水田などになっている）であり、長沼村の村民は江戸時代から幕府に年貢を納め、その大半が長沼で漁業（うなぎ、ふな、えびなど）、採藻、渡船営業などをして生計を営んでいた。これに対し、周辺の村は長沼村による長沼の専有を阻止すべく、幕末から訴えを起こすなどしていた。そして、明治5（1872）年、長沼周辺の15か村が印旛県に対し、長沼村が負うべき悪水路の浚渫工事に堪えないのであれば長沼は没収されるべきことを働きかけた。明治4（1871）年から地券の発行を開始した明治政府は、地租改正条例（明治6〔1873〕年7月28日）の発布に先立ち、地所名称区別を開始し（同年3月25日太政官114号）、その改正（明治7〔1874〕年11月7日太政官120号）により、土地を官有地と民有地に二分した。そして、「山岳丘陵林藪原野河海湖沼池沢溝渠提塘道路田畑屋敷等其他民有地ニアラサルモノ」は「官有地」の「第三種」とされた。これにより、長沼も民有地ではない沼として、官有地の第三種に編入されたため、長沼村はかつての権利を失うことになった。長沼村の用掛であった小川武平は、長沼の権利回復に努め、福沢諭吉の助言や請願書の案文作成支援なども得て、千葉県令柴原和に書簡を送付し、面談するなどした。その結果、明治9（1876）年7月、長沼は官有地のまま長沼村に一手借用許可が認められた（存続期間は5年間。満了後更新された）。

(4)　長沼事件（その2）──民有地化の契機

長沼の借用が認められた後も、長沼村は福沢の助言・支援も得て、その民有地化を求めて嘆願を続けた。焦点になったのは、自然の恵みは一村のみで独占すべきでないという他村の主張にどう答えることができるかであった。福沢は訴訟も想定して長沼村のために記した「訴訟の大意」（明治9〔1876〕年3月3日）12条において、つぎのように理由を説明した。

或は沼に生ずる者は天然の産物なり、独り一村の専らにすべきに非らずと云はん歟。私有の種類は一なるべからず、或は天生の山木あり、或は自然の温泉あり、其種類甚だ多し。<u>殊に歳月永続の間に其物に頼て居民の産を為したるものは、之を動すこと甚だ容易ならず</u>。長沼村の如きも方今百戸の人民、其大半は沼の利に頼て生活をなすものなれば、今にして他村と入会、其利を分たんとすれば、一村全体の生計立処に動乱を生じ、結局は双方共に所得あらずして所損あるべきのみ。啻に上郷と当村との関係のみならず、<u>之を大にすれば官私の一大不便利と存じ奉り候</u>[8]

　このうち、下線部前半には、私有財産一般の根拠として、福沢の「私有権は労力より起り労力の外に私有なし」（『地租論』明治25〔1892〕年4月29日時事新報社説）[9] とみた労働価値説が、すでに表出されている[10]。これに加えて、下線部後半にも着目すれば、私的土地所有権に特有の根拠としての「みんなの便宜」（後述122-123頁〔第6章**3**(2)(b)〕）が承認されていることが看過できない。その後、明治32（1899）年4月、国有土地森林原野下戻法（法律99号）により、下戻申請が受け付けられることになり（申請期限は明治33〔1900〕年6月30日まで）、長沼村も明治32（1899）年6月に下戻しを申請した。その際、長沼村は周辺数か村と示談を試み、下戻しの申請範囲を当初の主張よりも縮小するなどした。明治33（1900）年3月、長沼村は下戻しの指令を得るに至り、長沼の所有権が認められた。下戻しが認められた者は「所有又ハ分収ノ権利」を取得したこと（国有土地森林原野下戻法4条本文。官有地編入処分の取消しではなく、新たな行政処分としての民有化を意味する）に留意する必要がある。

2 ｜ 地域コミュニティの法人格と登記能力

(1)　認可地縁団体
こうした経緯に鑑みると、新たな町村を地方自治の中核として統治体制を

---

8)　福澤全集1962：494頁。
9)　福澤全集1959：115頁。
10)　岩谷2015：105頁。

再編する試みは、民主主義の担い手の育成という観点からは、やや規模が大きすぎ、実際的ではなかった。また、土木事業や小学校等の経費分担をめぐって集落間の対立も頻発した。むしろ、お互いの顔が見える範囲の、生活環境利益を共有する、近世以来の伝統的な「村」＝集落の単位に改めて法人格を与え、集落の名で不動産登記などができるようにすべきである。

　その一手段が、平成3（1991）年の地方自治法改正（平成3年法律24号。同年4月2日施行）による認可地縁団体の資格を取得することである。地縁団体とは、市町村内の一定の区域に住所を有する者の地縁に基づいて形成された団体であり、それは「地域的な共同活動のための不動産又は不動産に関する権利等を保有するため」に、市町村長の認可を受けたとき（認可地縁団体。地方自治260条の2・7項）は、「その規約に定める目的の範囲内において、権利を有し、義務を負う」（同条1項）。この下線部が、認可地縁団体が権利能力（法人格）をもつ根拠である。「地方公共団体は、法人とする」（地方自治法2条1項）とか、「一般社団法人及び一般財団法人は、法人とする」（一般社団法人及び一般財団法人に関する法律3条）と異なり、「認可地縁団体は、法人とする」という規定はなく、法人登記をすることはできない[11]。認可地縁団体の権利能力は、上記のように、「地域的な共同活動のための不動産又は不動産に関する権利等を保有する」ことに主眼がある。したがって、認可地縁団体の名前で不動産を取得し、登記することができる。

(2)　認可地縁団体が所有する不動産に係る登記の特例

　平成26（2014）年の地方自治法改正（平成26年法律42号。平成27年4月1日施行）により、認可地縁団体が所有する不動産に係る登記の特例が創設され、一定の要件を満たした認可地縁団体が所有する不動産については、市町村長が一定の手続を経て情報提供（証明書の発行）をすることにより、認可地縁団体が単独で所有権の保存または移転の登記を申請できるようになった（地方自治法260条の38、39）。その対象となる不動産は、①当該認可地縁団体が所有し、②当該認可地縁団体が10年以上所有の意思をもって平穏かつ公然と

11）　一方、認可地縁団体は、法人税に関する法令の適用に関しては法人税法2条6号の「公益法人等」とみなされ、消費税に関する法令の適用に関しては消費税法別表第3に掲げる法人とみなされる（地方自治法260条の2・16項、17項）。

占有し、③表題部所有者または所有権の登記名義人の全てが当該認可地縁団体の構成員またはかつて当該認可地縁団体の構成員であり、④登記関係者（表題部所有者、所有権の登記名義人、これらの相続人）の全部または一部の所在が知れないものである。市町村長は、当該不動産の所有権の保存または移転の登記に係る公告を行い、公告に対して異議のある登記関係者等が公告期間（3か月以上）内に異議申出を行わなかったときは、登記関係者は登記を承諾したものとみなされる。この情報を市町村長から提供された当該認可地縁団体は、所有権の保存または移転の登記を申請することができる。

3 │ 地域コミュニティによる土地所有と登記

(1) 認可地縁団体と地域コミュニティ

　認可地縁団体は「その区域の住民相互の連絡、環境の整備、集会施設の維持管理等良好な地域社会の維持及び形成に資する地域的な共同活動を行うことを目的とし、現にその活動を行つていると認められること」が認可要件となっている（地方自治法260条の2・2項1号）。そして、その目的を達成するために、不動産に関する権利の保有等の活動をしやすくするためのものである。この点からみると、認可地縁団体と集落・部落・区などの地域コミュニティとの関係は、容器と中味ないし手段と目的の関係のようにも見える。しかし、認可地縁団体は「個人」を「構成員」とし、「その区域に住所を有するすべての個人」が「構成員となることができるもの」とされ、かつ「その相当数の者が現に構成員となつていること」を要件とする（同条2項3号。また、正当な理由がない限り、その区域に住所を有する個人の加入を拒んではならない。同条7項）。これに対し、集落・部落・区などの伝統的な地域コミュニティは、各地方の慣習（民法263条参照）に従い、世帯を構成単位とするのが一般的である[12]。したがって、認可地縁団体は個人による自発的な結社（association）の性質をもつのに対し、伝統的な集落・部落・区は当該地域に慣習的に形成された文字どおりコミュニティ（community）の性質をもち、両者の違いは法人格という容器ないし手段をもつか否かの違いにとどまらないものと解される。地域コミュニティの構成員である「世帯」（主）は家制度に基づく戸主を想起させ、憲法の個人主義の理念に反するとの見方もあるが、コミュニティにおける様々な負担の分担（共同の施設・設備の維持費用、

清掃・その他の共同活動の分担など）および利益の享受における世帯間の平等の観点から、不合理な差別とはいえないものと解される。一方、認可地縁団体の申請には構成員名簿作成、総会開催などの手続の煩雑さのため、比較的大規模の地域コミュニティは認可申請を断念する場合も少なくない[13]。

(2) 地域コミュニティによる土地所有と登記

では、地域コミュニティそれ自体が土地所有の登記名義人となることはできないか。この問題については、ⓐ民法263条および294条に従い、共有または地役権として登記すべきであるとの見解、ⓑ不動産登記法を改正して「入会権」の登記を認め、その主体としての「部落」の名義での不動産登記を認めるべきであるとの提案がある[14]。

もっとも、慣習法によって内容の多様な入会権を、不動産登記法を改正して登記可能な権利として追加することをしなくとも、集落・部落・区を土地の所有権の主体＝登記名義人として認めることにより、十分に対応できるのではなかろうか。そのための実体的要件として、例えば、明治維新以前から存在しているなど、慣習上形成され、定款を備え、代表者、総会、財産管理についての定めが確定している地域コミュニティ（集落・部落・区など）に

---

12) 地方の部落ないし集落は、伝統的に入会団体を形成してきた。入会団体は「家の代表ないし世帯主としての部落民」を構成員とする団体である。この世帯主要件は、「各世帯の構成員の人数にかかわらず各世帯の代表者にのみ入会権者の地位を認めるという慣習」に基づくものであるが、「入会団体の団体としての統制の維持」および「入会権行使における各世帯間の平等」という観点から、「不合理ということはできず」、「公序良俗に反するものということはできない」と解されている（ただし、構成員を男子孫のみに限るという要件は、「専ら女子であることのみを理由」とする差別であり、公序良俗に反して無効である〔民法90条〕。最判平成18・3・17民集60巻3号773頁）。

13) 松尾2008:264頁。認可地縁団体の制度に対する市町村の評価・対応にもバラツキがある。山下2011:97-166頁、山下2016:85-89頁参照。
　　ちなみに、総務省の調査によれば、日本全国の地縁団体の数は約30万弱（平成14〔2002〕年時点で約298,700、平成30〔2018〕年時点で約296,800と漸減している）である。このうち、認可地縁団体の数は、平成14（2002）年時点で22,050（地縁団体数全体の約7.4%）、平成19（2007）年時点で35,564（同約12.2%）、平成25（2013）年時点で44,008（同約14.7%）、平成30（2018）年時点で51,030（同約17.2%）であった（総務省「地縁による団体の認可事務の状況等に関する調査結果」）。

14) 川島1968:589-590頁。

ついては、当該地域コミュニティからの申請があった場合に、市町村長が認証することにより、認証地縁団体として、その名前で不動産などの登記をすることができる方途を探るべく、法改正を検討すべきであろう。

(3) グローバル化と地域コミュニティ

　グローバル化が進み、個々の民族、個々人の価値観と自由が最大限尊重されるべきことが認識され、個人主義が社会の隅々にまで浸透しつつある現代社会において、国家が地域コミュニティの存立を支援し、その土地所有を認め、その名前で登記する方法を模索することは、時代の趨勢に逆行することであろうか。また、人口減少が続き、都市化が進み、地方の農村の衰退や崩壊が叫ばれる現代の日本社会で、瀕死の状態にあるかにもみえる地域コミュニティを、政府が土地所有の主体として今更ながら承認し、その登記能力などを認めることに、はたして意味があるのであろうか。

　ここでは、地域コミュニティによる土地所有はどうあるべきかという問題を通じて、グローバル化が否応なく進む現代における人間生活のあり方に照らして、地域コミュニティにどのような存在意義があるか、そしてそれに対して国家がどのように向き合うべきかという、コミュニティの根本問題が問われている。

　コミュニティは、人間が不確実性の中で生きていく上で最後の砦となる安心と安全を与え、それなしでは生きられない存在であることと引き換えに、人間の自由を犠牲にする。人間はコミュニティなしではよく生きることができないが、それによく耐えることも容易ではない。Ｚ・バウマンは、コミュニティが提供する安心と自由のトレードオフについて、的確に語っている。

　　「コミュニティの一員である」という特権には、支払うべき対価がある。……対価は、自由という通貨で支払われる。……どのような選択をするにせよ、得るものもあれば、失うものもある。コミュニティを失うことは、安心を失うことを意味する。コミュニティを得ることは……即座に自由を失うことを意味する。安心と自由は、ともに等しく貴重かつ熱望される価値である。それらは、よかれ悪しかれバランスを保っているが、両者の間で調和が十分に保たれて、軋轢が生じないことはめったにない。……
　　安心のない自由が、自由のない安心と同じくらいまずい特性をもつことを考

え合わせると、わたしたちは、コミュニティについて夢想することをけっして
やめないであろう。……安心と自由との間の論争は、そしてまたコミュニティ
と個別性との間の論争は、解決がつきそうもないものであり、今後も長い間続
くと思われる。正しい解決策が見つからず、試した策が頓挫したとしても、わ
たしたちは探索をやめることはなく、トライし続けるであろう。人間である以
上、希望を満たすことも、希望を捨てることもできないのである[15]。

　このことが真実であるとすれば、地域コミュニティはどこまで解体が進ん
でいるとしても、想像以上の持続力をもっているとみるべきであろう。それ
は日本社会が明治期以降の急速な近代化の中で失ったかに見えるそれ以前の
歴史との連続性の結節点であり、地域コミュニティによる土地所有は日本の
私的土地所有権制度が取りこぼし、所有者不明土地問題が起こってようやく
気づくことになった、市場取引に乗らない土地所有の最後の永続的な担い手
である。
　もっとも、地域コミュニティの中には、人口減少、人々の生活様式や意識
の変化、都市への移動に伴って衰退し、消滅したものもある。しかし、いず
れにせよ、地域コミュニティが社会全体を覆い尽くす必要はなく、1人の生
活において、地域コミュニティに関わる生活とそれに関わらない生活は併存
する。このことを十分認識した土地政策の策定と実施が望まれる。

---

15)　バウマン／奥井訳2017:12-13頁。

第4章

土地の所有者は隣接地に対して
どのような権利をもつか

　国家における土地所有の担い手の1つとして、地域コミュニティの役割を検討した前章に続き、本章では、ある土地の所有者が周囲の土地（相隣地）の所有に関して果たしうる役割について考えてみたい。様々な財産の中でも、土地には隣の土地と相互に接しているという大きな特色がある。その結果、相隣地の所有者がそれぞれの土地から相互により多くの利益を引き出すためには、それを可能にするような隣地使用のルールを明確にしておく必要がある。その1つが、民法における土地の「相隣関係」に関する規律（民法209条～238条）である。これにより、ある土地（土地αとする）の所有者Aは、それと隣接する土地βの所有者Bに対し、時には土地βを使用するなどの権利をもつ一方、時にはBによる土地αの使用を忍容するなどの義務を負う。このようにして、土地が全体として産み出す効用を最大化することもまた、国家の重要な役割である。

　しかしながら、所有者不明土地問題は、相隣関係の規律にも見直しを迫ることになった。なぜなら、土地所有者が隣地の所有者に対し、隣地の使用（民法209条）、水流に関する工作物の修繕（民法216条）、越境した竹木の枝の切除（民法233条1項）等を請求する際に、隣地の所有者が不明であるときは、土地所有者に認められた権利の行使が妨げられるからである[1]。そこで、隣地の所有者不明が土地所有権の行使を妨げることのないよう、相隣関係の規律に新たなルールを導入することが議論されてきた。

　相隣関係の規律は、一方の土地所有者からみれば所有権の制限であるが、他方の所有者からみれば所有権の拡張である。これは、隣地所有者相互間に

---

1)　金融財政事情研究会編2019：115-116頁。

立場の互換性があるゆえに、土地所有権に当然に備わった内容である[2]。ここに、公共の福祉を理由とする所有権の制限とは異なる、土地が相互に隣接しているという相隣関係に特有の性質を理由とする所有権の制限と拡張がある。もっとも、所有者不明は既存の相隣関係の規律が前提とする所有者間に立場の互換性がある事由とは少し異なる事由とみられる。この意味で、従来なかった新たな考慮要因を相隣関係ルールに取り込むことが、果たしてアレルギー反応を引き起こすことなしに可能かどうかが問題である。

1 | 土地所有権の典型性と特殊性——土地所有権の二面性

(1) 所有権の中での土地所有権の典型性

土地は人間の生活に必要な様々な果実等の付属物を生み出す源泉であり、その付属物の所有は土地の所有によって決定される。「物件の最初の取得は土地の取得にほかならない」（I・カント『人倫の形而上学〔Die Metaphysik der Sitten〕』〔1797年〕）[3]。その意味で、土地は所有権の客体の中でも最も基盤的なものであり、土地所有は「私のもの」と「あなたのもの」を区別する所有の象徴となることにより、土地所有権は所有権の典型であり、象徴として理解されてきた。

(2) 所有権の中での土地所有権の特殊性

その一方で、土地は他の財産にはない特殊な性質ももっている。

第1に、土地は製品のように新たに製造することができない、既存の限られた財産であり、稀少性が高く、比較的高価であり、全ての市民が所有を享受できるほど豊富に存在するものではない。たしかに、開墾等の労働により、土地の利用可能性が高まることはあるが、土地自体が創造されるわけではない。「何びとも、土地を創った者はまだいない。土地は、本来、全人類の相続財産である」（J・S・ミル『経済学原理〔Principles of Political Economy〕』〔1848年〕）[4]。

---

2) 舟橋1960:347頁。

3) 前述7-9頁（第1章 **1** (3)）参照。

4) 後述122-123頁（第6章 **3** (2)）参照。

第2に、土地は地表のみならず、地下を含む地殻（ただし、海を除く）であり、また、土地所有権の行使は土地上の空間にも及ぶ（民法207条参照）。したがって、所有権の客体としての「土地」が地下のどこまで及ぶか、また、土地所有権の効果が地上空間のどこまで及ぶか、その限度をどのように考えるべきかが問題になる。

　第3に、土地は必ず隣地と接続しており、隣地から切り離された土地はない。そのことは、ある土地の利用や管理の仕方は、隣地をはじめとする他の土地に対して何らかの影響を与えずにはおかないことを意味する。

　第4に、土地は建物内や容器の中に隔離できるような動産と異なり、多かれ少なかれ、外部に露出している。その結果、土地の所有は、所有者以外の者に対しても、プラスまたはマイナスの様々な影響を与えうる。

　以上のような土地および土地所有権の特殊性は、土地および土地所有権について、他の財産およびその所有権とは法律上も異なる取り扱いを必要とする。例えば、土地基本法2条は、土地が限られた貴重な資源であること、その利用が他の土地の利用と密接な関係をもつこと等、公共の利害に関係する「特性」をもつことから、土地については「公共の福祉を優先させるものとする」と定めている。さらに、社会主義体制下の国家における土地所有のように、土地の私的所有を認めず、土地は全人民によって所有されるものであることを憲法、土地法等の法律で定める国もある[5]。それは土地所有権の特殊性を社会がより重視した帰結とみることができる。

　こうしてみると、土地所有権は、様々な所有権の中での典型性と特殊性の二面性をもつことが分かる。そのこと自体が土地所有権ならではの特色といえる。このような土地所有権の特性を踏まえ、本章では、土地と土地とが相互に隣接する結果として必要となる各々の土地所有権の効力の調整を図る相隣関係の規律に焦点を当て、隣地が所有者不明になった場合も想定し、土地所有者が隣地に対してもつ権利・義務の内容を、関連する民法改正も考慮に入れて検討する。そのことを通じて、隣地との関係も視野に入れた土地所有の担い手の法的地位を明らかにしてみたい。

---

　5)　中国、ベトナム、ラオス等である。もっとも、私人に認められる土地使用権は、土地の占有、使用、収益、売却、担保権の設定、相続等が認められる財産であり、機能的には土地所有権に近い実質をもつ。しかしなお、土地使用権は、土地の使用目的が定められ、それによって存続期間が異なる等、土地所有権との違いが存在する。

2 | 隣地の使用に対する権利

(1) 隣地の使用請求権の検討

　民法は、隣接する土地の所有者間の相互利用の円滑化を図るための制度として、「相隣関係」（第2編・第3章・第1節・第2款）において、ⓐ隣地の使用や通行（民法209条〜213条）、ⓑ水の処理・使用（民法214条〜222条）、およびⓒ境界線付近における権利調整（民法223条〜238条）に関して規定を設けている[6]。

　これに対し、㋐隣接地相互間の土地利用を一層円滑にする、および㋑管理が適切にされていない近傍の土地に対応する観点から、相隣関係の規律の見直しが行われた。㋐の観点からは、隣地の使用請求権と使用権、他人の土地における導管等の設置・接続請求権と設置・接続権が（【図表Ⅰ-3】1〜2a）、また、㋑の観点からは、隣地から越境した竹木の枝の切除請求権と切除権、管理不全の隣地に対する管理措置請求権と管理措置権が、それぞれ検討された（【図表Ⅰ-3】3〜4a）[7]。

　土地所有者は、「境界又はその付近」において「障壁又は建物を築造し又は修繕するため」、必要な範囲内で、隣地の使用を請求することができるとされていた（改正前民法209条1項本文）。この隣地使用請求権の発生要件である「障壁又は建物を築造し又は修繕するため」という隣地使用請求の目的は、解釈による拡張が可能であった。しかし、条文上もその範囲を拡大すべく、[1]「境界又はその付近における障壁又は建物その他の工作物の築造又は修繕」[8]、[2]「越境した枝の切除」[9]、[3]「境界標の調査又は境界を確定するための測量」を具体的に列挙することが提案された。[2]越境した竹木の枝の切除に関しては、すでに切除請求が認められているが（民法233条1項）、さらに一定の要件の下に切除権も提案されている（後述54-57頁〔**4**(2)〕）。この切除権を認める場合、竹木と隣地との距離、竹木の地盤面と隣地の地盤面の高低差等によっては、竹木の存在する土地に立ち入り、場合によっては

---

6)　能見＝加藤編2019:249-280頁［松尾弘］参照。

7)　以下の改正提案は、部会資料18:「中間試案のたたき台（相隣関係規定等の見直し）」に基づいている。

8)　下線部は、現行法に対する追加提案の部分を指す。

9)　越境した竹木の枝の切除請求権・切除権自体については、後述53-57頁（**4**）参照。

【図表Ⅰ-3】 相隣関係の規律の見直し項目

	土地所有者の隣地所有者に対する権利	改正前民法	改正民法
1	隣地使用請求権 ①隣地使用目的： 　[1] 障壁・建物の築造修繕 　　　その他の工作物の築造・修繕 　[2] 越境した竹木の枝の切除 　[3] 境界標の調査・境界確定 ②隣地が共有の場合 ③隣地所有者が不明の場合→1a[2]へ	209①本	——
1a	隣地使用権 [1] 通知後相当期間の経過 [2] 隣地所有者不明の場合の公告期間 　　の経過 [3] 急迫の事情の存在	——	209①、②、③ 土地使用の目的、日時、場所、方法の通知（209③）
2	導管等設置・接続請求権 ①囲繞地が共有の場合 ②囲繞地所有者不明の場合→2a[2]へ	——	——
2a	導管等設置・接続権 [1] 通知後相当期間の経過 [2] 囲繞地所有者不明の場合の公告期間の経過	220、221参照	213の2、213の3 目的、場所、方法の事前通知（213の2③） 設置のための土地使用の目的、日時、場所、方法の通知（213の2④）
3	越境した竹木の枝の切除請求権 ①竹木が共有されている場合 ②竹木所有者不明の場合→3a[2]へ	233①	233① 233②（竹木が共有されている場合、各共有者が切除可能）
3a	越境した枝の切除権 [1] 催告期間の経過， [2] 竹木所有者不明の場合 [3] 急迫の事情の存在	——	233③ 233③[1] 233③[2] 233③[3]
4	管理不全土地の管理措置請求権 ①隣地における草木の生茂、②崖崩れ、③土砂流出、④工作物倒壊、⑤汚液の漏出、⑥悪臭の発生、⑦その他の事由	——	——
4a	現に利用されていない隣地における管理措置権 [1] 通知後相当期間の経過 [2] 隣地所有者不明の場合の公告期間の経過 [3] 急迫の事情の存在	——	——

【出典】 法制審議会民法・不動産登記法部会資料18、令和3年民法一部改正法に基づき、筆者作成。

切除のための設備を設置する等、隣地使用の必要性も考えられるため、それに備えた提案であった[10]。

　隣地が共有の場合、隣地使用請求に応じるか否かは、隣地使用の形態により、現に共有物を使用する共有者の使用（改正前民法249条〔改正民法249条1項〕）の範囲に入る場合もあるが、共有物の管理（改正前民法252条本文〔改正民法252条1項〕）に当たることが多く、ときには変更（改正前民法251条〔改正民法251条1項〕）に当たる場合もありえた。したがって、この点については、共有規定の解釈・立法に委ねることが妥当であると、ひとまず考えられた[11]。

　隣地の所有者が不明（特定不能または所在不明）の場合は、ⓐ土地管理人を選任し、この者に対して請求することが考えられた[12]。さらに、ⓑ一定の要件を満たす場合は、隣地所有者の承諾なしに、直接に隣地を使用することも検討された。これは、隣地使用権の提案である。ⓐおよびⓑは基本的に両立可能であると解される。

　検討の結果、ⓑの立場が採用され、改正前民法209条の場合を含む一定目的の隣地使用に関しては、隣地使用権が認められることになった（後述43-47頁〔(2)、(3)〕）。

(2)　隣地使用権の検討

　隣地所有者が使用請求（改正前民法209条1項本文）に応じない場合、通説は、隣地所有者に承諾請求の訴えを提起し、承諾に代わる判決（民事執行法177条）を得る必要があると解していた[13]。しかし、この手続には時間と費用がかかることから、一定の場合には、隣地所有者の承諾がなくとも、前述した隣地使用請求の目的に必要な範囲で、隣地を直接に使用すること（隣地使用権）を認めるべきことが提案された。すなわち、〔1〕隣地所有者に対し、隣地の使用目的・場所・方法・時期、および所有者が一定の期間内に異議を述べることができる旨を示して、所定の「通知」をしたにもかかわらず、相当期間（例えば、数週間～1か月程度）内に異議が出されなかったとき、〔2〕

---

10)　部会資料18: 2頁、村松＝大谷編著2022:26頁。

11)　共有規定の改正提案に関しては、184-188頁（第8章 **1**(3)）参照。

12)　土地管理人の制度の提案に関しては、部会資料11:「財産管理制度の見直し（土地管理制度等）」参照。

13)　能見＝加藤編:251-252頁〔松尾弘〕参照。

隣地所有者を知ることができず、もしくはその所在を知ることができない場合において、隣地の使用目的・場所・方法・時期、および所有者が相当期間（例えば、1か月～3か月程度）内に異議を述べることができる旨を「公告」したにもかかわらず、同期間内に異議がないとき、または［3］急迫の事情があるときである（前掲【図表Ⅰ-3】1 a）。

このうち、隣地使用権を認める必要性が最も大きいのは、［3］急迫の事情、例えば、自己が所有する土地上の建物等の工作物が、自然災害による崩落の危険等、緊急に工事をする必要が生じ、そのために隣地に立ち入って足場を組む必要がある場合、自然災害で自己が所有する地中の上下水道やガス管が損壊し、隣地の一部をも掘り起こす必要がある場合等である[14]。また、［1］隣地所有者に対し、隣地使用の目的・場所・方法・時期を具体的に示すことにより、隣地所有者の速やかな検討・判断が可能な内容を提示して照会したにもかかわらず、異議の申出をしない場合は、その承諾があったものと擬制しうる。ここでは、隣地使用が必要であり、かつその内容が過大でなく、妥当であることを制度的に担保することが重要であると考えられるからである[15]。

さらに、［2］隣地所有者の不明（特定不能または所在不明）の場合については、土地管理人を選任して対応する方法との関係につき、各要件のバランスを考慮し、制度間の整合性を図る必要があるものと考えられる。特に、緊急性が高い場合は［3］急迫の事情の存在という要件に当てはまるものとして対応可能とすれば、［2］隣地所有者が不明の場合については、それ以外の理由、すなわち、①一定期間の公告のみによって隣地使用を可能にすることのメリット（主として時間的・金銭的費用の節約）、②それを正当化する根拠（隣地所有者の不明状態がもたらす不利益等）、③隣地所有者の所有権を制限する程度（隣地使用の場所・方法・期間等）の妥当性を確認できることが重要である。

(3) 改正民法の規定

令和3年民法等一部改正法は、隣地の所有者が使用を承諾しない場合に意

---

14) 部会資料18：5頁参照。
15) 使用請求権構成の意義および使用権構成に転換する意味につき、秋山：32頁参照。

思表示による判決を必要とする隣地使用請求権を、隣地所有者の承諾がなく
とも使用できる隣地使用権へと変更した（改正民法209条１項柱書本文）。しか
しなお、法律上認められる隣地使用権の範囲を超えた利用を回避し、隣地の
所有者および利用者の利益を保護するために、原則として隣地を使用する者
があらかじめ隣地使用の目的、日時、場所および方法を隣地の所有者および
使用者に「通知」しなければならないという要件を設けることにより（改正
民法209条３項）[16]、土地所有権の効用の増大と隣地の所有者および使用者の
利益保護との調整を図った（ただし、住家に立ち入るためには、「居住者」の
「承諾」がなければならないとする点は、改正前民法209条ただし書の「隣人」を
「居住者」と修正したほかは、維持された）[17]。

　隣地使用権の要件として、土地の所有者は、①境界またはその付近におけ
る障壁、建物、その他の工作物の築造、収去または修繕、②境界標の調査ま
たは境界に関する測量、③隣地から越境した竹木の枝の切取り（改正民法233
条３項）を「目的」として、そのため「必要な範囲内」で、「隣地を使用す
ることができる」（改正民法209条１項柱書本文、１号〜３号）。ただし、「住家」
については、その「居住者」の承諾がなければ、立ち入ることはできない
（改正民法209条１項柱書ただし書）。

　隣地使用権の内容として、隣地使用の日時、場所および方法は、隣地の所
有者および隣地を現に使用している者（隣地使用者）のために損害が最も少
ないものを選ばなければならない（改正民法209条２項）。

　隣地使用権の行使要件として、隣地を使用する者は、あらかじめ、［１］
隣地使用の目的、［２］日時、［３］場所および［４］方法を、隣地の所有者
および隣地使用者に「通知」しなければならない（改正民法209条３項本文）。
これは、隣地使用請求権から隣地使用権への修正に伴い、隣地の所有者およ
び使用者の利益をあらかじめ保護するための方策である。なお、隣地の所有
者または隣地使用者が損害を受けたときは、隣地を使用した土地の所有者に
対して、償金を請求することができる（改正民法209条４項）[18]。

16）　なお、その前提として、隣地使用権の内容が、使用の日時、場所および方法に関して、
　　隣地の所有者および隣地を現に使用している者のために損害が最も少ないものでなければ
　　ならないことを定めた（改正民法209条２項）。
17）　以上のほか、改正民法は、この後みるように、隣地使用の目的の範囲を若干拡大した
　　（改正民法209条１項１号〜３号参照）。

ただし、あらかじめ前記［１］〜［４］を通知することが困難なときは、使用を開始した後、遅滞なく、通知することをもって足りる（改正民法209条３項ただし書）。これは、隣地の使用が必要であるにもかかわらず、所有者の特定不能または所在不明などのために、あらかじめ通知することが困難な場合に、隣地使用権の行使が妨げられることのないようにするものである。隣地が所有者不明等の場合への対応策といえる。すなわち、所有者およびその所在が判明するまで通知をする必要はないことになる。もっとも、通知ができない場合でも、公示による意思表示（民法98条。表意者が意思表示の相手方またはその所在を知ることができない場合に行うことができる意思表示の方法であり、準法律行為としての通知にも準用できると解される）をすることは考えられる。しかし、公示による意思表示を必要とすると、通知が困難な場合に隣地使用のための手続コストの軽減を図った改正民法209条３項ただし書の趣旨にそぐわない。また、隣地使用は一時的なものにとどまることから、次節にみる導管等の設置・接続権の場合（後述51頁〔**３**(3)(c)〕参照）と異なり、隣地の所有者等に対する影響は限定的と考えられる。したがって、隣地使用を必要とする土地の所有者と隣地の所有者等との利益調整を図る改正民法209条３項全体の趣旨に照らして、所有者の所在等が不明の場合は、通知も公示による意思表示も不要であると解すべきであろう（後掲注20）末尾参照）。

　この点は、検討段階では、前述したように、隣地所有者が誰であるか、またはその所在を知ることができない場合は、隣地の使用目的・場所・方法・時期、および所有者が一定の期間内に異議を述べることができる旨を「公告」したにもかかわらず、相当期間内に異議がないときは、当該土地所有者は、①境界またはその付近における障壁または建物その他の工作物の築造または修繕、②越境した枝の切除、③境界標の調査または境界を確定するための測量の目的のために必要な範囲内で、隣地を使用することができるものとすることが提案されていた[19]。しかし、検討は続けられ、その後の部会で公告に代えて通知で足りるとするなど、大幅に修正されて、改正民法209条となったものである[20]。

---

18) 改正民法209条４項は、改正前民法209条２項の「隣人」を「隣地の所有者又は隣地使用者」と修正したほかは、これを承継している。

19) 中間試案：19頁（第3.1②b）参照。

以上にみたように、改正民法209条により、土地所有者が隣地を使用でき
る機会が拡大され、その手続コストも軽減されたことは、その分だけ隣地の
所有者の土地所有権を制限しつつ、土地所有の担い手（この場合には、隣地
を使用するという意味での担い手）の範囲を拡大するという効果をもつことが
注目される。この意味での土地所有の担い手の拡大は、この後にみる他人の
土地における導管等の設置・接続および隣地から越境した樹木の枝の切除に
関しても妥当する。

3 │ 電気・ガス・上下水道等の継続的給付の設備のために 他人の土地等を使用する権利

(1) 導管等設置・接続請求権の検討

民法は、土地所有者が隣地を利用または管理することができる権利として、
隣地使用権（民法209条）のほかに、①他の土地に囲まれて公道に通じない土
地（袋地）の所有者が、公道に至るため、その土地を囲んでいる他の土地
（囲繞地）を通行する権利（民法210条〜213条）、②自然水流が天災等の不可避
的な事変によって低地で閉塞した場合に、水流の障害の除去工事をする権利
（民法215条）、③高地の所有者が、浸水した土地を乾かすため、または自家
用もしくは農工業用の余水を排泄するため、公の水流または下水道に至るま
で、低地に水を通過させる権利（民法220条）、④土地の所有者が、所有地の
水を通過させるため、高地または低地の所有者が設けた通水用工作物を使用
する権利（民法221条）を認めている。

また、⑤他の土地に貯水または引水のために設けられた工作物の破壊また
は閉塞により、自己の土地に損害が及び、または及ぶおそれがある場合は、
当該工作物が設置された土地の所有者に対し、工作物の修繕もしくは障害の
除去または予防工事の請求権をもつものとしている（民法216条）。

こうした民法の規律からは、①土地所有者にとって緊急性が高ければ高い

---

20) 部会資料32：1頁、7-8頁（第1.1②ｂ）、部会資料46：1頁、4頁（第1②）、部会資料55：
1頁（第1.1③）、2-3頁、部会資料56：1頁（第1.1③）、2-3頁参照。

なお、隣地の所有者を探索しても、所有者またはその所在が不明の場合は、公示による
意思表示の方法を用いた通知（民法98条の類推適用）も可能ではあるが、通知を不要とす
る以上、それを必須とするものではないと解される（村松＝大谷編著2022：30頁）。

ほど、また、②現状において生じる不利益の程度や範囲が大きいほど、隣地およびそこに付された工作物を使用する権利を認めるという価値判断が見出される。そして、これに追加する形で、以下の制度の導入が提案された。

「他の土地に囲まれて、電気、ガス若しくは水道水の供給又は下水の排出その他の継続的給付を受けることができない土地（以下、「導管袋地」という）の所有者（以下、「導管袋地所有者」という）は継続的給付を受けるために、その土地を囲んでいる他の土地に自己の導管若しくは導線を設置し、又は他人が設置した導管若しくは導線に自己の導管若しくは導線を接続することの承諾を求めることができる」。これは、ⓐ導管・導線の設置・接続の請求権である（請求権構成）[21]。

これに対しては、代替提案として、ⓑ隣地使用権を認めたのと同様の要件の下で[22]、導管袋地の所有者自らがその土地を囲んでいる他の土地に自己の導管・導線を設置し、または他人が設置した導管・導線に自己の導管・導線を接続することを認める導管・導線の設置権・接続権の構成も示された[23]。これらを検討素材にして、いずれの構成が妥当か、議論が重ねられた。

前述したように、民法が、他人の土地やその設備の直接使用権を認める場合の価値判断、すなわち、①土地所有者にとって緊急性が高ければ高いほど、また、②現状において生じる不利益の程度や範囲が大きいほど、直接使用権を認める価値判断をする傾向に鑑みれば、請求権構成の方が整合的か、あるいは電気・ガス・水道の供給、下水の排出等の生活上の必要性に鑑みて直接の設置・接続権構成の方が妥当か、判断が難しいところである。しかし、仮に請求権構成をとった場合でも、前記①・②に関する一定の要件を満たすときは、例外的に直接の使用権を認める余地は否定されてはいない。

そして、令和３年民法一部改正法は、導管等設置・接続請求権については規定を置くことをしない一方で、一定の要件を満たすことを前提に、次にみる導管等設置・接続権を認めるものとした[24]。

---

21) 部会資料18：11頁（【乙案】）。なお、導管・導線の設置・接続請求権についても、隣地使用請求権の場合（前述41-43頁〔**2**(1)〕）と同様、他人の土地が共有の場合、および他人の土地の所有者が不明の場合の問題がある。

22) 前述43-47頁（**2**(2)、(3)）参照。

23) 部会資料18：10-11頁（【甲案】）。

24) 後述50-53頁（(3)）参照。

(2) 導管等設置・接続権の検討

　導管等設置・接続請求権の規定を置くという提案においても、以下の２つの場合については、「導管袋地所有者は、継続的給付を受けるために、他の土地又は他人が設置した導管若しくは導線（以下、「他の土地等」という）に自己の導管又は導線を設置又は接続することができる」とし、導管等の設置・接続権を認める特則が提案された。それは、［１］導管袋地所有者が、他の土地等の所有者に対し、①導管・導線の設置場所・接続方法、②導管・導線の設置・接続に係る工事方法とその時期、③所有者が一定の期間内に異議を述べるべき旨を「通知」したにもかかわらず、相当期間（数週間～１か月程度）内に異議がないとき、および［２］導管袋地所有者が、他の土地等の所有者を知ることができず、またはその所在を知ることができない場合において、①導管・導線の設置場所・接続方法、②導管・導線の設置・接続に係る工事方法とその時期、③所有者が一定の期間内に異議を述べるべき旨を「公告」したにもかかわらず、相当期間（１か月～３か月程度）内に異議がないときである[25]。このうち、［２］については、前述した隣地使用請求権の検討におけると同様に、土地管理人を選任してこの者に承諾を請求する方法との関係が問題となりうる。

　他方で、隣地使用権の検討におけると同様に、前述したように、一定の要件の下に、導管袋地の所有者が、その土地を取り囲む他の土地に導管等を設置し、または他人が設置した導管・導線に自己の導管・導線を接続することができるものとして、導管等の設置・接続権を認めることも提案されていた[26]。

　ちなみに、すでに下水道法（昭和33年法律79号）11条は、下記のように、排水設備の設置権等を認めていた（下線は引用者による）。

第11条（排水に関する受忍義務等）
前条第１項の規定により排水設備を設置しなければならない者は、他人の土地又は排水設備を使用しなければ下水を公共下水道に流入させることが困難であるときは、<u>他人の土地に排水設備を設置し、又は他人の設置した排水設備を使</u>

---

25)　部会資料18:11頁【乙案】②）、13-14頁。
26)　部会資料18:10-11頁【甲案】。前述48頁（(1)ⓑ説）。

用することができる。この場合においては、他人の土地又は排水設備にとつて最も損害の少い場所又は箇所及び方法を選ばなければならない。

②前項の規定により他人の排水設備を使用する者は、その利益を受ける割合に応じて、その設置、改築、修繕及び維持に要する費用を負担しなければならない。

③第1項の規定により他人の土地に排水設備を設置することができる者又は前条第2項の規定により当該排水設備の維持をしなければならない者は、当該排水設備の設置、改築若しくは修繕又は維持をするためやむを得ない必要があるときは、他人の土地を使用することができる。この場合においては、あらかじめその旨を当該土地の占有者に告げなければならない。

④前項の規定により他人の土地を使用した者は、当該使用により他人に損失を与えた場合においては、その者に対し、通常生ずべき損失を補償しなければならない。

　これらの点も考慮に入れて、令和3年民法等一部改正法は、隣地使用権の場合と同様に、導管等の設置・接続権について新たな規定を設けることにした。

(3)　改正規定

(a)　導管等設置・接続権の要件

　令和3年民法等一部改正法は、導管等設置・接続権として、土地の所有者は、他の土地に設備を設置し、または他人が所有する設備を使用しなければ「電気、ガス又は水道水の供給その他これらに類する継続的給付」を受けることができないときは、「継続的給付を受けるため必要な範囲内」で、「他の土地に設備を設置」し、または「他人が所有する設備を使用」することが認められる（改正民法213条の2第1項）。

(b)　導管等設置・接続権の内容

　この継続的給付を受けるための他の土地への設備の設置または他人が所有する設備の使用の場所および方法は、他の土地または他人が所有する設備のために「損害が最も少ないもの」を選ばなければならない（改正民法213条の2第2項）[27]。

(c) 導管等設置・接続権の行使要件

　そして、この継続的給付のために、他の土地に設備を継続的に設置し、または他人が所有する設備を継続的に使用する者は、「あらかじめ」、その「目的、場所および方法」を他の土地または設備の「所有者」および「他の土地を現に使用している者」に通知しなければならない（改正民法213条の2第3項）。土地の所有者もしくは土地を現に使用している者またはその所在が不明の場合には、設備の設置または他人の設備を使用しようとする者は、公示による意思表示（民法98条）により、通知をしなければならない。

　なお、この通知は、あくまでも継続的給付設備の継続的な設置または使用について他の土地または設備の所有者等に対してするものであり、設備の設置または使用開始の工事に必要な他の土地の使用に関する通知（改正民法209条3項、213条の2第4項後段。後述(d)③）とは別のものである。

(d) 土地の使用権

　前述(a)の継続的給付のために、他の土地に設備を設置し、または他人が所有する設備を使用する権利をもつ者は、当該設備を設置し、または他人が所有する当該設備を使用するために「当該他の土地」または「当該他人が所有する設備がある土地」を使用することができる（改正民法213条の2第4項前段）。

　この土地使用権には、隣地使用権に関する規定が準用される（改正民法213条の2第4項後段）。すなわち、①居住者の承諾がない限り、住家に立ち入ることはできない（改正民法209条1項ただし書）、②土地使用の日時、場所および方法は、当該土地の所有者およびこれを現に使用している者のために損害が最も少ないものを選ばなければならない（改正民法209条2項）、③あらかじめ、土地使用の目的、日時、場所および方法を当該土地の所有者およびこれを現に使用している者に通知しなければならない。ただし、この土地使用権の行使に際しては、あらかじめ通知することが困難なときは、使用開始後、遅滞なく通知すれば足りる（改正民法209条3項）。その際、土地の所有者もしくは土地を現に使用している者またはその所在が不明の場合には、設備の

---

27)　囲繞地通行権に関する民法211条1項、通水権に関する民法220条後段下水道法11条1項後段参照。

設置または他人の設備を使用しようとする者は、公示による意思表示（民法98条）によって通知する必要はないものと解される。そして、④当該土地の所有者またはこれを現に使用している者が損害を受けたときは、償金請求することができる（改正民法209条4項）。

(e) 償金支払義務

(i) 他人の土地への設備設置者の償金支払義務

前記(a)の継続的給付のために、他の土地に設備を設置する者は、その土地の損害（設備を置いた土地を継続的に使用することによって生じる損害。したがって、設備の設置に際しての土地の一時的な使用による損害〔改正民法213条の2第4項が準用する改正民法209条4項が定める損害〕を除く）に対し、償金を支払わなければならない。これについては、1年ごとにその償金を支払うことができる（改正民法213条の2第5項）。

これに対し、継続的給付設備を設置するための土地の一時的な使用に際して、土地の所有者または使用者に生じた損害は、改正民法213条の2第4項が準用する改正民法209条4項に従って支払われる。これについては、ただちに償金支払義務を負う。

(ii) 他人の設備の使用者の償金支払義務

前記(a)の継続的給付のために、他人が所有する設備を使用する者は、その設備の使用を開始するために生じた損害に対し、ただちに償金を支払わなければならない（改正民法213条の2第6項）。

これに対し、他人の設備の使用開始後に生じる継続的な費用については、別途分担義務が生じる（後述(f)）。

(f) 他人の設備の使用者の費用分担義務

前記(a)の継続的給付のために、他人が所有する設備を使用する者は、その利益を受ける割合に応じて、その設置、改築、修繕および維持に要する費用を負担しなければならない（民法213条の2第7項）。

(g) 共有地の分割または土地の一部譲渡の場合

①共有地の分割により、他の土地に設備を設置しなければ継続的給付を受

けることができない土地（いわゆる導管袋地）が生じた場合には、その土地の所有者は、継続的給付を受けるため、他の分割者の所有地のみに設備を設置することができる（改正民法213条の3第1項前段）。これは、共有地の分割に際し、そのような導管袋地が生じることを予想することができ、その対応方法等（導管袋地を生じさせないように分割する、あるいは導管袋地を生じさせてしまう場合には他の分割者の土地に導管等の設備の設置を認め、償金支払の有無や額等について決めておくなど）を予め準備しておくことができるからである。それをせずに、分割者以外の土地所有者に設備の設置の負担をかけることは回避するべきである。したがって、他の分割者の所有地に設備を設置する場合においては、土地の所有者は他の分割者の土地の損害に対し、償金を支払う義務を負わない（改正民法213条の3第1項後段）。

また、②土地の所有者がその土地の一部を譲り渡したことにより、導管袋地が生じた場合にも、同様のことが当てはまる（改正民法213条の3第2項）。

これら①・②は、他の土地に囲まれて公道に通じない土地（袋地）の所有者が、公道に至るため、その土地を囲んでいる他の土地（囲繞地）を通行することができるとする通行権（民法210条、211条）が認められる際に、そうした袋地が共有地の分割または土地の一部譲渡によって生じた場合についての民法213条1項・2項と同様の規律である。

4 ｜ 越境した竹木の枝の切除に関する権利

(1) 越境した竹木の枝の切除請求権

つぎに、適切に管理されていない近傍の土地への対応方策という観点から、土地所有の担い手の拡大について検討する。

まず、隣地の樹木の管理が適切にされていない場合が頻繁に問題になっている。民法は、土地所有者は隣地の竹木の枝が境界線を越えるときは、その竹木の所有者に、その枝を切除させることができるとし（民法233条1項）、切除請求権構成をとっている。その結果、竹木所有者が切除請求に応じない場合、枝の越境を受けている土地所有者は、切除請求を認容する確定判決を債務名義として強制執行を申し立て、竹木所有者の費用負担で第三者に切除させることになる（民事執行法171条1項1号、4項）。

改正提案は、ⓐ切除請求権構成による問題解決が時間と労力を要し、土地

の円滑な管理の妨げになっているとして、根の場合（改正前民法233条2項〔改正民法233条4項〕）と同様、「隣地の竹木の枝が境界線を越えるときは、土地所有者は、自らその枝を切り取ることができる」とする案（切除権構成）[28]を提示し、ⓑ改正前民法を維持する案（切除請求権構成）[29]と併記した。越境した根は土地の構成部分とみて、根の切取は自己の土地所有権の行使と解しうるのに対し、越境した枝は土地の所有権を侵害するとはいえ、土地の構成部分とみることは困難とすれば、両者の同一扱いは躊躇されるからである。

(2) 越境した枝の切除権
(a) 検討のプロセス

しかし、ⓑ案も次の3つの場合に、切除権を特則で認めた。すなわち、竹木の枝の越境を受けた土地の所有者が、①竹木の所有者に枝を切除するよう催告したにもかかわらず相当期間内に切除されないとき、②竹木の所有者またはその所在を知ることができないとき、③急迫の事情があるときは、土地所有者は自らその枝を切り取ることができる[30]。③の場合も公告等を要せず、手続を緩和したことが注目される[31]。令和3年民法等一部改正法は、この提案を採用した（後述55-57頁〔(b)(ii)〕）。

(b) 民法の改正規定
(i) 切除請求権

土地の所有者は、隣地の竹木の枝が境界線を越えるときは、その竹木の所有者に、その枝を切除させることができる（改正民法233条1項）。本項は、改正前民法233条1項から実質的に変更されていない。

隣地の竹木が数人の共有に属するときは、土地所有者からの切除請求に対

---

28) 部会資料18：6頁（【甲案】）。
29) 部会資料18：6頁（【乙案】(1)）。なお、竹木が共有の場合、越境した枝の切除は、事案に応じ、管理または保存（民法252条）に当たると解される（部会資料18：8頁参照）。
30) 部会資料18：6頁（【乙案】(2)）。
31) 「土地所有者による直接の救済が具体的妥当性を持つ」とされる（部会資料18：9頁）。なお、切除された枝は竹木所有者の物であることを前提に処理される（切除権者への処分権の付与等。部会資料18：10頁、村松＝大谷編著2022：51頁注1参照）。

し、各共有者がその枝を切り取ることができることが明文で規定された（改正民法233条2項）。共有物である竹木の枝が越境した場合に、それを切除することは、共有物の保存行為（共有者各自が可能）、変更行為（全共有者の合意が必要）、変更に至らない管理行為（共有者の持分価格の過半数で可能）のいずれに当たるか、議論が生じる可能性があることから、明文規定が設けられたものである[32]。これにより、土地の所有者は、隣地の竹木の枝が越境している場合、たとえそれが共有竹木であっても、共有者の誰に対しても切除請求することができることが明確になった。

(ii) 切除権

土地所有者は、隣地の竹木の枝が境界線を越える場合において、①竹木の所有者に枝を切除するよう「催告」したにもかかわらず、竹木の所有者が相当の期間内に切除しないとき、②竹木の所有者を知ることができず、またはその所在を知ることができないとき、または③急迫の事情があるときは、自ら「その枝を切り取ることができる」（改正民法233条3項）。こうして、①～③の要件の下で、隣地から越境した枝の切除権が認められた[33]。

このうち、①の催告は、竹木が共有物であるときは、共有者の1人に対して催告すれば足りると解される（改正民法233条2項。前掲注32）参照）。

また、②は竹木の所有者不明の場合にも対応可能な切除権である。隣地が所有者不明の場合には、その上の竹木も所有者不明の場合が多いと考えられることから、これは所有者不明土地問題への対応方策の1つともいえる[34]。

---

32) 当初は、共有竹木の枝の切除は共有物の物理的変更に当たり、共有者全員の同意が必要であるとも解しうるが、竹木の改良行為に類するものとして管理に当たるとの解釈も可能であるとの理解を前提に、持分価格の過半数を有する竹木共有者から承諾を得れば足りるとする旨の規定を置くことが検討されていた（部会資料18:7-8頁〔2注2〕、部会資料32:12-13頁〔第2.1(1)②d〕）。

しかし、それでは土地所有者にとって隣地から越境した竹木の枝の切除という事柄の性質に比べて過大な時間と労力を要することを理由に、共有者の1人に切除させることができるとの提案に修正された（部会資料46:6頁〔第2.1(1)①括弧書前段〕）。したがってまた、竹木の共有者に対して切除の「催告」（改正民法233条3項1号）をする場合も、共有者の1人に催告すれば足りると解される（部会資料46:5頁〔第2.1(1)①括弧書後段〕）。

もっとも、越境した共有竹木の枝の切除は、本来枝が越境しない状態に竹木を維持することであるから、保存行為（したがって、各共有者が行いうる）というべきであろう。

なお、改正民法233条３項によって隣地から越境した竹木の枝の切除権が認められる場合は、そのために必要な範囲で、当該隣地に立ち入ることができるとした関連規定の改正（改正民法209条１項３号）が重要な意味をもっていることを再確認する必要がある[35]。

　枝の切除費用の負担者については、明文規定は置かれなかった。切除権に基づく枝の切除は、法律によって付与された切除権の行使であるとともに、本来は竹木所有者が行うべき枝の切除を、竹木所有者に代わって行うものであるから、事務管理（民法697条）と解することもできる。したがって、切除費用は、竹木所有者に対して償還請求することが可能であると解される（民法702条１項、３項）。あるいは、竹木所有者が本来行うべき枝の切除をせずに、土地所有者が費用を支出して切除したことにより、切除費用の出費を免れたことは不当利得であることを根拠に、その返還を請求することも可能であると解される[36]。

　また、切除した枝の所有権の帰属も問題になる。それは切除した後の枝の処分方法にも影響する。これについては、枝の切除権者には切除した枝の所

33）　隣地から越境した枝に関しては、中間試案の段階から、土地所有者は、隣地の竹木の所有者が誰か、またはその所在を知ることができない場合は、公告を要することなく、越境した枝を自ら切除する権利（切除権）を認めることが提案されていた（中間試案：20頁〔第3.2【乙案】②ｂ〕）。そもそも隣地から越境した枝は、所有者の特定不能・所在不明か否かにかかわらず、土地所有者が自ら切り取ることができるとの提案（中間試案：20頁〔第3.2【甲案】〕）もあった。いずれにせよ、公告を経て異議申立ての有無を待つ必要はないものとする提案であり、これは、部会資料32：11頁（第2.1(1)②）でも維持された。部会資料46：5頁（第2）でも検討が継続され、竹木が数人の共有に属する場合は、共有者の１人に対する切除請求または催告で可能とすることが確認された（部会資料46：5頁〔第2.1(1)①括弧書〕）。

34）　所有者不明土地問題への対応方策全般については、後述第Ⅱ部（85頁以下）参照。

35）　前述45頁（**2**(3)２段落目における隣地使用権の要件③）参照。

36）　不当利得の類型としては、非給付不当利得のうち、費用利得（民法196条、299条、350条、583条２項、608条、665条等参照）に当たると解される。また、不法行為を理由とする損害賠償請求（民法709条）も可能である。さらに、切除の強制執行がされる場合（代替執行）も竹木所有者の負担となる（民事執行法171条１項１号、４項）。

　　いずれにしても、竹木の所有者が負担すべきものであると解される（部会資料18：9-10頁、部会資料32：14-15頁）。したがって、特に規定を設ける必要はないものとされた（部会資料46：6頁〔第2(2)〕）。なお、森林等においては費用負担についての慣習が存在する可能性もある（部会資料32：15頁）。

有権ないし処分権も改正民法233条3項によって付与されたものと解される（前掲注31参照）。そうでなければ、切除権者が枝の処分に窮し、切除後は隣地に存置することも考えられる。しかし、それによって害虫の発生など、他人の権利または法益を侵害し、または侵害する危険もあることから、切除者が処分することが妥当であろう。なお、枝の切除が事務管理（民法697条）に当たると解釈すれば、その処分に要した費用を竹木所有者に償還請求することが可能である（民法702条1項、3項）。

　他方、切除した枝に経済的価値がある場合は、切除権者は、切除権を行使して切除した枝に対して取得した所有権ないし処分権に基づき、枝の切除に要した費用償還請求権（および枝の越境によって被った損害に対する損害賠償請求権）による債務の履行に充てることも可能になる。

　隣地の竹木の根が越境した場合に関する改正前民法233条2項は、実質的変更なしに改正民法233条4項として維持されている。

5 ｜ 管理不全の土地について管理措置をする権利

(1)　管理不全土地の管理措置請求権

　適切に管理されていない近傍の土地への対応方策として、隣地から越境した樹木の枝の切除請求権および切除権から進んで、さらに一般的に、土地所有者が管理不全状態にある隣地の所有者に対して管理措置請求権または管理措置権をもつ旨の規定を置くことが検討された。これもまた、土地所有の担い手の拡大という観点から考察することができる。

　すなわち、土地所有者は、隣地における①草木の生茂、②崖崩れ、③土砂流出、④工作物倒壊、⑤汚液の漏出、⑥悪臭の発生、⑦その他の事由により、自己の土地に損害が及びまたは及ぶおそれがある場合は、隣地の所有者に対し、その事由の原因を除去し、または予防工事をさせることを請求できる旨が提案された[37]。

　もっとも、これは土地所有権に基づく妨害排除請求または妨害予防請求によってすでに可能である。しかし、これを法定することの重要な意味は、費用負担者とその内容をルール化する点にあると考えられる。

---

37)　部会資料18:16頁（4(1)）。

改正提案は、ⓐ隣地所有者の負担を原則とする案に対し、ⓑ「原則として土地所有者と隣地所有者が等しい割合で負担する」案も考えられることを注記した[38]。この場合、土地所有者から請求を受けて自らの費用で原因の除去または予防工事をした隣地所有者は、土地所有者に対し、原則として折半で費用償還請求できるものと解される[39]。もっとも、そうした損害またはそのおそれの原因が隣地所有者の責めに帰すべき事由によって生じたものである場合には、隣地所有者が費用負担をすべきものと解されるから、土地所有者はそのことを主張・立証することにより、費用償還請求を拒むことができるであろう。これに対し、その原因が不可抗力または第三者の行為による等、隣地所有者の責めに帰すべき事由によらずに発生した場合には、隣地所有者の費用償還請求を認めるべきものと解される。

　しかし、この点についての改正は、次にみる管理措置権の提案とともに、見送られることになった[40]。

(2)　管理不全土地の管理措置権

　さらに、改正提案は「現に利用されていない隣地」について特則を設け、次の3つの場合に、管理措置請求権から管理措置権への転換を認めることを提示した。すなわち、[1] 隣地所有者に対し、自己の土地に損害が及びまたは及ぶおそれがある事由の原因の除去または予防工事をすべき旨を通知したにもかかわらず、相当期間内に異議がないとき、[2] 隣地の所有者を知ることができず、またはその所在を知ることができない場合において、その事由の原因の除去または予防工事をすべき旨の「公告」をしたにもかかわらず、相当期間内にその事由の原因の除去または予防工事がされないとき、[3] 急迫の事情があるときである[41]。なお、費用負担については、ここでも前記の管理措置請求権の場合のⓑ説と同様に、自ら管理措置をした土地所有者が、隣地所有者に対し、原則として折半で費用償還請求できる趣旨であると解される。もっとも、隣地所有者が不明の場合、費用償還請求権の執行

---

38)　部会資料18:16-17頁。

39)　松尾＝古積2008:44頁［松尾弘］。費用の折半につき、民法223条～226条参照。

40)　後述(2)参照。

41)　部会資料18:16頁（4(2)）。

が実際問題としては重要になる。

　しかし、最終的には、法制審議会民法・不動産登記法部会第25回会議において、管理措置請求権および管理措置権に関する新たな規律は設けないことが提案され、了承された。理由は、①立法により、土地所有者がもつ隣地の瑕疵に対する工事に関する権利の要件・効果を絞ることが、物権的請求権に関する解釈や運用をかえって狭めるおそれがあること、②物権的請求権のほか、不法行為に基づく損害賠償請求権、新設された所有者不明土地管理制度、管理不全土地管理制度（後述141-169頁〔第7章**1**、**2**〕）等の活用による対応が可能であること、③土地所有者が土地に対する急迫の危険を避けるためにやむをえず他の土地等で緊急的に工事を行った場合は、緊急避難や正当防衛により違法性が阻却されうることなどによる[42]。

　もっとも、隣地における土砂の崩壊、工作物や樹木の倒壊等またはそれらの危険の発生により、土地の所有者に損害が及び、または及ぶおそれがある事態の発生は珍しくない。所有者不明土地の増加とともに、そうした事態に迅速かつ適切に対処をするための具体的な法的手段と行使方法、そして特に重要なものとして費用負担等に関するルールを明確にすることは、喫緊の重要課題である。

　以上にみたように、相隣関係においては、令和3年民法等一部改正法により、土地の所有者が一定目的の隣地の使用、導管等の設置・接続、樹木の枝の切除等を通じて、隣地の利用・管理の担い手として行為することができる場面が拡大されたことが確認できる。このことは、当該土地所有者の利益のみならず、隣地を含む土地全体の効用の増大に通じていることが看過できない。土地所有の担い手を拡大することの意味は、まさにこの点にあるものと考えられる。

---

42)　部会資料59：5頁。なお、部会資料62-2：1頁、村松＝大谷編著2022：54-55頁も参照。

第5章

土地所有権を
放棄することができるか

　土地所有の担い手として、最後に検討すべきは、国家である。一方では、国や地方公共団体などの公法人も、官庁の施設の敷地、道路、公園などの土地を所有している。しかし、他方では、そうした公物である土地の所有の担い手であることのほかに、国は、私人の所有に属していた土地の帰属先がなくなった場合における最後の引き受け手という意味でも、土地所有の担い手として不可欠の存在である。それは国家の存在理由の1つでもある。はたして、国はどのような場合において、私人が担い切れなくなった土地所有の担い手になるべきであろうか。

　土地を誰かが所有し、利用し、管理し、そして他人に移転するというサイクルを持続可能なものにして、土地が産み出す利益を安定的に確保するためには、現在の所有者が土地の売却、贈与等による譲渡を希望しても、譲受人がなおも見つからない場合において、いわば最後の砦となる土地所有の担い手への所有者の変更を可能にする制度を用意しておく必要がある。国土は、積極的な開発利用のみならず、消極的な現状維持も含めて、誰かが適切に管理すべきものであり、個々の土地がその特性に応じて最も適切な所有主体へとスムーズに移転することが可能になるような、シームレスな土地所有権制度の構築が望まれるからである。この観点からは、土地の所有者が土地を利用・管理し、所有する意思を失った場合において、土地の譲受人を見出すことができないときに、土地所有権を放棄することが可能か、それを可能とした場合に、誰が新たな所有者となるかについて、ルールを明確にしておくことが望まれる。それは、土地所有サイクルにおけるミッシングリンクの補完を意味する。

　土地所有権の放棄を一定の要件の下に認めることは、私たちが直面してい

る所有者不明土地の発生を抑制する方策ともなりうる。なぜなら、所有者不明土地を発生させる原因の1つとして、所有者が土地を利用・管理することが困難となり、それを手放したいが、売買や贈与によってもそれができないために、土地が放置された状態となる場合が少なくないからである。

　ちなみに、国土交通省「利用されていない土地に関する WEB アンケート」によれば、「所有に負担を感じる空き地の所有権を手放したいか」という問いに対し、「将来誰かが居住又は利用する見込みがあるからそのまま所有するつもり」との回答が26.2％であったのに対し、売れる見込みはないが、手放せるものなら手放したい」との回答が25.4％に上っている[1]。所有者が売ることも貰ってもらうこともできない土地についても、土地所有の担い手を確保することができる包摂的でシームレスな土地所有権制度の構築に向けて、所有権を他の者に移すことを可能にする制度を創設すべきであろうか。

1 ｜ 権利放棄の様々な態様

(1)　土地所有権の放棄について定めた民法規定

　土地所有権を放棄することができるか否かについて、日本民法は明確な一般規定を設けていない。もっとも、承役地の所有者が、設定行為または設定後の契約により、自己の費用で工作物の設置または修繕の義務を負担する場合につき、いつでも「地役権に必要な土地の部分の所有権を放棄して地役権者に移転」することにより、この義務を免れることを認めた規定（287条）はある。しかし、土地所有権の放棄を一般的に定めた規定は置いていない。

　ちなみに、ドイツ民法928条1項は「土地の所有権は、所有者が放棄の意思を土地登記所に対して表示し、かつこの放棄が土地登記簿に登記されることによって、放棄することができる」とし、同条2項は「放棄された土地を先占する権利は、その土地の存在する州の州庫に帰属する。州庫は、自らを所有者として土地登記簿に登記することによって、その所有権を取得する」と定めている。この規定によれば、土地所有権の放棄が認められ、かつそれによって土地はいったん無主地となり、州が先占権を行使することによって新たな所有者となるプロセスを民法が明確に定めている。ドイツ民法928条

---

1)　国土交通省「土地白書（平成30年版）」27頁。

1項は、所有物の放棄を認めたローマ法（ユスティニアヌス『法学提要』〔Institutiones Iustiniani〕II.1.47）を継受し、土地所有権の放棄を権利として認めるものであり、私人にとって過大となった土地所有の負担を免れることは、所有者の自由な処分権能を尊重する姿勢の現れであるとともに、所有権制度の憲法的保障（ドイツ基本法14条1項）の内容をなすものと解されている[2]。

　一方、フランス民法には、土地所有権の放棄について直接かつ一般的に定めた規定はない。もっとも、フランス民法544条「所有権は、法律又は規則が禁ずる行使をしない限り、最も絶対的な方法で物を享受し、処分する権利である」における「処分」権の解釈として、所有権の放棄も可能であると解されており、土地所有権の放棄が認められた例もある[3]。土地所有権の放棄が認められた場合は無主地となるが、フランス民法713条（2004年改正前の旧規定）は「所有主のない財産は国庫に帰属する」[4]と定めた。その後、同条は改正され、「無主の財産は、その地の市町村に帰属する。しかし、もし市町村がその所有権を放棄すれば、国に帰属する」（2004年改正）と定めた。さらに、同条は改正され、市町村が放棄した場合、直ちに国庫帰属となるのではなく、独自財源を有する市町村（コミューン）協力公施設法人に帰属するとされ（2014年改正）、同法人が放棄した場合は、環境法典L.322-1条が規定する地域においては、沿岸域保全整備機構等の環境組織に当然帰属し（2016年改正）、それ以外の地域では、国に当然帰属するものとされた[5]。このよう

---

2) 平良2022:82-84頁。なお、ドイツ基本法14条1項は「所有権及び相続権は保障される。その内容及び制限は法律によって規定される。」と定める。また、ユスティニアヌス『法学提要』（Institutiones Iustiniani）II.1.47は、「したがって、前の所有者によって放棄された物は、それを占有した者によって直ちにその者の所有物となること、そして、所有者が最早自己の物の一部ではないという熟慮した意思をもって捨て、その結果、その物に対してその者が直ちに所有者ではなくなった物は、放棄されたといわれる、ということは真実である。」というものである。土地所有権の一権能として、土地所有権を放棄する権利が認められ、それが憲法による所有権の制度的保障の一環であるとすれば、土地所有権の放棄を制限すること自体が、社会的拘束として、所有権の私的効用との均衡が求められることになる（平良2022:84-85頁）。
3) モパン／小柳訳2016:208頁、210-211頁。
4) 本条の「財産」は、立法者によれば「不動産」を意味するものと解されており、フランスの学説上も異論がない。小柳2017:83頁、吉田2019:305頁注30。
5) 小柳2017:85頁。

062　第Ⅰ部　土地所有と国家——土地所有の担い手

に、フランス法は、土地所有権の放棄を認めるものの、ドイツ法と異なり無主地の状態が生じることは認めていない。その点は日本民法239条2項と同じである。しかし、日本民法では無主地が直ちに国庫に帰属するとされている点で異なる。これは、2004年改正前フランス民法713条（日本民法239条2項の母法）と同様の規定のままである。

(2) 所有権以外の権利の放棄に関する民法規定

日本民法が権利の放棄について定める規定は、前述した、承役地所有者が工作物の設置または保存の義務を負担した場合における「地役権に必要な土地の部分の所有権」の放棄（287条）を除けば、所有権以外の権利に関するものである。例えば、①共有者の1人がその持分権を放棄したときは、その持分権は他の共有者に帰属する（民法255条1項）[6]。②地上権者は、存続期間を定めなかった場合において、別段の慣習がないときは、いつでも地上権を放棄できる（民法268条1項）。これにより、地上権者に付与され、土地所有者から取り去られていた権能は、土地所有者に復帰する[7]。③永小作人は、不可抗力により、引き続き3年以上全く収益を得ず、または5年以上小作料より少ない収益しか得なかった場合は、永小作権を放棄することができる（民法275条）。この場合も、永小作人に付与されていた権能は土地所有者に復帰する。④ただし、地上権または永小作権が抵当権の目的となっている場合は、地上権者または永小作人が「その権利を放棄」しても、抵当権者に対抗することができない（民法398条）[8]。

---

6) 民法255条の見直しの検討に関しては、後述73頁（**4**(1)(a)末尾）参照。

7) 地上権の放棄の結果、土地所有者への地上権の譲渡や土地所有者による地上権の相続による取得の場合と同様に、地上権は土地所有者に移転し、物権の混同の法理（民法179条1項本文参照）によって消滅する、と説明することも可能である。これに対しては、混同の法理によって説明するまでもなく、放棄それ自体によって地上権は消滅している（放棄それ自体が権利の消滅原因である）と考えることもできる。

8) これは、地上権者または永小作人が地上権または永小作権を放棄すれば、原則として、その権能が土地所有者に復帰し、地上権または永小作権の土地所有者への譲渡または土地所有者による相続の場合と同様に、物権の混同の法理によってそれらの権利が消滅するものの（179条本文参照）、例外として、それらの権利が「第三者の権利の目的」であるときは、混同によって消滅しない旨の法理（179条ただし書参照）が妥当することを確認したものと解することもできる。

これらの規定は、いずれも所有権を制限する権利（共有持分権または制限物権）が放棄された場合に、それらの権利が所有者（共有持分権を放棄した共有者以外の共有者を含む）に帰属し[9]、所有権が円満な状態を回復する法理を確認したものと理解することができる[10]。このように、所有権以外の権利の場合、それが第三者の権利の目的となっていない限り、その放棄を認めることは、放棄によってその権利が所有者に帰属すること——その帰結を、ⓐ権利の放棄によってその権利が消滅する結果、所有権の渾一性によって所有者が権能を回復すると説明するにせよ、ⓑ権利の放棄によってその権利が所有者に復帰し、その権利が混同の法理によって消滅すると説明するにせよ——を意味する点については、異論がないであろう。

(3)　所有権の放棄の法的意味

所有権以外の権利の放棄と異なり、所有権それ自体の放棄は、その権能の帰属先（帰属主体）を考えることができない。その結果、所有権の放棄を認めるということは、法律が特別に帰属主体を定めるのでなければ、所有権の帰属主体をなくすことであり、所有権の客体が無主物になることを意味する[11]。前述した、承役地所有者が工作物の設置または保存の義務を負担した場合において「地役権に必要な土地の部分の所有権」を放棄したときは、民法がその部分の「所有権を放棄して地役権者に移転し」（民法287条）と定めることにより、放棄された所有権の帰属先（地役権者）を特に定めているために、無主物となることが回避されているとみることができる[12]。そのような法律の定めが特にない限り、所有権の放棄により、所有権の客体は無主物になる。このことは、動産の場合は、廃品回収置場に許容された廃品を置いてくる行為や、ゴミ箱に許容された物品を投入する行為のように、合法的で、

---

9)　共有持分権の放棄の場合、この帰結は、所有権単一説による方が、所有権複数説によるよりも、説明が容易かも知れない。

10)　所有権に対する制限が消滅することにより、所有権が円満な状態を回復する性質を、所有権の渾一性と呼ぶこともある。これに対し、前述した物権の混同の法理による説明（前掲注6）、7）参照）は、これを分析的に説明するものと理解することもできる。

11)　以上のことは、共有者が全員同時にその持分権を放棄した場合にも妥当する。

12)　放棄は単独行為であるから、相手方（この場合は地役権者）の承諾なしに、所有権が移転することになる。

公序良俗に反しない放棄は、通常の法律行為として必要かつ可能である。で
は、土地の場合も、動産と同じように考えることができるであろうか。

2 | 土地所有権を放棄することの意味

(1) 土地に対する国家の権限と土地に対する私人の権利との関係

　所有権の放棄について、土地の場合には動産の場合と全く同じように考え
ることができない事情がある。なぜなら、土地は、動産と異なり、安易に放
棄を認めると、隣地をはじめとする周辺環境に様々な影響（主として悪影響）
を与える財産であることから、そのことも考慮して、放棄の可否を判断する
必要があるからである。もっとも、その限りでは、合法的かつ公序良俗に反
しない放棄は可能であるという放棄の法理の判断枠組自体は共通であるとい
える。しかし、このことに加えて、さらに法理上、私的所有権の客体として
の土地の特殊性を看過することができない。すなわち、動産が私的所有権の
客体となることは広く認められている一方で、土地が私的所有権の客体とな
るか否かについては、歴史的にも、比較法的にも、様々な立場が存在し、理
解は一様ではない。土地の私有を認める国家もあれば、それを認めない国家
もある。例えば、土地を全人民（としての国家）の所有とする社会主義国家
の場合、私人が土地に対して取得できる権利は土地の所有権ではなく、使用
権にとどまる。私人がその土地使用権を放棄すれば、それは土地の所有者で
ある全人民（国家）に当然に復帰する。これは、前述のように、地上権や永
小作権を放棄すれば、その権能が土地所有者に当然に復帰するのと類似して
いる。これに対し、土地の私的所有を認める国家の場合、私人が土地の所有
権を放棄することは、土地を無主物とすることを意味する。もっとも、土地
の私的所有を認める国家においても、土地に対しては国家が様々な権限を保
持している。この権限の内容が、各国における土地所有権の内実を形成する。
したがって、土地所有権の内容およびその放棄の要件・効果の説明方法とし
て、土地の私的所有を認めるか認めないかという区分は単純にすぎ、国家が
土地に対して留保している権限の実際の内容に照らして、土地に対する権利
を放棄するということの意味を考える必要がある。

(2) 日本における土地に対する国家の権限と所有権の放棄

　日本における土地所有権の形成は、長い歴史をもっている。公地公民制の宣明（646年）以降、荘園の形成を経て確立された武家による封建的土地支配権は、大政奉還・版籍奉還・廃藩置県・秩禄処分によって国家に復帰し、土地の耕作制限解除・永代売買解禁、地券発行等を通じて形成された私的所有権に対しても、国家が原有権（original property）を保持しているという理解が、明治憲法の公布（1889年）後も存続した[13]。

　そうした中、ⓐ土地に対し、私人の所有権が成立した後も、国の原有権（original property）があるとすると、土地所有権の放棄は原則として可能であり、かつ土地所有権を放棄すれば、地上権の放棄等の場合と類似して、特に法律の規定がなければ、原有権者である国家に当然復帰することになる。この場合、土地所有権の放棄は、いわば所有者が原所有者である国に土地をお返しすることであり、民法239条2項はこのことを確認した規定にとどまることになる。

　これに対し、ⓑ土地の私的所有権が成立した土地に関しては、私人の完全な所有権が成立したのであるから、これを放棄することは、当然には可能ではなく、法律の規定によって可能になり、かつ法律の規定によって放棄が認められるとしても、土地がいったん無主物となり、ついで、無主の土地を誰に帰属させるべきかというルールに従い、帰属者が決まることになる[14]。この場合、民法239条2項は放棄が認められて無主となった土地の帰属先を決定する法定ルールとしての意味をもつ。

　もっとも、ⓒ所有権の基本的権能として所有物を自由に処分する権能を尊重する立場からは、所有者が過大な負担を免れるための所有権の放棄を土地についても認めることが、土地の私的所有権の承認と首尾一貫するという理解も可能である。土地所有権の放棄を認めるドイツ民法928条1項が、所有者の処分権能を尊重するとともに、土地所有権を放棄する権利が土地所有権の一内容として認められており、これを基本法14条1項が所有権制度の憲法的保障の一環として承認していると理解されていることは、その一例である（前述61-63頁〔**1**(1)〕）。

---

13)　以上の経緯につき、前述17-22頁（第2章**1**）、松尾2018b:125-126頁参照。

14)　松尾2018b:125-129頁、140頁注171参照。

このように、土地所有権の放棄を認めるか、認めるとしてどのような要件の下で認めるか、そして、土地所有権の放棄を認めた場合に、土地は誰に帰属するかは、日本における私的土地所有権制度の理解の根幹に関わる問題である。土地所有権の放棄に関するルールを明確にする場合にも、それが土地を元々の保持者である国家にお返しする行為なのか、それとも一旦は所有権を手放した国家に新たに引き取ってもらう行為なのか。また、後者であるとしても、引き取るか否かについて国家に完全な自由裁量があるのではなく、一定の要件の下であれ引き取る（所有者からみれば放棄する）制度が、私的土地所有権制度の一環として本来的に内在しているとみるべきか。この点についての理解の相違は、土地所有権放棄の可否や要件をめぐる理解にも影響を与えうるものであることを念頭に置いておく必要がある。

(3)　政府の見解

　法務省は、崩壊寸前の崖地を所有する神社が、国の資力によって危険防止を図るべく、神社本庁を通じて土地所有権放棄の可否を照会した事案で、「所問の場合は、所有権の放棄はできない」と回答した[15]。もっとも、それが土地所有権の放棄をおよそ認めないという趣旨か[16]、当該事案においては認められないという趣旨か、そうであるとして、この判断の妥当範囲はどのようなものかは、当該事案から離れて一般化することが困難である。

(4)　裁判例の動向

　土地所有権の放棄をめぐって争われた裁判例には、①国が登記名義人の土地所有権放棄を主張して、土地所有権の確認、土地所有権の保存登記ならびに所有権移転登記の抹消登記手続および土地の明渡しを請求し、請求を認容した例[17]、②その控訴審で、登記名義人による土地所有権の放棄ではなく、土地の放置にすぎないとして、原判決（前記①）を取り消した例[18]、③崩壊した傾斜地（仮換地）の土砂の撤去を請求された使用・収益権者が、従前の

---

15)　昭和41・8・27付民事甲第1953号民事局長回答。
16)　前述66頁（**2**(2)ⓑ説）参照。
17)　大津地判昭和53・1・23下民29巻1＝4号1頁（控訴）。
18)　大阪高判昭和58・1・28高民36巻1号1頁（確定）。

土地に対する所有権を、崩壊事件後に放棄して撤去義務の不存在を主張したが、権利の放棄は第三者の権利を害する場合は許されないこと等を理由に否定した例がある[19]。④土地所有権の放棄を原因とする所有権移転登記手続請求に対し、土地所有権の放棄は権利濫用に当たり、無効であるとして、請求を棄却した例[20]、⑤その控訴審で、土地所有権の放棄は「権利濫用等」に当たり、無効であるとして、原判決（前記④）を認容した例[21]などがある。このように裁判例では、土地所有権の放棄を一般論としては認めるが、個々の事案において、事実認定として放棄を否定し、あるいは放棄の意思表示が権利濫用などによって無効であることを理由として放棄の効果を否定した。

(5) 権利濫用等の内容

前記(4)④・⑤の裁判例の事案は、つぎのようなものである。X（簡裁訴訟代理等関係業務の資格を認定された司法書士）は、平成26年10月１日、その父Aが所有する土地１（山林２万3,084m²。固定資産税評価額47万円余／年税額7,569円）・土地２（山林330m²。同6,700円余／同108円）の贈与を受け、同年10月17日に所有権移転登記をした。Xは同年10月23日、Y（国）を相手に土地所有権移転登記手続訴訟を提起し、その訴状で土地１・２の所有権放棄の意思表示をした。Xは、これによって土地１・２の所有権を喪失し、それが所有者のない不動産となった結果、民法239条２項により、Y（国）が所有権を取得したとして、同年10月23日所有権放棄を原因とするXからYへの所有権移転登記手続を請求した。

第１審（前記④）は、Xの所有権放棄は財産価値の乏しい土地の負担（境界確定費用52万円余、柵設置費用100万円余、他の管理費用毎年８万円超）をYに「押し付けよう」とするもので、権利本来の目的を逸脱し、社会の倫理観念に反するゆえに、権利濫用に当たり、無効であるとして、Xの請求を棄却した。これに対し、Xが控訴した。

控訴審（前記⑤）は、原判決を認容して控訴を棄却し、つぎの理由を付加した。［１］権利濫用等の一般条項の適用は事案毎に個別具体的に判断され

---

19) 東京高判昭和51・4・28判時820号67頁（確定）。
20) 松江地判平成28・5・23訟月62巻10号1671頁（控訴）。
21) 広島高松江支判平成28・12・21LEX/DB:25545271（確定）。

るから、当該事案における判断を結論付けるに足りる規範の定立までは要求
されず、その不定立を法令適用の誤りとするＸの主張は採用できない。［２］
Ｘが測量等の費用負担がＹに移転すると認識しつつ押し付けようとしたとの
認定は誤りであるとの主張は、認定司法書士として不動産取引に関する法律
的、経済的知識を有するＸには認められない。［３］　Ｙは国有地管理につい
て裁量を有するから、土地１・２の所有権放棄によって管理費用の支出を余
儀なくされるとの論理は飛躍している旨をＸは主張するが、Ｙは国有財産法
６条、９条の５による管理義務に基づく管理費用の支出を要請される。［４］
仮にＹに測量費用負担が生じるとしても、それは正確な測量結果に基づく地
図（不動産登記法14条１項）を作成していないＹの責任懈怠に起因する旨を
Ｘは主張するが、土地１・２については地図に準ずる書面（同法14条４項）
が備え付けられており、Ｙに責任懈怠はない。「以上によれば、不動産につ
いて所有権放棄が一般論として認められるとしても、Ｘによる本件所有権放
棄は権利濫用等に当たり無効であり、Ｙは本件各土地の所有権を取得してい
ない」。

　このように本判決は、土地所有権の放棄を「一般論として」は否定しなか
ったが、当該事案におけるＸの土地１・２の所有権放棄は「権利濫用等」
（公序良俗違反も示唆する）に当たり、無効であるとした（民法１条３項、90
条）。

　しかし、土地所有権の放棄が原則として認められるとした場合、本件土地
１・２は崩壊やその危険が迫った土地ではなく、Ｘも税金等の公租は負担し
ており（もっとも積極的管理はしていない）[22]、いわば土地を国にお返ししたい
という願い出のどこが権利濫用ないし公序良俗違反かを具体的に示すべきで
あるとのＸの主張にも一理ある。それを抜きにして、本判決がＸの「押し付
け」の悪意を論じても問題の本質に迫ることは困難である。Ｙが国有財産法
に基づく土地管理義務の重さを強調する一方で、地図の未整備について弁解
する点も、やや説得力に欠ける。いずれにせよ、日本の土地法の沿革を踏ま
えて、土地の所有権を放棄するための費用分担を含む要件と手続を定めたル
ール形成の必要性を再認識させた判決といえる。

---

22)　堀田2018：74頁注10参照。

3 | 土地所有権放棄の要件および効果をめぐる議論

(1) 土地所有権放棄の要件をめぐる議論

　土地所有権の放棄を法律によって認める場合、その要件をどのように定めるべきかがまず問題になる。土地には個性があるので、一律に決めることは難しいが、一般論として、①土地所有者が一定の費用を負担するとき、②帰属先機関の管理負担が小さく、流通が容易であるとき、③所有者の帰責事由によらずに土地が危険な状態となり、管理費用が過大であるとき、④土地所有者が土地の引受先を見つけることができないとき、⑤帰属先機関の同意があったときという要件が、その複数を組み合わせる可能性とともに、提案された[23]。その際には、土地所有権の放棄を認める標準的ケース、すなわち、土地所有権放棄制度が企図している主たるターゲットをどのように想定するかを明確にすることが重要である。この観点から、③は土地所有権放棄の制度とは別途の対策を講じるべき問題であろう。⑤に関しても寄付の制度の改善を別途図る余地がある。その結果、①・②・④を中心に、土地所有者の事情、帰属先機関の事情および放棄による社会的便益を総合的に考慮して判断することが考えられる（【図表Ⅰ-4】）。

　なお、将来における土地所有権制度のさらなる発展により、あらゆる土地問題に対応可能な包摂的な所有権制度が構築されるとすれば、一定の事実が認められる場合に土地所有権放棄の意思ありと擬制するみなし放棄制度も、土地所有権制度の一環として、検討する余地がある[24]。

(2) 土地所有権放棄の効果をめぐる議論

　放棄された土地の帰属先については、最終的には国に帰属させるものの、地方公共団体、地域コミュニティ、まちづくり団体、ランドバンク等が「公益の実現等」のために希望する場合は、優先的な帰属を認める旨の提案がされた[25]。その限りで、土地所有権放棄に関する前述66頁（**2**(2)）の@説に立脚するようにも見える。しかし、同⑥説による説明も可能である。日本の土

---

23)　部会資料2：4-10頁。

24)　金融財政事情研究会編2019：55-57頁、吉田2019：294-298頁。

25)　部会資料2：10-12頁。

【図表 I -4】土地所有権の放棄を認めるための要件

①	土地所有者側の事情	費用負担、買主・受贈者等の探索努力
②	帰属先機関側の事情	負担に耐えうる現実的可能性
③	社会的便益	放棄を認めることによる費用と便益

【出典】部会資料2:4-10頁等に基づき、筆者作成。

地所有権制度の沿革を踏まえて、その方向性を模索することが、首尾一貫した土地所有権放棄の法理の構築を可能にするものと考えられる。

(3) 土地所有権放棄の手続をめぐる議論

土地所有権放棄の意思表示の窓口を国に一本化し、要件の具備を審査したうえで、地方公共団体等に取得の意向を照会し、取得の意思表示があればそれを停止条件として地方公共団体等への直接帰属、希望がなければそれを停止条件として国への直接帰属とすることが提案された[26]。放棄希望者の現実的アクセスと国による現地の状況把握の便宜も考慮すれば、各地の法務局を窓口とすることが検討された。

4 | 新たな立法

(1) 立法の経緯

(a) 土地所有権の放棄の要件

土地所有権の放棄を認める際の要件に関しては、一方では、利用価値が乏しく、維持・管理に多くの費用を要する可能性のある土地について、安易な放棄を認めることによる土地所有者のモラルハザード（土地所有者が、将来の土地所有権の放棄を見越して、土地を適切に管理しなくなること。部会資料20・4頁、部会資料36・補足説明4頁参照）の回避が、他方では、国庫帰属となった場合の土地の管理費用の増大が考慮された。これらの点に配慮しながら、土地所有権を放棄したいという意思をもつ者の要望をどの範囲で認めるべきか、その要件の絞り方が議論の焦点になった。

そこで、まず、土地所有権の放棄は、自然人に限ること、共有地について

---

26) 部会資料2:12頁。

は共有者全員が共同で放棄する必要があること、国の行政機関に事前審査を申請し、放棄の「認可」（行政行為）を得ることによって放棄が効力をもつという特別の意味の「放棄」とすることが提案された[27]。

　こうした「放棄」が認可されるための実体的要件として、①土地の権利帰属に争いがない、筆界が特定されている、②土地について第三者の使用・収益権や担保権の設定がない、所有者以外の占有者がいない、③現状のままで土地を管理することが将来的にも容易な状態である（建物、その他土地の性質に応じた管理を阻害する工作物、埋設物、土壌汚染がない等）、④土地所有者が審査手数料および土地の管理に係る一定の費用を負担する、⑤土地所有者が、相当な努力が払われたと認められる方法により土地の譲渡等をしようとしてもなお譲渡等をすることができないことなどを要件とすることが検討された[28]。

　しかし、その大前提として、そもそも、ⓐ民法上、土地所有権の放棄は認められるのが原則であるが、土地という物の性質上、公共の利害に与える影響が大きいことから、公共の福祉に基づき、それを法律上制限するための制度を設ける趣旨か、ⓑ民法上、土地所有権の放棄は原則として認めないことを前提に、例外的にそれを認めるための方法を特に法律上創設する趣旨かも引き続き議論された[29]。

　そして、いずれの立場に立つ場合も、土地所有権の放棄を認めるための要件をさらに絞り込むことが検討された。その結果、土地所有権の放棄認可が

---

27)　中間試案：28頁（第5.1、第5.2注1・注2）。

28)　中間試案：28頁（第5.2）。

29)　土地所有権の放棄に関しては、民法上明確な規律がないことを確認したうえで、民事基本法によって規律すべきこと（部会資料2：1‒3頁〔第1〕）、しかし、所有者不明土地および管理不全土地の発生を抑制するための政策的な規律であるから、民法に詳細な規律を設けるのではなく、別途法律を制定すべきこと（部会資料20：2‒3頁〔第1〕）が確認されたうえで、いったんは「不動産は、法令に特別の定めがある場合を除き、その所有権を放棄することができないものとする規律を民法に設けた上で」、土地所有権の放棄に関する法律を制定することが検討された（部会資料36：1頁〔第1柱書〕、5頁）。

　これに対し、動産所有権の放棄に関する議論に影響を及ぼす可能性等を考慮し、「民法に所有権の放棄に関する新たな規律を設けることなく」、土地所有権の国への移転を行政処分によって可能とする法律を制定する方向性が固まった（部会資料48：1頁〔第1柱書〕、4頁、部会資料58：3頁〔第3部注1〕）。

可能な土地として、その取得原因を相続（特定財産承継遺言を含む）または相続人への遺贈によって取得した土地に限ることが提案された。加えて、土地所有権の放棄者の国に対する損害賠償責任（放棄の認可時から5年以内。土地所有権放棄の要件が具備されていないことを過失なく知らなかった場合を除く）も加えられた[30]。

　なお、土地所有権の放棄と密接に関連する現行法上の制度として、共有持分権の放棄に関する民法255条の見直しの要否も、併せて検討された[31]。この点については、共有物一般について、共有持分を放棄するためには、他の共有者全員の同意を必要とするものとする【甲案】と、不動産に対象を絞り、共有不動産の共有持分を放棄するためには、他の共有者全員の同意を必要とするものとする【乙案】が提示された[32]。しかし、その後、法制審議会民法・不動産登記法部会第19回会議では、前記【甲案】と、共有持分の放棄については、新たな規律を設けないとする、新【乙案】が提示され、最終的に後者が採用された[33]。

(b)　土地所有権の放棄を制度化する方法

　土地所有権の放棄を認めるための制度化の方法として、ⓐ一定の要件を満たした土地所有権の放棄（相手方のない単独行為）の有効性を正面から認めるとすれば、要件を満たした土地所有権の放棄の結果として土地が無主となり、国庫に当然に帰属することになる（民法239条2項）。この場合、国は当該土地の所有権を原始取得することになる。しかし、放棄後の土地の管理を考えると、誰が、何時、どの土地の所有権を放棄したか、それが放棄の要件を満たしていたかを確認することができないため、この方法は現実的でない。

　そこで、ⓑ「相続を契機にして取得した土地の国への所有権移転」＝承継取得として、土地の所有者が売買・贈与・交換といった契約によらずに所有権を手放す方法が考えられる。この方法は、土地所有者が、契約によらずに、国または公的機関に対して土地所有権を帰属させることを申請し、その認可

---

30)　部会資料36：1頁、9-11頁（第1.4(1)）。
31)　中間試案：29頁（第5.3）。
32)　部会資料36：21-22頁（第2）。
33)　部会資料48：16-18頁。

により、国または公的機関が土地所有者から土地所有権を承継取得するというものである。もっとも、これは民法法理による土地所有権の移転の規律を超えるものとなる。

　最終的には、前記ⓑの承継取得の方法に従い、「相続等により取得した土地所有権の国庫への帰属に関する法律」（令和3年4月28日法律25号。以下、「相続土地国庫帰属法」という）が制定された[34]。これは、土地所有者から法務大臣に対して土地所有権を国庫に帰属させたい旨の「申請」があった場合に、所定の要件の下でこれを「承認」するという行政行為による所有権移転を認めるものである。その一方で、民法には所有権の放棄に関する新たな規律は設けないものとされた[35]。相続土地国庫帰属法は、所有者不明土地（相当な努力を払ってもなおその所有者の全部または一部を確知することができない土地）の「発生の抑制」を図ることを目的として、法定相続または相続人に対する遺贈（以下、「相続等」という）によって土地の所有権または共有持分権を取得した者が、これを国庫に帰属させることを可能にする制度を創設するものである（相続土地国庫帰属法1条）。

　もっとも、相続土地国庫帰属法を制定したことにより、今後は土地所有権を放棄することはできないという解釈が有力になるとの見方もある[36]。これに対しては、同法によって土地ないし不動産の所有権を放棄することができるか否かをめぐる民事ルールのあるべき姿について何ら決着がつけられたわけではないとの見方もある[37]。相続土地国庫帰属法は、民法上の土地ないし不動産の所有権の放棄の可否に関する解釈論を最終的に決定づけることはできないものと解される。というのも、後にみるように、相続土地国庫帰属法によって土地所有権の国庫帰属の承認を得るためには、一定の要件（承認申請権者、承認申請要件および承認要件）が定められており、それらの要件に当てはまらない土地についての取扱い、および各要件が意味することについて

---

34)　相続土地国庫帰属法は、公布の日から起算して2年を超えない範囲内において、政令で定める日（令和5年4月27日）から施行される（同法附則1項、令和3年12月14日閣議決定）。

35)　前掲注29、要綱:24頁（第3部注1）参照。

36)　荒井2021:218頁参照。相続土地国庫帰属法制定の背景には、不動産については、法令の定めがある場合を除き、その所有権を放棄することができないとの考え方があることは否定できないという見方もある（潮見2021:26頁）。

37)　潮見2021:26頁。

は解釈の余地があることから、民法上の土地所有権の放棄の可否の解釈によって解決すべき問題が、相続土地国庫帰属法によって余すところなく規律されているとはいい切れないからである。反対に、相続土地国庫帰属法によって国庫帰属の承認の可否を決すべき土地について、土地所有権放棄を主張しても、認められないものと解される。

(2) 土地所有権の国庫帰属の承認
(a) 承認申請の要件
(i) 承認申請権者

相続[38]または相続人への遺贈（以下、「相続等」という）により[39]、土地の所有権の全部または一部（共有持分）を取得した者が、法務大臣に対し、その土地の所有権を国庫に帰属させることの承認を申請することができる（相続土地国庫帰属法2条1項）。ただし、土地が共有の場合は、共有者全員が共同して行わなければならない（同法2条2項前段）。

　もっとも、共有の場合、共有者の一部にたとえその共有持分の全部を相続等によらずに（例えば、売買等によって）取得した者（この者には法人が含まれる）があったとしても、その者は、共有持分の全部または一部を相続等によって取得した共有者と共同して、承認申請することが可能である（同法2条2項後段）。

(ii) 承認申請適格を欠く土地（承認申請不適格事由）に当たらないこと

　以下の土地については、国庫帰属の承認申請をすることができない（相続土地国庫帰属法2条3項）[40]。すなわち、——

---

① 建物が存在する土地

---

38) この「相続」には、特定の土地を特定の相続人に相続させる遺言（特定財産承継遺言。民法1014条2項）によって土地所有権を取得した場合も含むものと解される（松尾2019c：51頁、77-79頁参照）。

39) 要綱：23頁（第3部1①）、村松＝大谷編著2022：352-353頁参照。

40) これら5事由のいずれかに該当する場合は、承認申請の却下事由となる（相続土地国庫帰属法4条1項2号）。後述77頁（(d)）参照。

② 担保権または使用・収益を目的とする権利が設定されている土地

③ 通路、その他の他人による使用が予定される土地として政令で定めるもの（相帰政令2条1号〜4号）が含まれる土地

④ 土壌汚染対策法（平成14年法律53号）2条1項に規定する特定有害物質（法務省令で定める基準〔相帰規則14条〕を超えるものに限る）によって汚染されている土地

⑤ 境界が明らかでない土地、その他の所有権の存否、帰属または範囲について争いがある土地

(b) 承認申請書の提出および手数料の納付

承認申請者は、①承認申請者の氏名（自然人）または名称（法人）および住所、②承認申請に係る土地の所在、地番、地目および地積を記載した承認申請書および添付書類を法務大臣に提出しなければならない（相続土地国庫帰属法3条1項、相帰規則1条〜4条、9条）。

加えて、承認申請者は、法務省令で定めるところにより、物価の状況、承認申請に対する審査に要する実費、その他一切の事情を考慮して政令で定める額の手数料を納めなければならない（同法3条2項、相帰規則5条）。

(c) 事実の調査、資料の提供要求等

①法務大臣は、承認申請に係る審査のために必要と認めるときは、その職員に事実の調査をさせることができる（相続土地国庫帰属法6条1項）。この調査に際しては、当該職員は承認申請に係る土地のみならず、その周辺の地域に所在する土地についても実地調査をし、承認申請者、その他の関係者から事実を聴取し、資料の提出を求めることができる（同法6条2項）。また、法務大臣は、必要と認めるときは、それらの土地の占有者に予め知らせることにより、職員を土地に立ち入らせることができる（同法6条3項〜7項）。この立入りによって損失を被った者は、通常生ずべき損失の補償を国に請求できる（同法6条8項）。正当な理由がないにもかかわらず、事実の調査に応じなかった場合は、承認申請の却下事由となる（後述77頁〔(d)④〕）。

②法務大臣は、事実の調査（前述①）のため必要があると認めるときは、関係行政機関の長、関係地方公共団体の長、関係のある公私の団体、その他

の関係者に対し、資料の提供、説明、事実の調査の援助、その他必要な協力を求めることができる（同法7条）。

(d) 承認申請の却下事由

承認申請は、以下の場合には却下されることになる（相続土地国庫帰属法4条1項）。

①承認申請権限（前述75頁〔(a)(i)〕）がない者の申請による場合[41]、②承認申請不適格事由（前述75-76頁〔(a)(ii)〕）に該当する土地の場合[42]、③承認申請書もしくはその添付書類の提出または手数料の納付（前述76頁〔(b)〕）がない場合[43]、および④承認申請者が、正当な理由がないにもかかわらず、事実の調査（前述76-77頁〔(c)〕）[44]に応じない場合がそれに当たる。

(e) 法務大臣による承認

(i) 承認の要件

承認申請が受理された場合において、法務大臣は、承認申請に係る土地が、以下の①〜⑤（承認不適格事由）のいずれにも該当しないと認めるときは、その土地の所有権の国庫への帰属を「承認をしなければならない」（相続土地国庫帰属法5条1項）[45]。

---

① 勾配、高さ等について政令で定める基準（相帰政令3条1項）に該当する崖がある土地で、通常の管理に過分の費用または労力を要するもの。
② 土地の通常の管理または処分を阻害する工作物、車両または樹木その他の有体物が地上に存する土地。
③ 除去しなければ土地の通常の管理または処分をすることができない有体物が地下に存する土地。

---

41) 相続土地国庫帰属法2条1項、2項。
42) 相続土地国庫帰属法2条3項。
43) 相続土地国庫帰属法3条1項、2項。
44) 相続土地国庫帰属法6条。
45) なお、法務大臣の権限は、法務省令で定めるところにより、その一部を法務局または地方法務局の長に委任することができる（同法15条1項、相帰規則22条）。

④　隣接する土地の所有者等との争訟によらなければ通常の管理または処分を
　　することができない土地として政令で定めるもの（相帰政令3条2項）。
⑤　①〜④のほか、通常の管理または処分をするに当たり過分の費用または労
　　力を要する土地として政令で定めるもの（相帰政令3条3項）。

　これら①〜⑤の承認不適格事由は、承認申請の後、必要な場合には法務大
臣が職員に事実の調査（前述76頁〔(c)①〕）をさせたうえで判断される。
　また、法務大臣は、承認をするときは、あらかじめ、当該承認に係る土地
の管理につき、財務大臣および農林水産大臣の意見を聴かなければならない
（同法8条本文）[46]。

（ii）　承　認
　法務大臣は、承認申請がされた土地につき、国庫帰属を承認することとし
たとき、または承認しないこととしたときは、法務省令の定めに従い、承認
申請者に通知しなければならない（相続土地国庫帰属法9条、相帰規則17条1
項）。国庫帰属の承認は、土地の一筆ごとに行われる（同法5条2項）。

(f)　負担金の納付
　承認申請者は、法務大臣の承認があったときは、管理に要する10年分の標
準的費用の額を考慮して政令の定めによって算定された額の「負担金」を納
付しなければならない（相続土地国庫帰属法10条1項、相帰政令4条・5条）。
負担金の額は、法務大臣が国庫帰属の承認を通知する際に、承認と併せて申
請者に通知される（同法10条2項、相帰規則17条2項）。

---

46)　その理由は、承認申請に係る土地が主に農用地（農地法2条1項の農地または採草放牧
　　地）または森林（森林法2条1項）として利用されている土地の場合であって、その一部
　　に宅地があるようなときは、管理機関を決定するために、農用地および森林を管理するこ
　　とになる農林水産大臣と、それ以外の土地を管理することになる財務大臣の意見を聴く必
　　要があるからである（部会資料58：4頁、村松＝大谷編著2022：371頁参照）。したがって、
　　主に農用地または森林として利用されている土地ではないと明らかに認められるときは、
　　管理機関の判断が容易であると考えられるから、農林水産大臣および財務大臣の意見を聴
　　く必要はない（相続土地国庫帰属法8条ただし書）。

承認申請者が負担金の額の通知を受けた日から30日以内に負担金を納付しないときは、承認は効力を失う（同法10条3項）。

(g) 国庫帰属の時期

法務大臣が国庫帰属を承認した土地の所有権は、承認の時ではなく、承認申請者による負担金の「納付の時」に国庫に帰属する（相続土地国庫帰属法11条1項）。これは、負担金の納付を確実にするという目的を達成するために、土地所有権の国庫帰属という権利変動を負担金の納付に係らせるという法定効果を定めたものであると解される。

法務大臣は、承認に係る土地の所有権が国庫に帰属したときは、直ちにその旨を財務大臣に（当該土地が主に農用地または森林として利用されていると認められるときは、農林水産大臣に）通知しなければならない（同法11条2項）。

(3) 国庫帰属地の管理・処分

法務大臣の承認と承認申請者の負担金納付を経て国庫に帰属した土地（国庫帰属地）は、国有財産として、国有財産法の適用を受け、管理・処分が行われる。国有財産法によれば、普通財産（行政財産以外の一切の国有財産。同法3条3項）は財務大臣が管理し、または処分しなければならない（国有財産法6条）。

ただし、国庫帰属地のうち、主に農用地または森林として利用されている土地は、農林水産大臣が管理または処分する（相続土地国庫帰属法12条1項）[47]。農林水産大臣が管理する土地のうちで、主に農用地として利用されている土地の管理および処分については、農地法45条（国が買収した土地・立木等の管理）、46条1項（売払い）、47条（売払い、所管換・所属替）および49条（立入調査）が準用される（相続土地国庫帰属法12条2項）。なお、農地法46条1項または47条による農用地の売払いを原因とする所有権の移転については、農地法3条1項本文の規定は適用されず、農業委員会の許可を要しな

---

47) もっとも、相続土地国庫帰属法に規定する農林水産大臣の権限は、農林水産省令で定めるところにより、その全部または一部を地方農政局長または森林管理局長に委任することができる（相続土地国庫帰属法15条2項）。また、この規定によって森林管理局長に委任された権限は、農林水産省令で定めるところにより、森林管理署長に委任することができる（同法15条3項）。

い（相続土地国庫帰属法12条3項）。

　また、本法の規定によって農林水産大臣が管理する土地のうち、主に森林として利用されている土地の管理および処分には、国有林野の管理経営に関する法律・第2章（国有林野の貸付け、使用および売払いに関する。ただし、7条を除く）の規定（同法8条～8条の4）が準用される（相続土地国庫帰属法12条4項）。

(4)　承認の取消し

　法務大臣は、承認申請者が偽り、その他不正の手段によって承認（相続土地国庫帰属法5条1項）を受けたことが判明したときは、これを取り消すことができる（同法13条1項）[48]。

　ただし、法務大臣は、取消しをする際には、①あらかじめ当該国庫帰属地を所管する各省各庁の長（当該土地が交換、売払いまたは譲与によって国有財産〔国有財産法2条1項〕でなくなっているときは、当該交換等の処分をした各省各庁の長）の意見を聴かなければならない（相続土地国庫帰属法13条2項）。

　加えて、②当該取消しに係る国庫帰属地（交換、売払いまたは譲与によって国有財産でなくなっている土地を含む）の「所有権を取得した者」または当該国庫帰属地につき「所有権以外の権利の設定を受けた者」があるときは、これら第三者の「同意」も得なければならない（同法13条3項）。

　承認の取消しは、行政行為の取消しの性質をもち、土地所有権の国庫への移転は遡及的に無効になることから、国による土地利用を妨げないようにし、かつ第三者を保護するために、所管省庁の長の意見を聴き、かつ権利を取得した第三者の同意を取消しの要件としたものである[49]。

　このうち、第三者の同意（相続土地国庫帰属法13条3項）については、国庫帰属地に対して権利を取得した第三者（転得者を含む）が承認の取消原因について善意であったか悪意であったかを問うていない。これは悪意者も保護するという趣旨ではなく、善意・悪意をあえて問わないことにより、承認の取消しによる取引安全への不安を払拭し、行政行為としての国庫帰属の承認

---

48)　法務大臣が承認を取り消したときは、法務省令の定めに従い、承認を受けた者にその旨を通知する（相帰法13条4項、相帰規則21条）。

49)　中間試案：29頁（第5.2注6）、部会資料36：2頁（第1注3）、20頁。

に対する信頼を安定的に保護しようとするものであると解される。このことは、いったん国庫に帰属した土地の利用・管理を促し、所有者不明土地の発生を予防するという相続土地国庫帰属法の立法趣旨に適うものであると考えられる。

　例えば、Aが相続等によって所有するに至った土地aにつき、国庫帰属の承認申請を行い、国庫帰属が承認されたとする。その後、土地aを所管する省庁の長BがCのために国有林野の樹木採取権（国有林野の経営管理に関する法律8条の5第1項）、公共施設運営権（民間資金等の活用による公共施設等の整備等の促進に関する法律16条）等の公権を設定した。この場合、法務大臣が土地aの国庫帰属の承認を取り消すためには、土地aを所管する省庁の長Bの意見を聴き、かつCの同意を得なければならない。また、土地aが国からDに売却され、DがEに転売し、Eが土地aにFのために抵当権を設定した。この場合、法務大臣がAの承認申請を取り消すためには、土地aを売却した省庁の長の意見を聴き、かつ土地aについて権利を取得したD、EおよびFの同意を得なければならないものと解される。

(5)　承認を受けた者の損害賠償責任

　承認（相続土地国庫帰属法5条1項）に係る土地につき、当該承認の時に、承認申請不適格事由（同法2条3項。前述75-76頁〔(2) (a) (ii) ①〜⑤〕）、または承認不適格事由（同法5条1項。前述77-78頁〔(2) (e) (i) ①〜⑤〕）があったことにより、国に損害が生じた場合において、当該承認を受けた者が「当該事由を知りながら告げずに承認を受けた」ときは、その者は、国に対して損害賠償責任を負う（同法14条）。

　国庫帰属の承認を受けた者と国との間には契約関係はない。したがって、国庫帰属地に承認申請不適格事由または承認不適格事由のような欠陥があったとしても、国が承認を受けた者に対し、契約に基づく債務不履行責任を追及することはできない。そこで、相続土地国庫帰属法14条は、国庫帰属の承認を受けた者が「当該事由を知りながら告げずに承認を受けた」ことを要件として、損害賠償責任を課した。この意味で、同条は一種の**法定の担保責任**を定めたものと解される。それはまた、国庫帰属の承認を受けた者に対し、国が不法行為責任（民法709条）を追及する場合の特則でもあると解されている[50]。

(6) 相続土地国庫帰属法の制定と土地所有の最後の担い手

　土地所有権の放棄が認められるか否かという問いに対し、民法の改正によって正面から答えるのではなく、相続土地国庫帰属法の制定という形で答えたことは、歴史的に形成された日本の土地所有における国家の法的地位の特色、とりわけ、公地主義と私的所有権の導入との調整が曖昧に推移したプロセス（前述22-23頁〔第2章 **1** (5)、**2** (1)〕）を反映しているように思われる。土地所有者が利用・管理・処分の意思を失った土地に対し、国家が法的にどのような権限と責務を負うか、土地所有権の放棄を民法上認めるべきかどうかについては、法理上の議論に決着がついたとはいえない。

　相続土地国庫帰属法は、一定類型の土地に限ってではあるが、土地を自ら利用・管理・処分する意思を失った所有者に代わり、国が所有者となることを認めた。その限りで、国が土地所有の最後の担い手として、法律上明確に位置づけられたことの意義は大きい[51]。それは、社会の高齢化、人口減少、地価の上昇・下落等、土地所有を取り巻く社会・経済環境の変化にもかかわらず、土地の利用・管理・処分のサイクルを持続的に維持し、土地が産み出す効用を最大化すべく、土地所有のシームレスな担い手を確保することに寄

---

50)　部会資料36:18-20頁、村松＝大谷編著2022:383頁。
　　　損害賠償責任の要件に関しては、当初は、無過失の場合は免責すること（部会資料36:2頁〔9 (1)〕）、善意かつ無重過失の場合は免責すること（部会資料48:3頁〔第1.11(1)〕）などが検討された。しかし、法務大臣の側にも判断の誤りがあったこととの公平も考慮すべきこと、その一方で、承認が認められない土地の類型に該当することを認識していながら告げなかった者を保護する必要はないことから、「知りながら告げずに承認を受けた」ことが要件とされた（部会資料54:2頁〔第3部9〕、9頁）。
　　　また、損害賠償請求の期間制限に関しては、特別の除斥期間を規定することなども検討されたが、最終的には、会計法30条の適用によることが確認された。これに従い、国の損害賠償請求権は、権利を行使することができる時から5年間行使しないときは、時効によって消滅する（部会資料54:10頁）。
51)　平良2022:80-87頁は、憲法に先行する権利としての土地所有権を放棄する権利が、憲法によって保障されているドイツ法における議論も参照し、土地所有権の放棄に関しても、土地所有権の私的効用性と社会的拘束の均衡を重視し、効用の見込み難い土地を所有者に所有させ続けようとすることは、土地所有権の私的効用性の観点から見直されるべきであるとみている。日本における土地所有制度の形成プロセスにおいて、国家と私人との間に生成された土地所有権の観念をどのように捉えるべきかが鍵を握るように思われる（前述66-67頁〔**2** (2)参照〕）。

与するものとして、土地制度改革の重要な前進であるということができる。それはまた、持続可能な社会の形成という、改正土地基本法 1 条の目的にも合致するものである。

　相続土地国庫帰属法は、令和 5 年 4 月27日に施行されるが（附則 1 条、令和 3 年12月14日政令）、施行から 5 年経過後の施行状況を踏まえて再検討が予定されている（附則 2 条）。その際には、①国庫帰属の承認申請権者、②承認申請要件および③承認要件をはじめとする国庫帰属の諸要件が、日本の土地所有制度の歴史と現状に照らし、土地に対する国と私人、その他の法主体との関係に鑑みて、法政策的な観点から適切なものといえるかどうかが改めて問われるであろう。

　また、その際には、国庫帰属の承認申請があった場合に、「関係機関や地方公共団体との連絡・連携を密にし、土地の有効活用の機会を確保するよう、地域の実情に沿った運用に努めること」も求められている（衆議院法務委員会附帯決議 1 、参議院法務委員会附帯決議 1 ）。

　さらに、国庫帰属が承認された土地の適正かつ円滑な利用・管理・処分についても、現実的対応を考えておく必要がある。とりわけ、当該土地に最も利害関係の深い地域コミュニティ等への帰属とそれによる利用・管理の可能性についても、道筋をつけることが望まれる。そのことが、より包摂的で持続可能な土地所有制度（前述25-26頁〔第 2 章 **2** (4)〕）の構築に通じていると考えられるからである。

第Ⅱ部

土地所有と公共の福祉
——所有者不明土地問題への対応を題材に

　第Ⅱ部では、国家において土地を所有する場合に、誰がどのような形で土地所有の担い手になるかについて検討した第Ⅰ部を踏まえ、そうした担い手がもつ土地所有権そのものがどのような内容のものであるかを検討する。これにより、国家において土地を所有するとはどのようなことを意味するか、という本書の中心テーマが、より具体的な中身をもったものとして理解されるであろう。

　国家における土地所有権の具体的内容を明らかにするための鍵となる最大の問題は、土地所有権を公共の福祉の観点から、どこまで、どのように制限することができるか、または制限すべきかということにある。それは、土地所有権が、最も重要な財産権として、国家によってより確実に保障されなければならないとともに、ある土地の所有・利用・管理・処分は、その周辺の土地の所有者や利用者のみならず、社会に対しても、たえずプラスおよびマイナスの様々な影響を与えることから、公共の福祉ないし「みんなの便宜」（後述122-123頁〔第6章 **3** (2) (b)〕）を維持する観点から、権利の行使や内容の調整ないし制限が不可欠なものだからである。

　現在問題になっている所有者不明土地問題に対しても、所有者不明土地を所有者不明のまま利用・管理したり、所有者（共有者）不明状態の解消を進めたり、さらには、そもそも所有者不明土地を発生させないように予防するためには、土地所有権をもつ者に対し、様々な形でその財産権を制限することが必要になる。

　第Ⅱ部では、土地所有権に対する公共の福祉の観点からの制限について、所有者不明土地問題への法的対応を題材にして、具体的に検討する。そのことは、土地所有権の実際の内容をより具体的に、その内実に即して明らかに

することに通じる。なぜなら、本来自由な使用・収益・処分権である所有権の内容は、むしろ、様々な法令による個々具体的な制限によってこそ刻まれることになるからである。そして、公共の福祉に基づく土地所有権の制限は、土地所有者の行為を法令によって直接に規制する方法のみならず、土地所有者がもつ権限の一部を法律の規定によって他の者に付与する方法によっても行われる。そうした具体例の検討を踏まえて、現代において「土地を所有する」とはどういうことか、そこにはどのような法的課題が残されているのかを明らかにする。

第6章

土地所有権は公共の福祉の観点から
どのように調整されるか

　令和元（2019）年12月26日、国土交通省は、国土審議会土地政策分科会企画部会による調査・審議を踏まえて、『中間とりまとめ〜土地基本法の見直しと新たな土地政策の方向性〜』（以下、「『企画部会・中間とりまとめ』」という）を公表した。これは、1980年代の土地バブル期に制定された土地基本法を改正し、人口減少社会に対応した「新たな総合的土地政策」の策定に向けた指針を示すためのものである。

　この『企画部会・中間とりまとめ』の基本的方向性は、それに先行する国土審議会土地政策分科会特別部会『とりまとめ』（平成31年2月）（以下、「『特別部会・とりまとめ』」という）および第4回・所有者不明土地等対策の推進のための関係閣僚会議（令和元年6月）で示されていた。それをさらに詳細なものにする形で、『企画部会・中間とりまとめ』は、これからの土地政策の方向性として、①土地・不動産の有効活用に関する施策、②土地・不動産の管理（地域への外部不経済の発生防止・解消）に関する施策、③土地政策の推進を支える土地・不動産に関する情報基盤の整備に関する施策、④土地政策の推進の支障となっている所有者不明土地問題への対応に関する施策という、4本柱からなる土地政策を提示した。

　そして、この『企画部会・中間とりまとめ』等に基づき、土地基本法の改正が行われた（令和2年3月31日法律12号）。

　第6章では、まず、土地基本法改正のプロセスと改正内容を確認し、土地政策の一般的な動向を把握する。ついで、それを踏まえて、所有者不明土地を公共のために取得し、利用するための具体的な方法について、最近の法改正も視野に入れて検討する。

1 ｜ 土地基本法の改正

(1)　平成元年土地基本法の意義

　改正前の土地基本法（平成元年12月12日法律84号。同日施行。以下、「平成元年土地基本法」という）は、明治初年から形成された土地関連法制が、土地の商品化を重視した結果[1]、1980年代のバブル経済をピークに、土地の投機的取引を促したことに対し、長期的・普遍的な観点から、土地の「所有から利用へ」を指針として、土地政策の目標と手段を戦略的に定めたものである[2]。

　平成元年土地基本法は、3章19か条から構成された。それは、まず、[1]**「土地についての基本理念」**として、①土地は公共の利害に関係する特性を有するゆえに、公共の福祉を「優先させる」こと（同法2条）、②土地は計画に従って適正かつ合理的に利用されるべきこと（同法3条）、③土地は投機的取引の対象としてはならないこと（同法4条）、④土地の価値の増加に伴う利益に応じて権利者は適切な負担を負うべきこと（同法5条）を掲げた。

　ついで、これらの基本理念を実現するために、[2]国・地方公共団体・事業者・国民の責務を示した（同法6～8条）。

　そして、それを具体化するために、[3]「土地に関する施策」の策定・実施として、①「土地利用計画」の策定・実施（同法11条、12条）、②土地取引の規制（同法13条）、③公平な負担（同法14条、15条）、④土地に関する諸情報の収集・開示（同法16条、17条）、⑤土地に関する施策の整合性・総合性の確保（同法18条）について定めた。

　これらは、バブル経済の中で土地の投機的取引が横行したことに対し、長期的・普遍的な観点から、「所有から利用へ」という方針を土地政策の基本的方向性として示したものである。その後、平成元年土地基本法の制定を受け、平成4（1992）年に都市計画法が大幅に改正され、「計画に従った土地利用」の理念を具体化すべく、市町村の都市計画に関する基本的な方針（マスタープラン）の制度（都市計画法18条の2）の導入、住居系を中心とする用

---

1)　土地の商品化は、明治初年の土地制度改革デザインに遡り、土地担保金融の発展に伴って急速に進展した。松尾2018b:107-112頁、131-135頁参照。
2)　本間ほか1990:5-33頁［本間義人］、五十嵐1990:53-92頁参照。

途地域制度の整備等が行われた[3]。こうして、平成元年土地基本法は、土地政策の目標と手段を戦略的に定めた点に重要な意義があるといえる。

(2)　土地基本法改正論の背景

ところが、人口減少や景気後退等による社会・経済構造の変化を背景にして、価値が下落する土地が増加した。それに伴い、所有者が特段の利用意向を持たず、積極的な利用・取引が期待できない土地も増加してきた。こうしたいわば想定外の事態が生じ、土地に最も相応しい利用を追求することが困難となる中で、どのような規律が求められるかについては、平成元年土地基本法は不明確であった。そこで、人口減少社会にも対応しうる「新たな総合的土地政策」の構築・提示が必要となった[4]。これにより、地価の動向や社会構造の変化にもかかわらず、安心・安全で豊かな暮らしを可能とする、「持続可能性」のある土地法制が求められた[5]。

(3)　見直しの方向性
(a)　概　要

『特別部会・とりまとめ』は、土地基本法の改正の方向性として、〔1〕大都市の中心部など、引き続き利用ニーズが高い土地に対しては、適正な利用を促進し、投機的取引を抑制する等、現行の規律のうち、普遍性がある規律は維持する一方、〔2〕現行規定上不明確な「適切に管理されない土地」に関する規律も含むものとして「適正な土地利用」概念を拡大し、「適切な利用の促進」を図るべく、積極的利用に限らない利用方法も含む意味での「管理」の在り方（水準・内容）を検討している。その際、土地の利用・管理に関して所有者が負うべき責務、その責務の履行を担保する方策を重視した[6]。その結果、平成元年土地基本法のコンセプトである「所有から利用へ」につ

---

3)　吉田2019：203頁。

4)　『企画部会・中間とりまとめ』：1頁。このことは、すでに、『特別部会・とりまとめ』：2-3頁（Ⅰ1①、②）、第4回・所有者不明土地等対策の推進のための関係閣僚会議（令和元年6月）において示されていた。さらに、『企画部会・中間とりまとめ』：5-10頁では、土地政策を取り巻く状況についての詳細な分析が加えられている。

5)　『企画部会・中間とりまとめ』：1頁。

6)　『特別部会・とりまとめ』：2-3頁（Ⅰ1①、②）、6-7頁（Ⅰ3②）。

き、「所有から利用および管理へ」という変化の方向性を示した。

　これを踏まえつつ、『企画部会・中間とりまとめ』は、ⓐ経済成長や地域の活性化、持続可能性の確保につながる地域づくり・まちづくりを進める中で、土地需要の創出や喚起、顕在化に取り組むこと、およびⓑ所有者等による適正な土地の管理を促しつつも、それが困難な場合は、土地を適正に利用・管理する意思があり、それができる担い手に土地に関する権利を円滑に移転していけるように取り組むことを、「土地政策の方向性」として提示し、本章冒頭の4本柱（前述74頁）からなる土地政策に従い、それを具体的に展開したうえで、それを踏まえて、平成元年土地基本法を見直すものとした[7]。以下では、最初に改正土地基本法に向けての見直し項目を確認し、その後、より詳細化された「土地政策の方向性」について検討する（後述93-97頁〔(4)(a)～(e)〕）。

(b)　見直し項目（その1）——土地基本法の目的

　改正土地基本法が明らかにすべき、土地政策の目的として、①土地・不動産の有効活用、安全・衛生・景観等に関する周辺地域への外部不経済の防止、災害予防・復旧・復興等の観点から、「適正な土地の利用・管理」の確保を図ることを提示している。ここでは、適正な土地の「利用」に「管理」が加えられていることが注目される。そして、②それにより、大都市から地方に至る地域の活性化と、安全で「持続可能な」よりよい社会の形成に資することを明らかにするものとしている[8]。ここでは持続可能性（sustainability）が改正土地基本法の目的に取り込まれるきっかけが与えられたことが、とりわけ重要であると考えられる。

(c)　見直し項目（その2）——基本理念

　土地についての基本理念として、［1］土地は適正に利用されるだけでなく「管理」されなければならないことを明確にすべきとし、土地についての理念としても管理を再度強調している。そして、管理を確保する観点から、取引の円滑化の重要性も明示すべきとした。また、［2］従来の受益者負担

---

7)　『企画部会・中間とりまとめ』:12-26頁。
8)　『企画部会・中間とりまとめ』:26頁。

の考え方に加え、地域住民、まちづくり団体等による「公益に資する取組」が、土地の価値の維持向上に資する場合は、「所有者等に必要な負担を求めることができる」との考え方を提示すべきとする。一方、［３］投機的取引の抑制は、「普遍的な価値を有している」として、現行規定の維持が確認された[9]。

　ちなみに、『特別部会・とりまとめ』は、「土地についての基本理念」をより広範に捉えていた。すなわち、①公共の福祉の観点から、土地所有者は「土地の適切な利用・管理」を確保する責務を負う旨を明記すること（「管理」の観点の追加）[10]、その具体的帰結として、②所有者が責務を果たさず、周辺の土地や近隣住民等に悪影響を与える場合は、「公共の福祉の観点から所有権より近隣住民、地域の利益（生活環境の保全、安全の確保、地域の活性化・持続可能性等）が優先され得る」こととした[11]。さらに、土地所有者の具体的責務として、③土地所有者は「自らが所有者であること及びその所在を登記により公示する責務」、および「土地の境界画定に努め、これに協力する責務」があることを明示すべきとした[12]。他方、④所有者のほか、近隣住民・地域コミュニティ等、地方公共団体および国の責務ならびに役割分担を明示することも検討した。すなわち、ⓐ所有者は第一次的な利用・管理の責務を有する。ⓑ近隣住民・地域コミュニティは所有者の責務を補完し、ⓒ地方公共団体は地域の公益を実現する（ⓐ・ⓑを支援し、後述ⓓと連携する）。そして、ⓓ国は最終的な土地政策の責任を担う（ⓐ・ⓑ・ⓒを支援し、ⓒと連携する）とした[13]。これは、土地の所有は私人か国家かという単独ではなしえず、社会的連携が必要であるという認識を示すものとして注目された。さらに、⑤土地を手放すための仕組みを検討し、「最終的に国が当該土地を譲り受ける手続を設けること」を提示した[14]。それは、従来の所有者が所有に堪えなくなった土地を誰かに押し付けるものではなく、そうした土地の管理について公平に負担し、管理する、持続可能な土地所有システムの構築を模

---

9)　『企画部会・中間とりまとめ』：26頁。山野目2022：27-32頁も参照。

10)　『特別部会・とりまとめ』：8-9頁（Ⅱ1(1)）、13-14頁（Ⅱ2(1)）。

11)　『特別部会・とりまとめ』：9頁（Ⅱ1(1)）。

12)　『特別部会・とりまとめ』：11頁（Ⅱ1(2)）。

13)　『特別部会・とりまとめ』：10頁（Ⅱ1(1)）。

14)　『特別部会・とりまとめ』：11-12頁（Ⅱ1(3)）。

索したものとみられる。

これに対し、『企画部会・中間とりまとめ』は、上記①・②を基本理念に関わるものとして維持しつつ、上記③・④・⑤を「土地所有者等の責務」として、下記のように別途取り出した。

(d) 見直し項目（その3）——土地所有者等の責務

土地所有者等の権利者の責務内容として、①適正に土地を利用・管理し、円滑に取引を行うべきこと、②登記手続等による権利関係の明確化および土地の境界の明確化に努めるべきこと、そして、③国や地方公共団体が実施する土地に関する施策に協力すべきことを提示する。そして、③を受ける形で、④土地所有者等の権利者自らによる土地の適正な利用・管理を促しても、それが困難な場合は、「土地所有者等以外の者による円滑な利用・管理」を確保する観点から、国・地方公共団体、事業者、国民一般の責務にも「管理」の重要性を反映させ、これらを通じて「様々な主体の適切な役割分担」の下で土地が適正に利用・管理されるべきことを提示する[15]。

(e) 見直し項目（その4）——基本的施策

①国・地方公共団体が実施すべき基本的施策の「全体最適」を図る観点から、「土地の利用・管理に関する計画」について合意形成をして共有し、「計画の実現」を図る手段として、事業等のみならず、「計画的に適正な土地の管理を確保する施策」、例えば、需要を喚起・創出して誘導する手法の必要性を明確化し、低未利用土地や所有者不明土地に関する措置を講ずべきとする。また、②「調査及び情報提供の実施」に関する施策として、地価公示等による公的土地評価の継続的実施、国や地方公共団体の責任による土地の所有者情報の整備、地籍整備等による境界の明確化、不動産市場情報の整備等に関する措置を講ずべきとする。そして、③国はこれら施策の的確な実施を可能とすべく、必要な情報の提供、技術的支援等、地方公共団体に対する協力措置を講じる旨を明確にすべきとする。最後に、④土地基本法の改正を踏まえ、国・地方公共団体が講じる個別施策の効果を最大化すべく、国が「土地に関する基本方針」を新たに策定すべきとしている[16]。

---

15) 『企画部会・中間とりまとめ』:26頁。山野目2022:34-39頁も参照。

ちなみに、『特別部会・とりまとめ』は、土地の適切な利用・管理に必要な基本的施策として、①適切な土地の利用・管理を促す措置（空き地等の適切な管理・流通・再生の促進策など）、②所有権の制限を伴う措置（土地の放置を抑制するための管理方策など）、③土地の適切な利用・管理・取引を支える情報基盤整備を挙げていた[17]。このうち、③は、相続登記に関する申請の義務化、およびそれと関連して、地籍調査の円滑化・迅速化のための措置として、所有者不明の場合等でも調査が進むよう、公告による調査の導入、地域の特性に応じた効率的調査手法の導入、都市部における公物管理者との連携等による官民境界の先行的調査、山村部におけるリモートセンシング・データの活用等を提示していた[18]。

（4）　新たな土地政策の骨格
（a）　土地政策の方向性

　『企画部会・中間とりまとめ』は、前述90頁（（3）（a）後半部分）のように、ⓐ土地需要の創出・喚起・顕在化と、ⓑ土地に関する権利移転の円滑化を「土地政策の方向性」としたうえで、本章の冒頭に述べた4本柱──①土地・不動産の有効活用に関する施策、②土地・不動産の管理（地域への外部不経済の発生防止・解消）に関する施策、③土地政策の推進を支える土地・不動産に関する情報基盤の整備に関する施策、④土地政策の推進の支障となっている所有者不明土地問題への対応に関する施策──に従い、その具体的な内容を詳細に展開した（【図表Ⅱ-1】参照）。『企画部会・中間とりまとめ』第3章はこの4本柱に沿った「基本的考え方」を、同第4章は同じく「当面の施策」を展開している。

（b）　土地・不動産の有効活用

　（i）　既に利用されている土地については、土地の利用を誘導し、取引を円滑化すべく、不動産投資市場も活用し、不動産流通の活性化を図るものと

16）　『企画部会・中間とりまとめ』：24-25頁、26-27頁。山野目2022：41-47頁も参照。

17）　『特別部会・とりまとめ』：14-19頁（Ⅱ2（2））。

18）　そのために、国土調査法および国土調査促進特別措置法の改正、第7次国土調査事業十箇年計画の策定が予定された。

【図表Ⅱ-1】 土地政策の骨格

1	土地・不動産の有効活用に関する施策		
	(1)	既に利用されている土地・不動産の最適活用に関する施策	
		①	土地・不動産の最適活用を図るための土地利用の推進に関する施策
		②	土地・不動産の最適活用を図るための取引の円滑化に関する施策
	(2)	低未利用の土地・不動産の創造的活用に関する施策	
		①	市場を通じて利用につなげる取組
		②	地域における公共・公益的な利用につなげる取組
2	土地・不動産の管理（地域への外部不経済の発生防止・解消）に関する施策		
3	土地政策の推進を支える土地・不動産に関する情報基盤の整備に関する施策		
	(1)	土地の境界の明確化と所有者情報の正確性の確保	
	(2)	不動産取引情報の整備の推進	
	(3)	災害リスク等についての情報の提供等	
4	土地政策の推進の支障となっている所有者不明土地問題への対応に関する施策		
	(1)	所有者不明土地の円滑な利用	
	(2)	所有者不明土地の発生抑制・解消	
	(3)	所有者不明農地・森林の適正な利用・管理	

【出典】『企画部会・中間とりまとめ』：12頁、28-35頁に基づき、筆者作成。

している。例えば、都市再生拠点の形成、ウォーカブル都市の構築、エリアマネジメントの推進、コンパクトシティ施策の推進、持続可能な開発目標（SDGs）や環境・社会・ガバナンス（ESG）の観点に従った優良なストック形成に通じるような投資環境整備、企業不動産（CRE）・公的不動産（PRE）を活用するためのネットワーク形成、IT を活用した不動産テック（Prop Tech, Real Estate Tech）の推進等が提示されている[19]。

　（ⅱ）　低未利用の土地・不動産については、需要を喚起・創出すべく、空き家・空き地バンクの全国展開、グリーンインフラの推進等が提案されている[20]。

---

19)　『企画部会・中間とりまとめ』：8頁、14-16頁、28-30頁。

(c) 土地・不動産の管理

　地域への外部不経済の発生防止・解消に向けた土地の適正な「管理」[21]として、所有者等の責務の明確化、各主体の役割分担、土地所有権の放棄制度の検討、その他の民事基本法性の見直し（財産管理制度、隣接地所有者間の管理措置請求制度等）が考えられる[22]。その際、「適正な土地の管理」の確保に当たっては、「第一次的に土地所有者等が責務を有することを前提とし、これが困難な場合には、売買や贈与、所有と利用・管理の分離等により、土地を適正に利用・管理する意思があり、それができる担い手に土地に関する権利を円滑に移転していけるように取り組むこと」を求めている[23]。その目指すところは、土地の現在の所有主体が管理不能となった場合にも、適切な主体に土地の管理が移行しうるシームレスな管理制度の構築であると考えられる。

(d) 土地・不動産に関する情報基盤の整備

　これは主として、①土地の所有者情報の正確性の確保と、②土地の境界の明確化、③土地・不動産の価格情報等の整備、④災害リスク情報の提供、および⑤これら不動産に関する情報の一元的提供を念頭に置くものである。そのためには、ⓐ地籍調査の円滑化・迅速化に向けた国土調査法等の見直し、国土調査事業十箇年計画（令和2年度開始）、ⓑ不動産登記情報の最新化（相続登記申請の義務化、登記手続の負担軽減等）のための施策等が考えられるものとされた[24]。

(e) 所有者不明土地問題への対応

　これについては、①民事基本法制の見直し、②所有者不明農地・所有者不

---

20)　『企画部会・中間とりまとめ』:16-18頁、30-32頁。

21)　ここでの「管理」概念は、民事法上のそれ（一定期間他人に貸して賃料を収受する等、収益を上げる利用行為を含む。改正民法252条1項、4項参照）と異なり、外部不経済の発生防止・解消を目的とする行為として、「利用」と対比して用いられている。『企画部会・中間とりまとめ』:19-20頁、後述101-104頁（(5)(c)(ii)）参照。

22)　『企画部会・中間とりまとめ』:18-22頁、32-33頁。

23)　『企画部会・中間とりまとめ』:20頁。

24)　『企画部会・中間とりまとめ』:22-24頁、33-34頁。

明森林に関する特別法の制定等による対応が図られた[25]。

このうち、①民事基本法制の見直しに関しては、平成31（2019）年2月14日、法制審議会は、第183回会議において、民法および不動産登記法に関する法務大臣の諮問第107号を受け、これを民法・不動産登記法部会に付託して審議することが決定された。法制審議会民法・不動産登記法部会は、第1回会議を平成31（2019）年3月19日に開催し、調査・審議を開始した。

その後、同部会は、第11回会議（令和元年12月3日）までの審議を踏まえて、「民法・不動産登記法（所有者不明土地関係）等の改正に関する中間試案」を取りまとめ、補足説明を付して、令和2（2020）年1月10日に公開し、パブリックコメントを実施した（同年1月10日〜3月10日）。同部会は、その後、パブリックコメントの結果も踏まえて審議を続け、令和3（2021）年2月2日の第26回会議において、「民法・不動産登記法（所有者不明土地関係）の改正等に関する要綱案」を決定した。

同要綱案は、令和3（2021）年2月10日、法制審議会第189回会議において、全会一致で原案どおり議決され、「民法・不動産登記法（所有者不明土地関係）の改正等に関する要綱」として、法務大臣に答申された。同要綱に基づき、①「民法等の一部を改正する法律案」および②「相続等により取得した土地所有権の国庫への帰属に関する法律案」の2法案が作成された。両法案は、令和3年3月5日、第204回国会に提出され、衆議院議案として受理された[26]。また、同日、参議院予備審査議案として受理された。

衆議院は、令和3（2021）年3月16日、両法案を法務委員会に付託して審査を行い[27]、同年3月30日に法務委員会可決（附帯決議あり。以下、「衆議院法務委員会附帯決議」という）[28]、同年4月1日の本会議において全会一致で可決し、同日、参議院に送付、受理された。参議院は、令和3（2021）年4月7日、両法案を法務委員会に付託して審査を行い[29]、同年4月20日に法務委

25）『企画部会・中間とりまとめ』:24頁、34-35頁。

26）民法等の一部を改正する法律案（議案番号55）、相続等により取得した土地所有権の国庫への帰属に関する法律案（議案番号56）。

27）2021年3月17日、19日、23日、24日、30日（衆議院法務委員会会議録4号〜8号）。

28）2021年3月30日、衆議院法務委員会は、両法案に対する附帯決議をした（衆議院法務委員会会議録8号）。

29）2021年4月8日、13日、15日、20日（参議院法務委員会会議録6号〜9号）。

員会可決（附帯決議あり。以下、「参議院法務委員会附帯決議」という）[30]、同年4月21日の本会議において、全会一致で可決した。

　こうして、①「民法等の一部を改正する法律」は、令和3年4月28日法律24号として公布され、特別に定める場合を除き、公布日から起算して2年を超えない範囲内において政令で定める日（令和5年4月1日）から施行するものとされた（附則1条本文、令和3年12月14日政令）[31]。また、②「相続等により取得した土地所有権の国庫への帰属に関する法律」は同日法律25号として公布され、公布日から起算して2年を超えない範囲内において政令で定める日（令和5年4月27日）から施行するものとされた（附則1、令和3年12月14日政令）。なお、同法施行後5年を経過した場合時点で、同法の施行状況について検討を加え、必要があると認めるときは、その検討に基づいて必要な措置を講ずるものとされた（附則2）。これらは、所有者不明土地問題への対応を主眼にするものである。もっとも、このうち、①「民法等の一部を改正する法律」は、民法の共有法理一般の見直し等、所有者不明土地問題への対応を超える内容も含んでいる[32]。他方、②については、土地所有の担い手の拡大として、本書においてすでに検討した（前述60-83頁〔第5章〕）。

(5)　改正土地基本法
(a)　改正土地基本法の成立と特色

　前述した『企画部会・中間とりまとめ』に基づき、令和2（2020）年2月4日「土地基本法等の一部を改正する法律案」が閣議決定され、国会に提出された[33]。その後、令和2（2020）年3月27日「土地基本法等の一部を改正

30）　2021年4月20日、参議院法務委員会は、両法案に対する附帯決議をした（参議院法務委員会会議録9号）。

31）　なお、相続登記の申請の義務化に関係する法改正については公布の日から起算して3年を超えない範囲内において政令で定める日（令和6年4月1日。附則1条2号、令和3年12月14日政令）、住所等変更登記の申請の義務化に関係する法改正については同5年を超えない範囲内において政令で定める日から施行するとしている（附則1条3号）。

32）　令和3年民法改正等については、松尾2021e、松尾2021f参照。

33）　土地基本法、国土調査促進特別措置法、国土調査法、不動産登記法、地方自治法改正案からなる法案、参照条文、概要資料、新旧対照表等につき、国土交通省ウェブサイト〔https://www.mlit.go.jp/report/press/totikensangyo02_hh_000149.html〕（2021年11月3日閲覧）参照。

する法律」が成立した（以下、「改正土地基本法」という。令和2〔2020〕年3月31日法律12号、同年4月1日施行[34]）は、土地立法の基本理念と基本原則をより包括的に規定し、平成元年土地基本法に存在したミッシング・リンクを補完することにより、土地立法および土地政策の包摂性と整合性を高めるための方策を定めた[35]。改正土地基本法（4章22か条）の特色は、以下の4点に集約することができる（以下、本節の括弧内における条文番号の引用は、特に断りのない限り、改正土地基本法のそれを指す）。

(i) 土地基本法の目的の包摂性と体系性の推進

平成元年土地基本法の背景にあった土地の投機的取引の増大と地価高騰から転じて、人口減少および高齢化の進行、経済停滞の長期化に伴い、所有者不明土地[36]および管理不全土地[37]の増加を背景に、平成元年土地基本法が定めた土地の適正な「利用」に対し、新たに「管理」を加え、そうした土地の適正な利用・管理の担い手のスムーズな移行を可能にするための「土地の取引の円滑化」をも土地基本法の目的に掲げた。そして、そのことが、「土地の効用」を十分に発揮し、「地域の良好な環境の確保」、「災害」の予防・応急対策・復旧・復興に寄与し、それによって土地基本法の究極目標である「地域の活性化」および「持続可能な社会の形成」に通じることが明示された点が重要である（1条）[38]。

---

34) 附則1条柱書本文。ただし、改正土地基本法1条は、公布日＝令和2年3月31日に施行された（附則1条柱書ただし書、1号）。

35) 国土交通省土地・建設産業局企画課2020:45-46頁参照。

36) ここで「所有者不明土地」とは、所有者（または共有者の全部もしくは一部）の特定不能および所有者（または共有者の全部もしくは一部）の所在不明の土地という意味で用いる。『特別部会・とりまとめ』:1-2頁、『企画部会・中間とりまとめ』:10頁、改正土地基本法13条5項も参照。

37) ここで「管理不全土地」とは、所有者による土地の管理が不適当であることにより、他人の権利または法律上保護される利益が侵害され、または侵害されるおそれがある土地という意味で用いる。『特別部会・とりまとめ』:3-4頁、『企画部会・中間とりまとめ』:19頁、要綱:11頁、改正民法264条の9も参照。

38) 土地基本法の究極目標としての「持続可能性」の付加につき、国土審議会土地政策分科会企画部会第33回議事録7頁・16頁、同第34回議事録2頁・4頁・10頁、同第35回議事録6頁・30-31頁、同第36回議事録5頁・11頁・17-18頁参照。

(ii)　土地所有者等の責務・負担の明示

　所有者不明土地や管理不全土地が増加し、周辺の土地や経済全体に対する悪影響が深刻化する中で、様々な対応策が議論され、実施され、土地所有権に対する公共の福祉に基づく制約（憲法29条2項）をどこまで認めるべきかについての判断基準が複雑化し、明確化が困難になってきた。そうした中で、①「土地の所有者又は土地を使用収益する権原を有する者」（以下、「**土地所有者等**」という。4条1項）が土地についての基本理念（2条〜5条）に則り、「土地の利用及び管理並びに取引を行う責務」をもつことを明確に定めた（6条1項）。この土地所有者等の責務の一環として、土地所有者は「その所有する土地に関する登記手続その他の権利関係の明確化のための措置及び当該土地の所有権の境界の明確化のための措置を適切に講ずるように努めなければならない」（6条2項）。また、②土地所有者等は、「国又は地方公共団体が実施する土地に関する施策に協力しなければならない」（6条3項）。加えて、③土地所有者等は、土地の価値が、社会経済的条件の変化によって増加した場合のほか、「地域住民その他の土地所有者以外の者」による公益増進活動によって維持または増加する場合は、それに要する費用に応じて適切な負担が求められるべきことも定めた（5条2項）。

(iii)　土地の利用・管理に関わる主体の包摂性と連携の推進

　土地の適正な管理・利用の主体として、平成元年土地基本法が定めていた国、地方公共団体、事業者、国民に加えて、「地域住民その他の土地所有者等以外の者」を新たに挙げ、これら地域住民等が土地の利用・管理を「補完する取組」について、国および地方公共団体がこれを推進するために必要な措置を講じるべき努力義務を定めた（7条2項）。また、国および地方公共団体の責務として、新たに「低未利用土地の適正な利用及び管理の促進」（13条4項）、「所有者不明土地」の発生の抑制、解消および円滑な利用・管理の確保（13条5項）、土地の円滑な取引のための不動産市場の整備等の必要な措置（14条1項）について規定した。さらに、国に対しては、地方公共団体が実施する土地に関する施策の支援に必要な措置を講じるべき努力義務も課した（19条2項）。

（iv）　土地基本方針の策定の制度化

　土地の利用・管理、取引、調査、情報提供等、土地に関する施策の総合的な推進を具体化すべく、政府が「土地基本方針」を定めることを制度化した（21条）。

(b)　土地基本法改正の意義

　こうしてみると、改正土地基本法は、平成元年土地基本法を否定するものではなく、地価高騰下での地価対策にウェイトを置いていた平成元年土地基本法を包摂しつつ、さらに発展させたものということができる。すなわち、改正土地基本法は、地価高騰の局面でも、地価下落の局面でも、多様な経済事情の変動に対応し、さらにその原因でもある人口減少・高齢社会の進行による利用・管理の担い手不足の状況にも対処しうる、より包摂性が高く、強靭な土地法の形成に向けて、基本的な指針と方策を提示した点に意義があるものということができる。以下では、このことを、改正土地基本法の特色（前述97-100頁〔**(a)**の(i)～(iv)〕）に照らして、さらに詳細に確認する。

(c)　「土地の所有から利用へ」から「土地の利用及び管理」へ

（i）　土地の適正な「利用及び管理」の位置づけ

　改正土地基本法の最大の特色は、改正前法の「適正な土地利用」（平成元年土地基本法1条。同法3条2項も参照）を包摂する形で、「**適正な土地の利用及び管理**」を実施することを土地基本法の目的に据えたことである（改正土地基本法1条）。そして、それを促進する手段として、「土地取引の円滑化」を位置づけている（改正土地基本法1条、4条1項）。この点、平成元年土地基本法が地価高騰に対処する手段として、取引に関する規制をもっぱら「投機的取引の抑制」（平成元年土地基本法4条）という観点から規定していたのに対し、改正土地基本法はむしろ土地の適正な利用・管理のために「土地取引の円滑化」を推進することが、結果的に「適正な地価の形成」に通じるもの（改正土地基本法1条）と捉えていることが注目される[39]。

　もっとも、「適正な土地の利用及び管理」は改正土地基本法の最終目標ではない。それは、「地域の活性化及び安全で持続可能な社会の形成」の手段として位置づけられていることに留意する必要がある（改正土地基本法1条）。つまり、後者を上位目標とすれば、その手段が前者の土地の適正な利用・管

理であり、さらにその手段の１つが前段落で述べた土地取引の円滑化である。

（ii）　改正土地基本法が提示する土地の適正な「**管理**」とは何を意味するか
　改正土地基本法が随所で強調する土地の適正な「管理」[40]とは、立法経緯が示唆するように、①土地の積極的利用に限らないというだけでなく、②周辺土地や近隣住民、さらには地域への外部不経済の発生防止・解消をも意味する。①は、３条１項「土地は、その所在する地域の自然的、社会的、経済的及び文化的諸条件に応じて適正に利用し、又は管理されるものとする」に、②は、３条２項「土地は、その周辺地域の良好な環境の形成を図るとともに当該周辺地域への悪影響を防止する観点から、適正に利用し、又は管理されるものとする」に具体化された。このように改正土地基本法の「管理」概念は、民事法上のそれと異なり[41]、外部不経済の発生防止・解消を目的とする行為を意味するものとして、「利用」と対比する形で用いられていることに注意する必要がある[42]。また、それは土地の**物理的管理**のみならず、土地所有等の主体（所有者等の権利者の同一性とその所在等を明らかにすること）、客体（境界等を明らかにすること）、権利の内容および変動を明確にし、公示するという**法的管理**も含むものである[43]。その結果、改正土地基本法による「管理」概念の導入は、必然的に関連規定の創設を伴うことになる。

39）　国土交通省土地・建設産業局企画課2020:45頁。改正土地基本法４条２項は、土地が「投機的取引の対象とされてはならない」との規定（平成元年土地基本法４条）も引き続き維持している。それは「普遍的な価値を有している」からである（『企画部会・中間とりまとめ』:26頁）。これに対しては、批判的見方もある。中川:34-35頁参照。なお、改正土地基本法14条（土地の取引に関する措置）、17条（公的土地評価の適正化等）も参照。

40）　改正土地基本法は、土地の「管理」につき、１条のほか、２条、３条１・２・３項、４条、６条１項、７条２項、８条１項、９条１項、11条１項、12条１項、13条１・２・４・５項、18条１・２項、21条１項・２項２号等においても定めている。

41）　例えば、民法上の「管理」は、一定期間他人に貸して賃料を収受するなど、収益を上げる利用行為をも含む（改正民法252条１項、４項参照）。

42）　『企画部会・中間とりまとめ』:19-20頁、山野目2022:30-31頁、43-45頁参照。改正土地基本法３条２項は新設規定である。他方、改正土地基本法３条１項は平成元年土地基本法３条１項の、改正土地基本法３条３項「土地は、適正かつ合理的な土地の利用及び管理を図るため策定された土地の利用及び管理に関する計画に従って利用し、又は管理されるものとする」は平成元年土地基本法３条３項の改正である。

43）　国土交通省土地・建設産業局企画課2020:45頁、小柳2020:4-6頁、平良2022:61-62頁。

第1に、**「管理」の主体**に関する規定の体系的整備である。まず、「管理」の第一次的主体としての土地所有者等の責務の規定（6条）、地域住民その他の土地所有者等以外の者による「管理」の補完的取組に関する規定（7条2項）、土地の「管理」に関する国および地方公共団体の責務の規定（7条、11条、12条、13条、18条、20条）、同じく国民の責務（9条）および事業者の責務（10条）の規定等である。

　この趣旨は、『特別部会・とりまとめ』がすでに明確に示していた。すなわち、土地所有者が「土地の適切な利用・管理」を確保する責務を負う旨を明記すること（「管理」の観点の追加[44]。これは、改正土地基本法6条1項に具体化された）の具体的帰結として、①所有者が責務を果たさず、周辺の土地や近隣住民等に悪影響を与える場合は、「公共の福祉の観点から所有権より近隣住民、地域の利益（生活環境の保全、安全の確保、地域の活性化・持続可能性等）が優先され得る」とした[45]。

　また、土地所有者の具体的責務として、②土地所有者は「自らが所有者であること及びその所在を登記により公示する責務」、および「土地の境界画定に努め、これに協力する責務」があることを明示すべきであるとした[46]（これは、改正土地基本法6条2項に具体化された）。

　他方、③土地所有者のほか、近隣住民・地域コミュニティ等、地方公共団体、国の責務および役割分担を明示することも検討し、ⓐの所有者は第一次的な利用・管理の責務を有する。ⓑの近隣住民・地域コミュニティは所有者の責務を補完し、ⓒ地方公共団体は地域の公益を実現する（ⓐ所有者、ⓑ近隣住民・地域コミュニティを支援し、後述ⓓの国と連携する）とした。そして、ⓓ国は最終的な土地政策の責任を担う（ⓐ・ⓑ・ⓒの各主体を支援し、ⓒの主体と連携する）[47]。これらは、前述した改正土地基本法の諸規定（6条、7条、11条、12条、13条、18条、20条）に反映されていることが分かる。それは、土

44）『特別部会・とりまとめ』:8-9頁、13頁（Ⅱ1(1)①、Ⅱ2(1)①、②）。

45）『特別部会・とりまとめ』:9頁（Ⅱ1(1)①）。

46）『特別部会・とりまとめ』:11頁（Ⅱ1(2)）。

47）『特別部会・とりまとめ』:9-10頁（Ⅱ1(1)②）。『企画部会・中間とりまとめ』:26頁も、これらを受け継いでいる。さらには、土地の「管理」に関する民事基本法制の見直し（財産管理制度、隣接地所有者間の管理措置請求制度等）も指摘されている（『企画部会・中間とりまとめ』:18-22頁、32-33頁）。

地の「管理」は私人によるか国家によるかという択一的構図では実現できず、連携が必要であるとの認識を示すものとして注目される。

　さらに、「管理」の一環として、国の責務に関して、④土地を手放すための仕組みも検討し、「最終的に国が当該土地を譲り受ける手続を設けること」を提示したことも、「管理」概念の導入に伴う効果として注目される[48]。それは、従来の所有者が所有に堪えなくなった土地を誰かに押し付けることを認めるのではなく、土地の「管理」主体の変更を認めつつ公平に費用を負担し、持続可能な土地管理システムの構築を志向するものとみられる。その目指すところは、土地の現在の所有主体が管理不能となった場合に、適切な主体に土地の管理を移行させるシームレスな管理制度の構築であると考えられる。もっとも、土地を手放すための仕組み（いわゆる土地所有権の放棄）は、土地基本法では直接規定されず、別途特別法を制定することになった[49]。土地の「管理」の一環として、「最終的に国が当該土地を譲り受ける手続を設けること」は、すでにみたように、相続土地国庫帰属法の制定という形で具体化された（前述60-83頁〔第5章〕）。

　「管理」概念の導入に伴って創設された関連規定の第2は、**土地・不動産に関する情報基盤の整備**である。前述した「管理」の諸主体が、相互に連携しつつ、土地を適正に管理するためには、土地に関する正確な情報が不可欠である。とりわけ、①土地の所有者情報の正確性の確保と、②土地の境界の明確化、③土地・不動産の価格情報等の整備、④災害リスク情報の提供、および⑤これら不動産に関する情報の一元的提供が重要である。

　そのために、ⓐ地籍調査の円滑化・迅速化に向けた国土調査法等の見直し、国土調査事業十箇年計画（令和2年度開始）、ⓑ不動産登記情報の最新化（相続登記申請の義務化、登記手続の負担軽減等）のための施策等が提示された[50]。

48）　『特別部会・とりまとめ』:11-12頁（Ⅱ1（3））。『企画部会・中間とりまとめ』:20頁も、その必要性を承認している。その際、「適正な土地の管理」の確保に当たっては、「第一次的に土地所有者等が責務を有することを前提とし、これが困難な場合には、売買や贈与、所有と利用・管理の分離等により、土地を適正に利用・管理する意思があり、それができる担い手に土地に関する権利を円滑に移転していけるように取り組むこと」を求めている。

49）　要綱：第3部「土地所有権の国庫への帰属の承認等に関する制度の創設」参照。「相続等により取得した土地所有権の国庫への帰属に関する法律」（令和3年4月28日法律25号）。

50）　『企画部会・中間とりまとめ』:22-24頁、33-34頁。

これらの施策を実現すべく、改正土地基本法は、6条2項、18条2項、21条2項4号に関連規定を設けた[51]。そして、地籍調査の円滑化および迅速化のために、国土調査法の改正（17条、19条、20条、21条、21条の2、23条の4、23条の5、31条の2、32条の3、34条の2、34条の3、37条2号等）、国土調査促進特別措置法の改正（1条、3条等）、不動産登記法の改正（筆界特定の申請に関する131条2項等）および地方自治法（別表第1）の改正が行われた。

(d)　土地所有者等の責務と土地法制の整合性の確保

　改正土地基本法は、土地法制の整合性を増進するうえでも重要な意味をもつ。この観点から特に重要なのは、土地の適正な「管理」に伴って導入された、「土地所有者等の責務」に関する規定である。前述したように、改正土地基本法は、土地所有者等の責務の内容として、①土地所有者等は、土地に関する公共の福祉優先（2条）、適正な利用・管理等（3条）、円滑な取引等（4条）および適切な負担（5条）からなる「土地についての基本理念」に則って土地を利用・管理・取引を行うべきこと（6条1項）、その一環として、土地所有者は登記手続等による権利関係の明確化、土地の境界の明確化に努めるべきこと（6条2項）、②土地所有者等は、国や地方公共団体が実施する土地に関する施策に協力すべきことを定めた（6条3項）。そして、③土地所有者等による土地の適正な利用・管理が困難な場合は、「土地所有者等以外の者による円滑な利用・管理」を確保する観点から、地域住民その他の土地所有者以外の者、国・地方公共団体等も「管理」の責務を負う（7条）。しかし、その場合において、「土地の価値が地域住民その他の土地所有者等以外の者によるまちづくりの推進その他の地域における公共の利益の増進を図る活動により維持され、又は増加」したときは、土地所有者等には、その費用に応じて適切な負担が求められなければならない（5条2項）。これらは「様々な主体の適切な役割分担」の下で土地が適正に利用・管理されるべきことを企図する趣旨であると解される[52]。

---

51)　なお、相続登記申請の義務化、登記手続の負担軽減等は、不動産登記法の改正による。要綱：第2部・第1「所有権の登記名義人に係る相続の発生を不動産登記に反映させるための仕組み」、第2「所有権の登記名義人の氏名又は名称及び住所の情報の更新を図るための仕組み」参照。

52)　『企画部会・中間とりまとめ』：26頁参照。

このうち、①土地についての基本理念に則った土地所有者等の責務に関する一般的規定は、所有者不明土地や管理不全土地に対してこれまで実施されてきた立法や、これから行われるべき立法に対し、それを正当化する根拠を付与し、関連する土地法制の体系的整合性を図る意味がある[53]。

　すでに土地基本法の改正前から、所有者不明土地の問題の顕在化に伴い[54]、所有者不明土地[55]への利用権の設定が、森林法の改正（平成23年法律20号、平成26年法律69号、平成28年法律44号、平成30年法律35号による改正等）、森林経営管理法の制定（平成30年法律35号）、農業経営基盤強化促進法等の改正（平成30年法律23号。農地法の改正を含む）等、特別法の改正ないし制定によって行われてきた[56]。

　また、森林や農地以外の土地一般につき、所有者不明のままで地域福利増進事業のための利用権の設定を可能とすべく、所有者不明土地の利用の円滑化等に関する特別措置法（平成30年法律49号。以下、「所有者不明土地利用円滑化法」という）が制定された[57]。

　さらに、表題部所有者不明土地の登記及び管理の適正化に関する法律（令和元年法律15号。以下、「表題部所有者不明土地法」という）は、利害関係人の申立てによって選任された**所有者等特定不能土地管理者**および**特定社団等帰属土地等管理者**が、当該土地を管轄する地方裁判所の許可を得て、所有者等特定不能土地を売却することも認めた（2条3項、19条1項、20条1項、21条2項、30条）。

　これらの立法による不明所有者（不明共有者を含む）の土地所有権の制限に対し、財産権の保障（憲法29条）の観点から問題提起が行われ[58]、合憲性の判断枠組とその適用方法が議論される中で[59]、はたして土地の所有者には土地を所有者不明の状態としない義務があるかどうかが焦点となっていた[60]。

---

53)　国土交通省土地・建設産業局企画課2020:46頁参照。

54)　土地の「所有者不明化」は2010年代から顕在化した。吉原2017:ⅲ頁参照。

55)　共有者の全部または一部の不明を含む。前掲注36）参照。

56)　松尾2019a:342-349頁、松尾2019b:5-7頁、松尾2020b:16-17頁参照。

57)　これについては、松尾2019a:349-357頁参照。

58)　吉田2019:74頁参照。

59)　松尾2019a:370-372頁。

60)　松尾2019a:372-373頁。

そうした中で、改正土地基本法が土地所有者等の責務の内容を具体化したことにより、土地所有権と公共の福祉に基づく制限との調整は、具体的事案における前記諸立法の解釈・適用に際しても、また、所有者不明土地や管理不全土地に対する立法においても、土地所有者等の責務内容との整合性を確認して行われることになる[61]。

　例えば、土地所有者は、土地についての基本理念（改正土地基本法2条〜5条）に則り、土地の利用・管理・取引を行う責務を遂行するに際し、「その所有する土地に関する登記手続その他の権利関係の明確化のための措置」を適切に講ずるように努める義務を負う（改正土地基本法6条2項）。そして、それについて国が実施する施策に協力する義務も負う（同条3項）。これは、不動産登記法が課す公法上の義務としての相続登記申請義務（後述239-246頁〔第10章 **4**(1)〕）、不動産所有権の登記名義人の氏名・名称および住所に変更があった場合に課す変更登記義務（後述253-255頁〔第10章 **4**(5)〕）等、国家が土地所有者に課す具体的義務の裏付けとなっている。同様の検証は、民法が所有者不明土地管理人および管理不全土地管理人に付与する権限についても、可能かつ必要である。そして、所有者不明土地の利用・管理・取得に対する国家の権限内容は、土地所有者の責務内容と表裏一体である。

(e)　土地政策の整合性と戦略的な具体化の確保

　改正土地基本法は、「土地に関する基本的な方針」に関する第3章を新設し、第2章「土地に関する基本的施策」で定めた土地の利用・管理・取引、土地の調査および土地に関する情報提供に関する施策等を総合的に推進するための「**土地基本方針**」の策定を政府に義務づけた。これは個々の土地政策の整合性を確保するとともに、その戦略的な具体化と機動性の向上を図るべく、閣議決定によって適時の内容の見直しを行うものである[62]。

　土地基本方針は、国土交通大臣が国民の意見を反映させるために必要な措

---

61)　例えば、要綱：第1部第3「所有者不明土地管理命令等」、改正民法264条の2〜264条の14等参照。なお、改正土地基本法が「基本法」として提示した土地所有者の責務の法律による内容形成に際しての「公共の福祉」の内実の捉え方につき、市民全体の生活利益を確保するための土地所有権の制約という視点、およびその内容形成に際しての手続的な正当性の確保を指摘するものとして、平良2022:70-80頁参照。

62)　国土交通省土地・建設産業局企画課2020:46頁参照。

置を講じるとともに、国土審議会の意見を聴いて案を作成し、閣議決定を得て、告示される（改正土地基本法21条3・4・5項）。これに従い、令和2（2020）年5月26日、「土地基本方針」が閣議決定され、告示された[63]。その後、土地基本方針は、令和3（2021）年5月28日の閣議決定により、改訂されている（改正土地基本法21条3項、6項）[64]。これはいわば抽象的・一般的な土地基本法の規定に血肉を与え、土地についての理念（2条〜5条）を具体化するものである。

　土地基本方針は、①土地の利用・管理に関する計画、②適正な土地の利用・管理の確保、③土地取引の円滑化、④土地に関する調査実施と情報提供等、および⑤土地施策の総合的推進の5つを柱としている。

　このうち、①土地の利用・管理計画では、将来的に放置が予想される土地も含めた管理のあり方を地域における取組指針のレベルで構想すること等を示している[65]。

　②適正な土地の利用・管理では、ⓐ低未利用地の利用可能性の向上・同取引の促進に向けた全国版空き家・空き地バンクの活用、ⓑ管理不全土地の管理を強化するための民事基本法制の見直し、ⓒ所有者不明土地の利用・管理に向けた所有者不明土地利用円滑化法、表題部所有者不明土地法の活用、その発生抑制・解消に向けた民事基本法制の見直し等を示す。

　③土地取引の円滑化では、環境・社会・ガバナンス（ESG）の観点に則った投資環境整備による持続可能な開発目標（SDGs）への寄与等を示す。

　④土地調査と情報提供では、地籍、地価、災害リスク、空き家・空き地等の情報整備と情報連携を提示する。そして、⑤土地施策の総合的推進に向け

63）　国土交通省ウェブサイト［https://www.mlit.go.jp/report/press/content/001345269.pdf］（2021年11月3日閲覧）。併せて、令和2年度以降の地籍調査等の迅速かつ効率的な実施を図るための「国土調査事業十箇年計画」（令和2年度からの第7次計画として、第6次計画の実績比1.5倍の進捗事業量を設定）も閣議決定された。改正土地基本法18条1項、2項参照。

64）　土地基本方針（令和2年5月26日閣議決定）の変更（令和3年5月28日閣議決定）につき、［https://www.mlit.go.jp/totikensangyo/content/001487743.pdf］（2023年1月27日閲覧）参照。

65）　このほか、コンパクトシティを推進するための立地適正化計画と地域公共交通網形成計画との連携、水防災に対応した適正な土地利用の推進のための計画、農業振興地域整備計画と人・農地プラン、森林計画制度等の運用を提示する。基本方針：2-3頁（第1．イ、ウ、エ、オ）。

て、国・地方公共団体・地域コミュニティ・NPO等の連携協力を強調する。

　今後は、土地基本方針に盛り込まれた具体的内容の実施、およびその結果を見ての見直しが重要になる[66]。

(f)　改正土地基本法の具体化による「持続可能な社会」の形成に向けて

　改正土地基本法は、明治初年に始まった近代的な土地法形成150年の歴史の中で[67]、日本の土地法制が「持続可能な社会」の形成（改正土地基本法1条）という上位目標を初めて明示し、その達成に向けて包摂性と整合性を高め、それを実施することによる土地政策の戦略的な具体化を図ったものとして、重要な前進を示したものということができる。この意味で、改正土地基本法は大きな潜在力を秘めているものと評価できる。もっとも、その潜在力が現実化するかどうかは、改正土地基本法が、土地法制の包摂性と整合性を高めるべく導入した鍵概念である「適正な土地の利用及び管理」および「土地所有者等の責務」の内容を法制化する等[68]、土地基本方針の策定・実施・評価・改善のサイクルを繰り返し、どれだけ使われるものとなるかにかかっている[69]。

---

66)　土地基本方針は、Plan（計画）⇒ Do（実施）⇒ Check（評価）⇒ Act（改善）の4段階を繰り返す「PDCAサイクル」による見直しを予定している。基本方針:15頁（第5.7）参照。

67)　日本の土地法の歴史的発展、私的土地所有権の導入を柱とする近代的土地法形成に関しては、前述16-26頁（第2章）参照。

68)　令和3年民法一部改正等、相続土地国庫帰属法の制定等がある。

69)　例えば、計画に従った土地の適正かつ合理的な土地の利用・管理（改正土地基本法3条3項、12条1項）との関連で、「地域における土地の管理のあり方に関する構想」（基本方針:2頁〔第1.ア〕）は、「人口減少下における国土の管理水準の低下」を国土利用計画（全国計画）（平成27年8月14日閣議決定）にも位置づけられた重要課題であるとし、将来的に放置が予想される土地も含めた土地の管理のあり方につき、「地域の取組の指針となる構想」等の検討を進めるとしている。かかる構想の具体化は、喫緊の課題である。

2 │ 国家による私人の土地所有権の制約 （その1）
──所有者不明土地の取得

(1) 私的土地所有権とその制約

(a) 土地所有をめぐる国家の権限と私人の権利

　平成31（2019）年4月1日、新元号を令和とすることが発表された。現在、元号は元号法（昭和54年法律43号）によって政令で定め、皇位継承があった場合に限って改めるものとされている。元号の制度自体は大化（645年）に遡り、令和は248番目に当たるという[70]。それは中国の皇帝が領土と領民を統治する時間的シンボルとして用いた制度を継受したものである。大化2年の詔は天皇・豪族の私地私民を廃し、新たな土地所有制度を宣明した。国家は土地と人民に対する権力作用をもつ組織であり、固有の土地所有制度を伴うものであるとすれば、歴史的に連続したものとして、国家の同一性を認めることは、土地所有制度も国家の成立とともに出発して徐々に変化を遂げてきたものと認めることを含意している。現在の土地問題への対応を検討する際にも、土地所有制度の連続性と変化のプロセスをフォローし、既存の制度をどのようにすればより良い方向に改革しうるのかという見方が重要である。

　その際、各国の土地所有制度は、その歴史的形成プロセスを通じて、1つとして同じでないことが明らかになる。その多様性を生み出す要因は、土地所有をめぐる国家の権限と私人の権利との緊張関係である。そこで、国家法の下で、私人が所有権をもつ土地に対して、国家がどのような権限を保持しているかが問題になる。その典型例として、公益の増進に必要な場合に国家が私人の土地を強制的に取得できる公用収用権限がある。本節ではこれを題材にして、土地所有制度という複雑な織物の模様を織り成す縦糸と横糸ともいえる国家の権限と私人の権利の具体的な関わり方に立ち入って検討する。

(b) 私的土地所有権制度と土地の強制収用制度

　日本国憲法は「財産権は、これを侵してはならない」（29条1項）とする一方で、「私有財産は、正当な補償の下に、これを公共のために用ひることができる」（29条3項）とし、土地収用法に基づく土地等の強制的な収用お

70）　日本経済新聞（朝刊）2019年4月1日1面。

および使用を認めている。一般に、こうした公用収用制度は「私的所有権に対する社会的な制約を他の何よりも具体的に表現するもの」と解されている[71]。これは土地等を公共事業に用いることにより、社会的総利益が増大することによって正当化される。それは自然状態においては達成困難である。それゆえに、(i)侵害からの私有財産の保護と並び、(ii)その公用収用による社会的総利益の増大もまた、国家の発生を促すことになった重要な理由である[72]。重要なのは、土地収用制度が私的土地所有権制度に不可欠な内容の一部であるということである。

　興味深いことに、私的土地所有権制度と土地収用制度は、日本でもほぼ一体的に導入された。すなわち、地券発行後の土地取引方法を定めた「地所売買譲渡ニ付地券渡方規則」（明治5年2月24日大蔵省布達25号）に続き、①その追加条文として、「総テ人民所持ノ地所後来**御用**〔公用収用〕ノ節ハ**地券ニ記セル代価**ヲ以テ御買上可相成事」（20条。明治5年9月4日大蔵省布達126号）とされ、公用収用が可能であること、その場合の損失補償および補償額について規定が置かれた。さらに、土地上に建物等があった場合の取扱いとその損失補償に関する追加条項として、「但家作等有之地所ノ儀ハ必ス持主承諾ノ上タルヘシ尤**世上一般ノ利益**ノ為ニ御用相成候節ハ券面通リノ代金及建物等ニ応シ**相当ノ手当**差遣ハシ上地可申付事」（20条ただし書。明治5年10月31日大蔵省布達159号）と定められた[73]。

　これは間もなく②公用土地買上規則（明治8年7月28日太政官達132号）に代わられた。

　その後、大日本帝国憲法（明治22年2月11日）27条「日本臣民ハ其ノ所有権ヲ侵サルヽコトナシ／公益ノ為必要ナル処分ハ法律ノ定ムル所ニ依ル」を受け、③土地収用法（明治22年7月30日法律19号）が制定された。

　さらに、民法（明治29年4月27日法律89号）との整合性も図り、④より詳細な土地収用法（明治33年3月7日法律29号）がこれに代わった。もっとも、前記の大日本帝国憲法27条は「**所有権ハ国家公権ノ下ニ存立スル**」との所有権観念に基づき、土地は大政奉還・版籍奉還によって「一般の統治」に帰した

---

71) エプステイン／松浦監訳2000：9頁。

72) エプステイン／松浦監訳2000：16-17頁。

73) 大蔵省布達全書（明治5年）。強調は引用者による（以下同じ）。

ものが「小民ニ恵賜」されたものと解していた[74]。そして、「**所有権ハ私法上ノ権利ニシテ全国統治ノ最高権ノ専ラ公法ニ属スル者ト抵触スル所アルニ非サルナリ**」という形での公法私法二元論によって公用収用処分を解釈し、土地収用に際しては「私産」に対し「**相当ノ補償**」を付すべきものと解していた[75]。

これに対し、日本国憲法の制定（昭和21年11月3日）に伴って新たに定められたのが、⑤現行の土地収用法（昭和26年6月9日法律219号）である。それは、憲法29条1項の「財産権は、これを侵してはならない」との規定を受け、憲法29条3項の「正当な補償」の下に私有財産を「公共のために用ひることができる」との規定に基づき、「公共の利益の増進と私有財産との調整を図」る（土地収用法1条）ことを目的とした。

では、このようにして土地収用制度が形成される間に、土地所有権制度には何らかの変化が生じたのであろうか。

(c) 私的土地所有権と公共の福祉との関係

公共の利益を増進するために私的土地所有権をどこまで制約できるかについては、私的土地所有権を国家との関係でどのように捉えるか、そして、それを前提にして、公共の利益の増進の意義自体をどのように捉えるかにより、解釈の幅がありうる[76]。一方では、ⓐ個人の私的土地所有権を国家に先立つもの（自然権）と捉え、それゆえに公共の利益の増進も、それが個人の私的土地所有権の保障に寄与している限りで正当性を認めうるという形で、個人の私的土地所有権に還元して捉える見方がある。これは、公法私法二元論を廃棄する方向を志向するものである。

他方では、ⓑ個人の私的土地所有権も国家の実定法を構成要素とする土地所有制度の存在を前提にして成立するものであり、公共の利益の増進もそうした実定法上の土地所有制度それ自体を改革するものとして意味をもつとする見方もある。

このうち、ⓐ自然権理論の立場から、エプスタインは、以下のように述べ

---

74) 伊藤1889:39-40頁。
75) 伊藤1889:38-40頁。
76) 長谷部2022:247-250頁参照。

ている。

　　……その核心において自然権理論はすべて、私有財産と個人の自由は国家の
　創造物にすぎないという考え方を否定する。国家の方こそ、とてつもない権力
　を与えられた同輩でしかない、と考えるのである。したがって、……国家の目
　的は自由と財産を保護することである。なぜなら、自由と財産という観念は国
　家の形成とは独立して、かつそれに先行して理解されるべきものだからである。
　国家が恩恵的に保護すると決めたことのみを理由とするのでは、いかなる権利
　の正当化も規範的な意味でなされたことにはならない。……殺人が悪しき行為
　だからこそ、国家は殺人を禁止しなければならないのであって、国家が殺人を
　禁止しているから、殺人が悪しき行為となるのではないのである。同じことは
　財産権についても言える。侵害が悪しき行為なのは国家が禁止しているからで
　はなく、個人が私有財産を所有しているからである。……そもそも国家とは、
　私的な権原の理論に基礎づけられた権利と義務を実現する存在でしかないので
　ある。[77]

　これは、土地を含む私有財産の自然権論的な正当化であるとともに、「個
人と国家の適切な関係とはどのようなものか」、「国家はなぜ形成されねばな
らないのか」についての自然権論的な説明である[78]。この観点から、大日本
帝国憲法27条が日本国憲法29条へと改正されたことに伴い、土地所有権観と
国家観に変化が生じたのか、生じたとすればどのように生じたかを問う必要
がある。
　一方、ⓑ個人の私的土地所有権の保障を実定法による土地所有制度の改革
の帰結であるとみる見解（制度論）がある。しかし、この所有権＝実定法制
度論といえども、いかに法律が定めるとしても、個人の私的土地所有権を否
定するような定めは、土地所有制度それ自体の改革という観点から本末転倒
になるゆえに、制度論的解釈は個人の私的土地所有権保護と矛盾しないとみ
る[79]。

---

77)　エプステイン／松浦監訳2000：18頁。
78)　エプステイン／松浦監訳2000：15頁。
79)　長谷部2022：249頁。

明治憲法27条から現行憲法29条への改正プロセスにおいて提示された連合国総司令部（GHQ）草案（昭和21〔1946〕年2月12日）は、

　　27条「財産ヲ所有スル権利ハ不可侵ナリ然レトモ財産権ハ公共ノ福祉ニ従ヒ法律ニ依リ定義セラルヘシ」
　　28条「土地及一切ノ天然資源ノ究極的所有権ハ人民ノ集団的代表者トシテノ国家ニ帰属ス国家ハ土地又ハ其ノ他ノ天然資源ヲ其ノ保存、開発、利用又ハ管理ヲ確保又ハ改善スル為ニ公正ナル補償ヲ払ヒテ収用スルコトヲ得」
　　29条「財産ヲ所有スル者ハ義務ヲ負フ其ノ使用ハ公共ノ利益ノ為タルヘシ国家ハ公正ナル補償ヲ払ヒテ私有財産ヲ公共ノ利益ノ為ニ収用スルコトヲ得」

というものであった（下線は引用者による。以下、同じ）。
　日本政府はこれらに沿った草案起草を閣議決定したが（昭和21〔1946〕年2月26日）、憲法改正草案（同年4月17日）27条までに現行憲法29条と同一の文言に修正された。その間に①**GHQ草案**28条前段・後段、および②同29条第1・2文（下線部）が何れも削除され、土地に対する国家の権限（「究極的所有権」）と所有者の義務の関係がやや曖昧なものとなった点が注目される。
　このうち、①GHQ草案28条前段は、日本案の初稿（同年2月28日）の段階ですでに削除され（理由は「概念的デ一般人ニハ分ラヌ」との日本側の主張があっさり容れられたことによる）、②同29条第1・2文は、日本案をGHQ側が英訳した際に「抹殺セラレ居レリ」ために盛り込まれなかった[80]。このように、下線部が条文化されなかった理由は、何れも消極的なものにすぎないことが確認できる。
　ちなみに、日本政府による**昭和21（1946）年3月2日案**（同年3月4日GHQに提出）は、以下のような内容であった。

　　第35条　凡テノ国民ハ其ノ財産権ヲ侵サルルコトナシ。財産権ノ内容及範囲ハ公共ノ福祉ニ反セザル限度ニ於テ法律ヲ以テ之ヲ定ム。公共ノ福祉ノ為必要ナル処分ハ法律ヲ以テ之ヲ定ム。但シ公正ナル補償ヲ与フルコトヲ要ス。
　　第36条　財産権ハ義務ヲ伴フ。其行使ハ公共ノ福祉ノ為ニ為サルベキモノトス。

---

80)　佐藤1946:12-13頁（28条解説部分）。

しかし、その提出から2日後の憲法改正草案要綱（昭和21〔1946〕年3月6日臨時閣議決定、即日公表）においては、財産権は義務を伴い、その行使は公共の福祉のためにされるべきものとするとした3月2日案36条は削除され、3月2日案35条をベースにしたものと思われる、憲法改正草案要綱27条が、以下のように、すでに現行憲法29条の骨格を示している。

　　第27条　財産権ハ侵サルルコトナキコト
　　財産権ノ内容ハ法律ヲ以テ之ヲ定メ公共ノ福祉ニ適応セシムルコト
　　私有財産ハ正当ナル補償ヲ以テ之ヲ公共ノ用ニ供セラルルコトアルベキコト

　こうして、財産を所有する者はそれを公共の利益のために使用する義務を負うとしたGHQ草案29条1文・2文、および財産権は義務を伴い、その行使は公共の福祉のためにされるべきものとするとした日本政府の昭和21（1946年）3月2日案36条前段・後段は、日本国憲法に姿を現すことはなかった。しかし、GHQ草案29条第1文・第2文、およびそれを受けた日本政府による昭和21（1946）年3月2日案36条前段・後段は、財産権一般に同じように妥当するかには疑問があるが、土地所有権に関しては妥当性の高い規定を先取りしていたとみられる。それらは、その後の立法により、実質的に追認されたことが注目される。
　すなわち、平成元年土地基本法2条は、「土地は、現在及び将来における国民のための限られた貴重な資源であること、国民の諸活動にとって不可欠の基盤であること、その利用が他の土地の利用と密接な関係を有するものであること、その価値が主として人口及び産業の動向、土地利用の動向、社会資本の整備状況その他の社会的経済的条件により変動するものであること等公共の利害に関係する特性を有していることにかんがみ、土地については、公共の福祉を優先させるものとする」と定めた。本条は、「利用」が「利用及び管理」と修正され、令和2年の改正土地基本法でも維持されている。
　また、改正土地基本法6条1項は、「土地所有者等〔土地の所有者又は土地を使用収益する権原を有する者。同法4条1項〕は、第2条から前条〔5条〕までに定める土地についての基本理念（以下「土地についての基本理念」という。）にのっとり、土地の利用及び管理並びに取引を行う責務を有する」と定めるに至った。

問題は、土地所有権と公共の福祉との関係および土地所有者等の責務に関するこれらの原則が、実際にどのように具体化されているかである。この点について、近時の制度改革の状況を確認する必要がある。

(2)　所有者不明土地の取得に関する土地収用法上の制度
(a)　不明裁決の制度趣旨
　日本における私的土地所有権に対する公共的制約に関する以上の視点の整理を踏まえて、所有者不明土地を公共事業のために取得する現行法制度について検討する。まず、土地収用法の制度として、土地所有者や土地に関して権利を有する関係人を、公共事業の施行者（起業者）が過失なくして知ることができない場合にも収用手続を進め（36条2項括弧書・4項、40条2項、47条の3・2項）、所有者の氏名や住所が不明のまま土地の収用・使用（権利取得）および明渡し（48条4項ただし書、49条2項）を認める制度がある。不明裁決の制度である。これは所有者不明の土地についても確実に権利取得を行い、公共事業を円滑に遂行することを可能にする制度である。それは私的土地所有権に対する公共的制約として、どのように正当化されるであろうか。

(b)　事業認定
　起業者が不明裁決を得るためには、土地等の収用権をもつ必要がある。そのためには、起業者が土地収用法に基づいて事業認定を申請して取得しなければならない（16条）[81]。事業認定は起業者、事業を施行する土地（起業地）および事業計画を確定し、当該事業に土地等を収用または使用する公益性があることを認めるものである。これにより、起業者は土地収用権を取得する[82]。

---

81)　ただし、事業が都市計画事業として施行されるときは、改めて事業認定を得る必要はない（都市計画法70条）。

82)　門間2017：67-68頁。

(c) 不明裁決の申請

　起業者は事業認定の告示を得た上で、収用委員会に当該用地を収用または使用する（権利取得する）ための裁決を申請する。その際、土地収用法は裁決申請書に「土地所有者及び土地に関して権利を有する関係人の氏名及び住所」を記載した書類の添付を求めている（40条1項2号ニ）。ただし、「**起業者が過失なくして知ることができないもの**」については記載を要しない（40条2項）[83]。「過失なくして知ることができない」とは、登記記録の調査、登記名義人への照会、戸籍・住民票の調査等により、起業者が真摯な努力をしても知ることができない場合をいう。起業者は知ることができない状態に至った調査内容を簡潔に記載した書類を提出し、過失がないことを証明する必要がある（土地収用法施行規則17条2項イ）。もっとも、不明裁決申請の前提条件として、不在者の財産管理人や相続財産管理人の選任を申請したことは必要でない[84]。

(d) 不明裁決

　土地収用法は、収用委員会が事業用地の収用・使用（権利取得）の裁決および明渡しの裁決をするには、原則として補償金を受けるべき土地所有者等の氏名および住所を明らかにして裁決すべきものとしている（48条4項本文、49条2項）。ただし、土地所有者等の氏名または住所を「**確知することができないとき**」、つまり、起業者による調査を踏まえて、収用委員会が自己の責任においても、審理における意見書等によって事実関係を把握した上でなお確知できない場合は[85]、これらの事項について不明のまま裁決することができる（48条4項ただし書）[86]。明渡裁決に際しても同様である（49条2項）。もっとも、収用委員会が不明者を確知したときは、不明裁決をすることはできない。

　こうして不明裁決の制度は、①事業の公益性を確保し、②期待可能な調査

83）　なお、明渡裁決の申請において「土地所有者及び土地に関して権利を有する関係人の住所及び氏名」を記載すべき場合も同様である（土地収用法47条の3第2項）。

84）　総合政策局総務課2018a：2頁。

85）　起業者以上の詳細調査を求めるものでない（国土交通省総合政策局総務課2018a：18頁）。

86）　例えば、平成29年の不明裁決件数は43件で、権利取得裁決件数146件のうち31.6%を占めた（総合政策局総務課2018b：「はじめに」）。

を実施し、③公共事業を円滑かつ確実に実施する一方で、④収用委員会が審理した補償金の供託により、公共の利益の増進と土地所有者等の財産権保障の均衡を確保しようとしている。

(3)　特定所有者不明土地の公共的取得の特例

(a)　所有者不明土地利用円滑化法の制定

　土地収用法上の不明裁決制度よりもさらに進んで、所有者不明土地の取得等を促進する目的で、所有者不明土地の利用の円滑化等に関する特別措置法（平成30年6月13日法律49号。以下、「所有者不明土地利用円滑化法」という。本節の括弧内における条文番号の引用は、特に断りのない限り、所有者不明土地利用円滑化法のそれを指す）が制定された。その後、同法は施行から3年経過後の見直し規定（附則2）に従い、国土審議会土地政策分科会企画部会での検討およびその成果である『所有者不明土地法の見直しに向けた方向性のとりまとめ』（令和3年12月24日。企画部会・とりまとめ）を踏まえ、改正された（令和4年5月9日法律38号。一部規定を除き、公布後6月以内に施行。附則1条）。同法は「所有者不明土地」を「**相当な努力が払われたと認められるものとして政令で定める方法により探索を行ってもなおその所有者の全部又は一部を確知することができない一筆の土地**」（2条1項）とし[87]、業務用等の特別の用途に供されておらず、かつその上に現に建築物（ただし、①物置その他の政令で定める簡易な構造の建築物で、政令で定める規模未満のもの、または②その利用が困難であり、かつ引き続き利用されないことが確実であると見込まれる建築物として、建築物の損傷、腐食その他の劣化の状況、建築時からの経過年数その他の事情を勘案して政令で定める基準に該当するもの〔改正所有者不明土地利用円滑化法2条2項がいう「簡易建築物等」〕を除く）が存在しない土地を「**特定所有者不明土地**」と定義した（2条2項）[88]。そして、特定所有者不明土地につき、公共事業の起業者による所有権等の取得のための簡易な手続を認

---

87)　同法施行令1条、同法施行規則1条〜3条。土地所有者の探索における「相当な努力」の具体例等を含むガイドラインが出されている（国土交通省土地・建設産業局2022）。

88)　「簡易な構造の建築物」としては物置、作業小屋等、「規模」としては階数2および床面積の合計20㎡が想定されている（同法施行令2条）。簡易建築物等に当たらない建築物が存在する土地や営業用に用いられている土地を特定所有者不明土地から外した理由は、損失補償額の認定が容易でなく、争いを生じやすいと考えられるからである。

めた[89]。

(b) 特定所有者不明土地の所有権等の取得

　土地収用法が定める起業者は、事業認定を受けた公共事業につき、起業地内の特定所有者不明土地を収用または使用しようとする場合、事業認定の告示日から1年以内に、当該土地を管轄する収用委員会ではなく、**都道府県知事**に対し、収用または使用の裁定を申請できる（27条1項）。土地収用法の特例である。その際、収用委員会に提出されるような土地調書・物件調書の作成は不要である（31条3項）。都道府県知事は、当該土地が特定所有者不明土地に該当しないなど、裁定申請が相当でないと認める場合を除き、裁定申請等を公告し、裁定申請書および添付書類を2週間公衆の縦覧に供する（28条1項）。都道府県知事は縦覧期間内に特定所有者不明土地の所有者等から異議の申出があったとき等、当該裁定申請を却下すべきとき（29条2項）を除き、縦覧期間の経過後遅滞なく裁定手続の開始決定をし、その旨を公告し、かつ当該特定所有者不明土地の所在地を管轄する登記所に裁定手続開始の登記を嘱託する（30条1項）。

　都道府県知事は、裁定申請を却下すべきとき（29条1項、2項）、および事業が事業認定告示の事業と異なるときまたは事業計画が事業認定申請書に添付された事業計画書記載の計画と著しく異なるときを除き、起業者が事業実施に必要な限度で、特定所有者不明土地の所有権等の権利を取得等させる時期、引渡し等の期限、特定所有者不明土地を使用する場合の方法と期間、特定所有者不明土地所有者等が受ける損失補償金の額（予め収用委員会の意見は聴かなければならない）等について裁定し（32条1項、2項、3項、4項）、起業者等に通知し、かつ公告する（33条）。土地収用法の不明裁決制度と異なり、不明者が確知されても、縦覧期間内に異議の申出等がなければ、都道府県知事は権利取得の裁定が可能である。

　この裁定公告があったときは「裁定の効果」として、当該特定所有者不明土地につき、土地収用法48条1項の権利取得裁決および同法49条1項の明渡裁決があったものとみなされる（34条およびその表題）[90]。そして、当該特定所有不明土地の所有権または使用権の取得、起業者による損失補償金の払渡

---

89) 同法のその他の内容に関しては、後に検討する（後述129-134頁〔**3**(5)(a)〕参照）。

【図表Ⅱ-2】 所有者不明土地利用円滑化法による所有権取得における
　　　　　　財産権保障と公共の利益

財産権保障の確保の要素	公共の利益の増進の要素
◎特定所有者不明土地に限定	○土地収用法上の起業者による公益事業
▽所有者探索のための相当な努力	○公共事業の円滑・確実な実施
▽都道府県知事の裁定	◎所有者不明土地の活用

【出典】筆者作成。土地収用法と比較して、◎強化、○同等、▽緩和ないし合理化

し・供託等につき、土地収用法7章（95条〜107条）の規定が適用される（34条）。

　この所有者不明土地の取得制度は、①補償金の算定が困難でない特定所有者不明土地に限定し、②事業の公益性を確保し、③公共事業を円滑かつ確実に実施する一方で、④所有者探索について相当な努力で足りるとし、⑤収用委員会審理をバイパスして都道府県知事の裁定による所有権等の取得を認めるものである。公共の利益の増進と土地所有者等の財産権保障との最終的均衡は、⑥対象地が所有者不明であり、その公共的利用を図りうるというプラス・アルファの分銅によって保とうとしている（【図表Ⅱ-2】参照）。

(c)　所有者不明土地所有権の取得法理

　この裁定による起業者の所有権取得（土地収用法101条1項）は原始取得であると解されている[91]。その実質的理由は、①取得した土地所有権に他の者の権利が付いたままでは公共事業の遂行に支障を来すこと、②土地に対する所有権以外の財産権について損失補償がされることである。なお、収用によって取得された土地所有権は、民法上の所有権（民法206条）であると解される[92]。

　しかし、原始取得であるにもかかわらず、登記手続上は移転登記の形式をとっている[93]。その理由として、［1］登記の連続性を保つことにより、矛

---

90)　特定所有者不明土地であることから、明渡しを拒む占有者は想定されないため、権利取
　　　得裁決と明渡裁決を分ける必要性がないことによる。
91)　小澤2019（下）:508-510頁。
92)　小澤2019（下）:512頁。
93)　不動産登記法118条1項、3項、4項、5項。

盾した登記の出現を阻止し、登記の正確性を高めうること、[2]公示制度
の理想からも、権利変動のプロセスを明らかにするために移転登記されるこ
とが望ましいこと、[3]取引実態として、任意買収による場合（移転登記
となる）と実質的に共通性をもつこと、[4]収用による土地所有権の取得
も民法上の所有権（民法206条）であり、その後に同一所有者からこれと相容
れない権利を取得した第三者に対しては登記を対抗要件（民法177条）と解す
る場合、それは所有者からの移転登記であるべきこと等が考えられる。なお、
土地収用による所有権取得も登記しなければ第三者に対抗できない（登記必
要説）と解する見解が多数である[94]。取得されるのが民法上の所有権である
との解釈（前述）は、これを補強する。これに対し、登記不要説もある[95]。
もっとも、裁決手続が開始されるとその旨が嘱託登記されるから（土地収用
法45条の2、45条の3、不登法118条6項）、相容れない物権変動が生じる可能
性は少ない[96]。ちなみに、同じく原始取得とされる時効取得を原因とする登
記も移転登記の形式をとる[97]。しかし、移転登記の形式はあくまでも登記の
連続性を期す登記処理の便宜にすぎず、不動産登記法上の文言に拘泥すべき
でないとの見解もある[98]。なお、収用裁決による登記申請は、共同申請主義
（不登法60条）の例外として、起業者が単独で申請できる（土地収用法118条1
項）。また、国または地方公共団体が起業者であるときは、嘱託登記される
（同法118条2項）。そして、収用裁決に関するこれらの登記実務は、特定所有
者不明土地についての都道府県知事の裁定による起業者の所有権取得にも妥
当すると解される。
　このような権利取得プロセスの曖昧さは、権利取得法理の曖昧さを反映し

---

94)　石田2008:223頁、小澤2019（下）:512-513頁。自作農創設特別措置法に基づく農地買収
　　処分による国の所有権取得も第三者対抗要件として登記を要するものと解されている（最
　　判昭和39・11・19民集18巻9号1891頁、最判昭和41・12・23民集20巻10号2186頁）。
95)　舟橋1960:173頁。なお、不在地主AからBが農地を譲り受けたが未登記の間に、国がA
　　から当該農地を買収して登記しても、農地買収処分という権力作用に民法177条は適用さ
　　れず、国は実質的調査をして真の所有者から買収すべきであるとし、Bの国に対する所有
　　権主張を認めた例もある（最大判昭和28・2・18民集7巻2号157頁）。
96)　特定所有者不明土地の収用・使用の裁定手続の開始決定も嘱託登記される（所有者不明
　　土地利用円滑化法30条1項、2項〔土地収用法45条の3を準用〕）。
97)　明治44・6・22民事414民事局長回答。
98)　小澤2019（下）:509頁。

ているように思われる。土地収用および特定所有者不明土地の裁定による所有権取得を原始取得と解した場合、権利取得の法理としては、ⓐ不確知所有者の土地所有権が消滅し、その結果土地所有権がいったん国庫に帰属したうえで（民法239条2項）、法律の規定によって起業者が新たに土地所有権を取得すると解すべきか[99]、ⓑ法律の規定によって起業者が新たな土地所有権を取得する一方、その反射として不確知所有者の土地所有権が消滅すると解すべきか[100]、見解が分かれる[101]。土地所有権制度の形成プロセスに照らして、国家が土地に対する権限を留保していると解釈すれば、ⓐ説が妥当であろうか。

3 | 国家による私人の土地所有権の制約（その2）
──所有者不明土地の利用

(1) 所有者不明土地における利用権設定の拡大

　国家が公共の福祉を増進するために、私人の土地所有権を制限する方法として、前節で検討した公共事業者による私人の土地の所有権の収用のほかに、一定の者が他人の所有地を、たとえその同意がなくとも、利用できる権利が認められている。今問題になっている所有者不明土地に焦点を当てれば、一定の要件の下に、土地を所有者不明のまま利用できる権利（以下、「所有者不明土地利用権」という）を設定することが可能になっている。しかし、これに対しては、私有財産権の保障（憲法29条）に反しないかが絶えず問われなければならない。財産権保障の枠内での所有者不明土地利用権の制度化は、人口減少や経済状況の悪化等によって時に所有者不明土地が生じても、民間事業者や地域コミュニティを含む、利用の意思とアイディアをもつ多様な担

---

99) 川島1960:194-195頁は、一方における財産権の消滅（無主物化）と他方におけるその原始取得（成立）の発生とみる。このような解釈が一般的とされるが、公用収用によって目的物がいったん無主物となり、ついで収用者に帰属するというのは迂遠であるとの批判もある（石田2008:298頁）。

100) 我妻＝有泉1983:253頁（収用者が原始的に権利を取得し、その反面として被収用者の権利は消滅する）。舟橋1960:58頁も同旨か。

101) なお、ⓒ公用収用により、被収用者の物権は消滅せずに収用者に移転する（法定の承継取得）と解する見解もある（石田2008:298頁）。

い手が速やかに有効活用することを可能にする。それにより、経済・社会事情の変動によって土地への需要が変化しても、土地が塩漬けになったり管理されなくなる状況を回避しうる。それは、明治期以降、土地価格の上昇を暗黙の前提にして、市場における需給原理に基づいて構築されてきた日本の土地所有制度に内在する欠陥を補完するものとなる。土地の需要が減少し、価格が下落する場面でも、土地利用の主体を柔軟に調整して、多様な担い手の間で土地が円滑に循環する、強靭でシームレスな土地利用システムを構築することこそが、「持続可能で包摂的な土地所有権制度」[102]の具体化を可能にするであろう。

(2)　土地所有権の根拠と土地の利用
(a)　私有財産制度一般の根拠としての労働・制欲

　J・S・ミル（John Stuart Mill：1806-1873）は、『経済学原理（Principles of Political Economy）』（1848年）において、私有財産制度の一般的根拠を、人々が労働（labour）によって生産し、制欲（abstinence）によって蓄積したものを保障することに求めた。そして、土地自体は勤労の生産物ではないものの、土地を耕地に仕上げ、肥沃にし、改良し、維持し、建物や垣を設けて収益を生み出すのも労働であるとみた。土地に対しては10年、20年かけてはじめて果実を収穫できるような労働もある。こうして「土地の生産性はまったく労働と技術とが創り出した結果である」。この意味で「土地の所有権を正当化する理由」もまた労働にある[103]。

(b)　土地所有権制度に特有の根拠としてのみんなの便宜

　しかし、その一方で、土地自体は自然の産物であり、人間の創造物ではないゆえに、土地の所有権の根拠には他の所有権の根拠とは異なる、土地所有権に特有の面もある。

　「所有権の神聖」ということが云々される場合、この神聖性は、土地の所有権に対しては他の所有権と同じ程度に帰属するものではないということを忘れて

---

102)　前述25-26頁（第2章2(4)）参照。
103)　ミル／末永訳1950：67-71頁。

はならぬ。何びとも、土地を創ったものはまだいない。土地は、本来、全人類の相続財産である。その土地を人に私有させるのは、まったく人類全般の便宜に出でることである。土地の私有がもしも便宜を与えないならば、この私有は不正である。[104]

　ここでミルが土地所有権の根拠とみた**人類全般の便宜**（general expediency）は、『経済学原理〔第 3 版〕』（1852 年）以降の表現であり、同初版（1848 年）では**公的な理由**（public reasons）とされていた。つまり、「公的な理由」という形式的表現は、より広い「**みんなの便宜**」という実質的表現に替えられた。その内容は、すでに以下の記述に展開されていた。

　何びともこの土地が自分の財産だということを許されている場合に忘れてならないのは、自分がこの土地を保有するのは、共同体の寛容によって、かつ自分の土地所有が社会に対して何らかの福利をも積極的にもたらさない以上は、せめて自分がこの土地を私有していなかったときに共同体がその土地から得ていたであろう福利だけは取り上げないでのこすということを黙示の条件にしているということである。[105]

　土地の所有権は、共同体に何らかの**福利**（good）をもたらすことを黙示の条件とする**共同体の寛容**（sufferance of the community）によって支えられている。ミルのこの指摘は、土地の私有が、共同体の寛容を保ちうる「みんなの便宜」（それは「公的な理由」よりも具体性をもった利益享受の感覚である）と境を接して存在し、両者が常に緊張関係にある現実を露わにした点で重要である。このことは、現代の土地所有問題をめぐり、土地所有権をどこまで制限できるか、そのぎりぎりの境界線を模索する営みに如実に見出される。所有者不明土地への利用権の設定には、この緊張関係がよく現れている。

104）　ミル／末永訳1950:74頁。傍点は引用者による。
105）　ミル／末永訳1950:78頁。訳文を一部変えた。

(3)　所有者不明土地利用権の制度の先駆け——所有者不明深林の利用権

(a)　所有者不明森林の土地利用権

　所有者不明土地を所有者不明のまま利用する制度は、所有者不明の森林の土地利用から始まった。それは、平成23（2011）年森林法一部改正（法律20号）による、①要間伐森林制度ならびに②林道等の設置に係る使用権設定、平成28（2016）年森林法一部改正（法律44号）による、③共有者不確知森林制度、および平成30（2018）年森林経営管理法（法律35号。以下、「森管法」という）による、④共有者不明森林ならびに所有者不明森林の経営管理権の制度である（【図表Ⅱ-3】）。

　その背景には、戦後造成した人工林が主伐期を迎え、伐って使って植える森林資源の循環利用、林業の成長産業化、地方創生が目指される中で、木材価格の低迷、森林所有者の経営意欲の低下・高齢化・承継者の不足、山村の過疎化等が進み、森林とその土地の所有者不明化が森林・林業政策を推進する上での障害となっている事情がある[106]。

　なお、平成23年4月の森林法改正により、平成24年4月以降、売買、相続等によって森林の土地の所有者となった者には、個人・法人を問わず、また面積にかかわらず、取得した土地が所在する市町村長に対し、所有権取得についての事後的な届出義務が課されることになった（森林法10の7の2。ただし、国土利用計画法に基づく土地売買契約の届出を提出している者は対象外）。

　届出期間は、土地所有者となった日から90日以内（相続による取得の場合は、相続開始日から90日以内。遺産分割が終了していない場合でも、共同相続した旨および法定相続人の共有物として届出が必要）に、取得した土地のある市町村の長に届出をしなければならない。

　届出書には、届出者および前所有者の住所氏名、所有者となった年月日、所有権移転の原因、土地の所在場所および面積、土地の用途等を記載し、添付書類として、登記事項証明書またはその写し、土地売買契約書等、権利を取得したことが分かる書類の写し、土地の位置を示す図面が必要となる。

　所定の届出をせず、または虚偽の届出をした場合、10万円以下の過料に処される。

　この制度は、相続による土地所有権の取得に届出義務を課そうとする民法

---

106)　林野庁「平成29年度 森林・林業白書」25-32頁。

【図表Ⅱ-3】 所有者不明土地利用権の諸形態と財産権の保障

土地利用権の種類	要　件	手　続
要間伐森林の土地利用権（特定使用権）	要間伐深林の土地の所有者不確知、掲示	市町村長の掲示都道府県知事の裁定
林道等の設置に係る使用権	通知・公告、所有者不明の場合は掲示	都道府県知事の認可
共有者不確知森林の土地使用権等	共有者の一部不確知、公告	都道府県知事の裁定
共有者不明森林の経営管理権	共有者の一部不確知、探索、公告	**同意の擬制**
所有者不明森林の経営管理権	所有者または共有者の全部不明、探索、公告	都道府県知事の裁定、**同意の擬制**
共有者不明農用地等の利用権	共有持分の2分の1以上をもつ共有者の不確知、探索、公示	農用地利用集積計画への**同意の擬制**
所有者不明遊休農地の利用権	所有者、使用・収益権者または共有持分の2分の1以上をもつ共有者の不確知	都道府県知事の裁定
特定所有者不明土地利用権	所有者の全部または一部不明、裁定申請の公告	都道府県知事の裁定

【出典】筆者作成。

改正の前身と位置づけることもできる。

(b)　要間伐森林制度

　間伐または保育が適正に実施されていない森林で、それらを早急に実施する必要のあるもの（要間伐森林）の所有者が確知できない場合、市町村長の掲示を経て、その指定を受けた者が、都道府県知事の裁定を申請することにより、要間伐森林の立木のうち間伐のため伐採するものの所有権（特定所有権）の移転、および要間伐森林について行う間伐の実施ならびにそのために必要な施設の整備のため要間伐森林の土地を使用する権利（特定使用権）の設定を受けることを可能にした（森林法〔平成30年法律35号による改正前〕10条の11の6）。

(c) 林道等の設置に係る使用権設定

　森林から木材等を搬出したり、林道・木材集積場等の森林施業に必要な設備をするために、他人の土地の使用が必要かつ適当であり、他の土地による代替が著しく困難であるときに、その土地を管轄する都道府県知事の認可を受けることにより、使用権を設定できる制度である。その土地の所有者等の権原者のために公開の意見聴取の期日・場所を通知・公告する一方、不出頭の場合でも手続を進め、所有者が不明な場合は通知に代えて掲示を行うことにより、通知が相手方に到達したものとみなされる（森林法50条1項〜3項）。

(d) 共有者不確知森林制度

　地域森林計画の対象である民有林で、立木が数人の共有に属するもののうち、過失なしに森林所有者の一部を確知できない森林（共有者不確知森林）につき、立木の伐採および伐採後の造林をするために、共有者全員の同意（民法251条）が得られない場合に、森林所有者で知れているもの（確知森林共有者）が単独または共同で申請することにより、市町村長による公告および都道府県知事の裁定を経て、共有者不確知森林の所有者または共有者不確知森林の土地の所有者で確知できないもの（不確知森林共有者）の立木の持分または土地の使用権を取得できる制度である（森林法10条の12の2〜10条の12の8）。

(e) 共有者不明森林の経営管理権

　市町村が、区域内にある森林の経営管理状況、地域の実情等を勘案し、当該森林の**経営管理権**（森林所有者が行うべき自然的・経済的・社会的諸条件に応じた経営・管理を市町村が行うため、森林所有者の委託を受け、立木の伐採、木材の販売、造林・保育を実施する権利。森管法2条4項）を市町村に集積することが必要かつ適当であると認める場合に、経営管理権集積計画を定める制度が設けられている（森管法4条）。市町村が同計画（経営管理権の存続期間は50年を超えないものに限る）を定める場合に、対象森林の中に共有森林であって共有者の一部を確知できない**共有者不明森林**があり、かつ知れている共有者（確知共有者）の全部が当該経営管理権集積計画に同意しているときは、「**相当な努力が払われたと認められるものとして政令で定める方法**」により、確知できない共有者（**不明森林共有者**）の探索を行う（森管法10条、同法施行

令1条)。この探索を行ってもなお不明森林共有者を確知できない場合、市町村は不明森林共有者が公告の日から6か月以内に異議を述べなかったときは経営管理権集積計画に同意したものとみなす旨を公告し（森管法11条）、不明森林共有者が公告後6か月内に異議を述べなかったときは、当該不明森林共有者が経営管理権集積計画に同意したものとみなされる（森管法12条）。そして、市町村が経営管理権、森林所有者が経営管理受益権（金銭支払を受ける権利）の設定を受け、市町村による経営管理（森管法33条）または民間事業者による経営管理（森管法35条により、市町村から**経営管理実施権**の設定を受けて行う）のいずれかが行われる。

(f)　所有者不明森林の経営管理権

　市町村が経営管理権集積計画を定める際に、対象森林の中に森林所有者（共有森林の場合は共有者の全部）を確知できない**所有者不明森林**があるときは、「**相当な努力が払われたと認められるものとして政令で定める方法**」により、確知できない森林所有者（**不明森林所有者**）の探索を行わなければならない（森管法24条、同法施行令2条）。探索を行ってもなお不明森林所有者を確知できない場合、市町村は不明森林所有者が公告の日から6か月以内に申出をしなかったときは、都道府県知事の裁定によって市町村が経営管理権、森林所有者が経営管理受益権の設定を受け、市町村による経営管理（森管法33条）または民間事業者による経営管理（森管法35条により、経営管理実施権の設定に基づく）のいずれかが行われる旨等を公告する（森管法25条）。そして、不明森林所有者から前記期間内に申出がなかったときは、市町村長は期間経過日から4か月以内に都道府県知事の裁定を申請できる（森管法26条）。この申請に対し、**都道府県知事**は当該所有者不明森林の経営管理権を市町村に集積することが必要かつ適当と認める場合は、経営管理権（50年を限度）を付与する**裁定**を行い（森管法27条。市町村長への通知、公告につき、同法28条1項）、不明森林所有者はこれに同意したものとみなされる（森管法28条3項）。共有者不明森林の経営管理権とともに、不明森林所有者の同意擬制を介して権利設定による土地所有権の制限が行われていることが注目される。

(4) 所有者不明農地の利用権

(a) 共有者不明農用地等の利用権

森管法（平成30年6月1日法律35号）に先立ち、農業経営基盤強化促進法等の一部改正法（平成30年5月18日法律23号）は、農地の利用の効率化および高度化を促進すべく、共有に係る農用地等で、共有持分の2分の1以上を有する者を確知することができない**共有者不明農用地等**（農業経営基盤強化促進法〔以下、「農強法」という〕21条の2・1項）については、市町村長が農用地利用集積計画（農強法18条）を定める際に、農業委員会に探索を要請し、農業委員会が「**相当な努力が払われたと認められるものとして政令で定める方法**」（同法施行令7条、同法施行規則20条の3～20条の5）によって探索しても2分の1以上の共有持分をもつ者を確知できなければ、知れている共有者（確知共有者）すべての同意を得て、市町村長が定める農用地利用集積計画により、**農地中間管理機構**が**賃借権**または**使用借権**（**20年が上限**）[107]の設定を受ける旨等を公示する（農強法21条の3）[108]。公示の結果、探索で確知できなかった共有者（不確知共有者）が公示日から6か月以内に異議を述べなかったときは、当該不確知共有者は農用地利用集積計画に同意したものとみなされる（農強法21条の4）。例えば、農地の相続人の1人（確知共有者）が、固定資産税を支払う等して当該農地を管理してきたが、その負担に耐え難くなり、農地中間管理機構に利用を委ねたいが、数次相続が生じる等して他の共有者やその所在が不明になっており、その意向を容易に確かめられない場合も、農地中

---

107) 共有物の変更・処分には共有者全員の同意が必要であるが（民法251条1項）、共有物の管理は共有持分の過半をもつ者の同意で足りる（民法252条1項前段）。共有物への賃借権の設定のうち、短期賃貸借（目的物の管理権をもつが処分権をもたない者による土地の賃貸借で、山林10年、その他の土地5年を超えない範囲で行いうる。民法602条2号）は共有物の管理に当たると解され、共有持分の過半の同意で行いうる。これに基づき、農強法旧18条3項4号は、農用地等の共有者の持分の過半をもつ者の同意により、農用地利用集積計画において農地中間管理機構に設定される利用権の存続期間の上限を5年とした。これが改正後18条3項4号によって20年に長期化された（民法251条1項、252条4項の特則に当たる）。

108) 賃借人および使用借主は貸主の承諾なしに目的物を転貸する権限はなく、無断転貸は解除事由になる（民法612条、594条）。しかし、農地中間管理機構が取得する賃借権または使用借権は、農用地利用集積計画への同意（擬制）に、農地中間管理機構への転貸の承諾（擬制）が含まれるものと解される。

間管理機構に賃借権または使用借権（農用地利用集積計画に従い20年以内）を設定できる（前掲【図表Ⅱ-3】）。

(b)　所有者不明遊休農地の利用権

　遊休農地（農地法32条1項・2項）に関しては、農業経営基盤強化促進法等の一部改正以前に、**農地法**が、所有者不明農地に対する農地中間管理機構への利用権の設定を認めていた。すなわち、農業委員会が探索を行ったにもかかわらず、過失なくして農地の所有者等（所有権その他の使用・収益権限をもつ者。共有の場合は2分の1を超える持分をもつ者）を確知できなかったときは、農業委員会が農地の所有者等は公示日から6か月以内に申出をすべき旨を公示する。その期間内に申出がなければ、農業委員会からの通知に基づき、**農地中間管理機構**が、通知日から4か月以内に都道府県知事に裁定を申請することができ（農地法旧43条1項・2項、32条3項）、**都道府県知事**が必要かつ適当と認めるときは、**利用権**（**上限5年**。農地法旧43条2項が準用する旧39条3項）の付与を**裁定**し、その公告の時に農地中間管理機構が利用権を取得した（農地法旧43条4項）。これは、令和3年民法等一部改正法による改正前民法251条、252条本文、602条2号に従った利用権付与の制度であったと解される。

　これに対し、農業経営基盤強化促進法等の一部改正法による農地法改正により、農業委員会が「**相当な努力が払われたと認められるものとして政令で定める方法により探索を行つてもなお**」遊休農地の所有者等（共有の場合は2分の1を超える持分を有する者）を確知することができないときは（農地法32条2項・3項、同法施行令18条）、都道府県知事の裁定により、農地中間管理機構が利用権（**上限20年**。引渡しによって第三者対抗力を取得する。農地法41条7項、16条1項）を取得しうるものとされた（農地法39条3項、41条4項）。

(5)　所有者不明土地一般の利用権

(a)　特定所有者不明土地利用権の制度

　所有者不明土地の利用の円滑化等に関する特別措置法（平成30年法律49号。令和4年法律38号によって改正。以下、本節では、「所円法」）は、**所有者不明土地**を「**相当な努力が払われたと認められるものとして政令で定める方法により探索を行ってもなおその所有者の全部又は一部を確知することができない一筆**

の土地」（所円法2条1項、同法施行令1条、同法施行規則1条〜3条）と定義した。そして、その中で、現に**建築物**（ただし、①物置、作業小屋等の簡易な構造の建築物で、階数2・床面積合計20㎡未満の小規模なもの、または②その利用が困難であり、かつ引き続き利用されないことが確実であると見込まれる建築物として、建築物の損傷、腐食その他の劣化の状況、建築時からの経過年数その他の事情を勘案して政令で定める基準に該当するもの〔改正所円法2条2項にいう「簡易建築物等」〕を除く。同法施行令2条）が存せず、かつ**業務用等の特別の用途**に供されていない土地を「**特定所有者不明土地**」と定義した（所円法2条2項）。そして、**地域福利増進事業**【**図表Ⅱ-4**】に挙げる事業で、地域住民、その他の者の共同の福祉または利便の増進を図るために行われる事業。所円法2条3項）を実施する者（**地域複利増進事業者**）が、当該事業を実施する区域（事業区域）内にある特定所有者不明土地を使用しようとするときは、その所在地を管轄する都道府県知事に対し、**土地使用権等**の取得について裁定を申請することができる（所円法10条1項）。地域複利増進事業者の資格は限定されておらず、個人・法人（営利法人、非営利法人）を問わない。権利能力のない社団・財団、民法上の組合も排除されていない。例えば、地域コミュニティ（部落、集落、区等）も地域複利増進事業者となりうる。地域福利増進事業者は、裁定申請に先立ち、協議会の開催等、国土交通省令で定める方法により、事業内容に「**住民の意見を反映させるために必要な措置**」を講ずるよう努めなければならない（所円法10条4項）。そのうえで、都道府県知事に対し、裁定申請書（所円法10条2項）および添付書類（所円法10条3項）を提出する。

　都道府県知事は、裁定申請に係る事業が基本方針[109]に照らして適切なものであることを確認したときは[110]、裁定申請について公告し、裁定申請書および添付書類を公告日から2か月間公衆の縦覧に供する（所円法11条1項・4項）。都道府県知事は、この縦覧期間内に所有者等からの異議の申出（所円法11条4項3号）がされて裁定申請を却下すべき場合（所円法12条）を除き、

---

109)　所円法3条が定める「所有者不明土地の利用の円滑化及び土地の所有者の効果的な探索に関する基本的な方針」（平成30年11月15日法務省・国土交通省告示2号）。

110)　確認に際し、都道府県知事は予め「地域住民その他の者の共同の福祉または利便の増進を図る見地」から**関係市町村長の意見**を聴かなければならない（所円法11条2項）。

【図表Ⅱ-4】 地域福利増進事業

1	道路法による道路、駐車場法による路外駐車場等、一般交通の用に供する施設の整備に関する事業
2	学校教育法による学校またはこれに準ずるその他の教育のための施設の整備に関する事業
3	社会教育法による公民館（公民館と類似の施設を含む）または図書館法による図書館（図書館と同種の施設を含む）の整備に関する事業
4	社会福祉法による社会福祉事業の用に供する施設の整備に関する事業
5	病院・療養所・診療所・助産所の整備に関する事業
6	公園・緑地・広場・運動場の整備に関する事業
7	住宅（被災者の居住の用に供するものに限る）の整備に関する事業で、災害（発生日から起算して3年を経過していないものに限る）に際し、災害救助法が適用された市町村の区域内で行われるもの
8	購買施設・教養文化施設・その他の施設で、地域住民・その他の者の共同の福祉または利便の増進に資するものとして政令で定めるものの整備に関する事業であって、①災害に際し災害救助法が適用された同法2条に規定する市町村の区域または②その周辺の地域において当該施設と同種の施設が著しく不足している区域内で行われる事業
9	備蓄倉庫、非常用電気等供給施設（非常用の電気または熱の供給施設をいう）その他の施設で、災害対策の実施の用に供するものとして政令で定めるものの整備に関する事業
10	再生可能エネルギー電気の利用の促進に関する特別措置法（平成23年法律108号）による再生可能エネルギー発電設備のうち、地域住民その他の者の共同の福祉又は利便の増進に資するものとして政令で定める要件に適合するものの整備に関する事業
11	土地収用法3条各号所掲の事業のうち、地域住民・その他の者の共同の福祉または利便の増進に資するものとして政令で定めるものの整備に関する事業
12	前記1～9の事業のために不可欠の通路・材料置場・その他の施設の整備に関する事業

【出典】所円法2条3項に基づき、筆者作成。

土地使用権等の取得、始期、土地使用権の存続期間（**10年が上限**。ただし、【図表Ⅱ-4】1、6、8～10に掲げる事業のうち、当該事業の内容その他の事情を勘案し、長期にわたる土地使用を要するものとして政令で定める事業の場合は、**20年が上限**〔所円法13条3項〕。また、存続期間の延長の裁定申請、延長された存続期間の再（々）延長も可能である〔所円法19条1項および括弧書。延長の場合

には、協議会の開催等、住民の意見を反映させる措置は求められない。同法19条2項括弧書。延長の裁定申請の縦覧期間は公告日から１か月間となる。同法19条2項])[111]、特定所有者不明土地所有者等が受ける損失補償金の額（予め**収用委員会の意見**を聴かなければならない。所円法13条４項）等について**裁定し**（所円法13条１項〜３項）、その旨の**公告**を行う（所円法14条）。この公告があったときは裁定の効果として、裁定申請した事業者が土地使用権等を取得し、それに必要な限度で所有者不明土地等に関するその他の権利は行使を制限される（所円法15条およびその表題）。取得された土地等の使用権は相続、合併、分割等によって一般承継される（ただし、法人の分割による承継の場合は、地域複利増進事業の全部を承継する法人に限る。所円法21条）。都道府県知事の承認があれば土地使用権等の全部または一部を譲渡すること（特定承継）も可能である（所円法22条）。

　既述のように、所有者不明土地利用円滑化法は、施行後３年を経て、改正が行われた（令和４年法律38号）。改正の趣旨は、(i)所有者不明土地の利用の円滑化を一層推進すること、(ii)管理不全状態にある所有者不明土地等の適正管理を促進すること、および(iii)地域を主体とする所有者不明土地対策を推進することである。これらの趣旨は、以下のように具体化された。

　①　特定所有者不明土地を再定義し、㋐簡易建築物のほか、㋑損傷、腐食等の劣化が進み、経過年数等も勘案して利用されない建築物（㋐および㋑を総称して「簡易建築物等」）が存在しても、特定所有者不明土地と認められるものとし、公共事業や地域福祉増進事業の実施を可能とした（所円法２条２

---

111)　存続期間の上限を10年とした理由として、①管理権限はあるが処分権限のない者ができる土地賃貸借の期間を参考にすれば５年（民法602条２号）が考えられるが、それでは土地利用方法と事業内容が制約され、制度利用者のインセンティブに欠けること、②事業用定期借地権の存続期間の下限が10年（借地借家法23条２項）であること、③地域複利増進事業には一定の公益性が認められる一方、④不明土地所有者が現れる蓋然性は低く、少なくとも不明土地所有者の利用意向は低いこと、⑤不明土地所有者には補償金が支払われ、存続期間満了後は原状回復可能であるから、財産的損失は僅少であること等が挙げられる（松尾2019a：354頁注34参照）。

　さらに、改正所有者不明土地利用円滑化法が、地域福祉増進事業の内容等を勘案して必要と認められる場合に、土地使用権の存続期間の上限を20年まで延長した理由は、事業の性質および民間事業者が地域福祉増進事業を行う場合を想定し、投下資本の回収を可能にすることある（企画部会・とりまとめ：4-5頁）。

項）。

②　地域福利増進事業の範囲を拡大した（【図表Ⅱ-4】9、10。所円法2条
3項9号、10号）。

③　地域福利増進事業のための土地使用権の上限期間を、必要と認められ
る場合について、20年まで延長とした（所円法13条3項括弧書）。

④　地域福利増進事業のための裁定申請書および添付書類の縦覧期間を6
か月から2か月に短縮した（所円法11条4項。延長の裁定申請の場合は、同3
か月を1か月に短縮。所円法19条2項）。

⑤　地域福利増進事業の裁定申請者が供託すべき補償金につき、分割供託
を可能とした（所円法13条2項4号、17条1項）。

⑥　「管理不全所有者不明土地」（所有者不明土地のうち、所有者による管理
が実施されておらず、かつ引き続き管理が実施されないことが確実であると認め
られるもの。所円法38条1項）につき、市町村長に対し、管理不全土地管理命
令（民法264条の9第1項）の申立て（所円法42条3項。加えて、特に必要があ
ると認めるときは、「管理不全所有者不明土地」の隣接地で、管理不全状態にある
「管理不全隣接土地」〔所円法38条2項〕についても、市町村長に管理不全土地管
理命令の申立てを可能とした。所円法42条4項）、災害等防止措置の勧告（所円
法38条1項）、確知所有者が正当な理由なしに勧告に応じない場合の災害等
防止措置命令（所円法39条）、命令に係る措置がされない場合の代執行（所円
法40条）を認めた。

⑦　国の行政機関の長または地方公共団体の長が、所有者不明土地管理命
令の申立て（所円法42条2項）をする場合、または市町村長が管理不全土地
管理命令の申立て（所円法42条3項）をする場合に、「特に必要があると認め
るとき」は、所有者不明建物管理命令または管理不全建物管理命令の申立て
も可能とした（所円法42条5項）。

⑧　所有者不明土地利用の円滑化等に関する地方公共団体の責務として、
国との適切な役割分担を踏まえ、各区域の実情に応じた施策を策定・実施す
べきという一般規定（改正前所円法5条、所円法5条1項）に加え、新たに、
市町村は、その区域内における所有者不明土地の利用の円滑化等の的確な実
施が図られるよう、所円法に基づく措置その他必要な措置を講じるように努
めなければならないとした（所円法5条2項）。そして、都道府県は、この市
町村の責務が十分に果たされるよう、市町村相互間の連絡調整を行うととも

に、市町村に対し、市町村の区域を超えた広域的な見地からの助言その他の援助を行うよう努めなければならないとした（所円法5条3項）。

　⑨　市町村が、単独または共同して、所有者不明土地対策計画を策定すること（所円法45条）、ならびに所有者不明土地対策協議会を設置すること（所円法46条）、および市町村長が所有者不明土地利用円滑化等推進法人を指定すること（所円法47条、48条）を認めた。

　以上のうち、①〜⑤は(i)所有者不明土地の利用の円滑化の推進、⑥・⑦は(ii)管理不全状態にある所有者不明土地等の適正管理を促進すること、および⑧・⑨は(iii)地域を主体とする所有者不明土地対策の推進という改正法の趣旨を具体化したものとみることができる[112]。

(b)　所有者不明土地利用権の取得と財産権の保障

　以上に概観したように、所有者不明土地に対する利用権の取得制度は、対象土地、利用権の主体・内容・存続期間・取得手続等を特別立法によって徐々に拡大ないし緩和しつつ、財産権の保障との境界線を探ってきた。その最前線として、まさに地域の共同体の福利（前述122-123頁〔(2) (b)〕参照）を考慮した、地域福利増進事業（前述(a)）につき、民間事業者による利用にも拡大することへと議論が展開してきた。もっとも、公共性要件を放棄することは財産権保障の観点から行き過ぎであると考えられる[113]。ここでは財産権規制立法の合憲性の判断枠組を考慮に入れつつ[114]、土地所有権の根拠に立ち返り、①土地への労働の投入および②みんなの便宜による共同体の寛容という両者の観点（前述122-123頁〔(2) (a)、(b)〕）から、個別事案毎に、ⓐ所有者による対象土地の管理状況（①不明所有者による労働の投入状況、②みんなの便宜への悪影響と共同体の寛容の程度）、およびⓑ利用者による利用権の内容（①利用者が予定する利用権の行使による労働の投入、②みんなの便宜への寄与の見込みによる共同体の寛容の程度）を各々検討し、財産権の保障（憲法

---

112)　企画部会・とりまとめ：3-9頁、松尾2022：13-20頁参照。ちなみに、地域福利増進事業については、令和3（2021）年12月時点で、裁定申請が1件提出されているにとどまり（企画部会・とりまとめ：3頁）、十分に活用されていない。

113)　吉田2019：80-81頁も参照。

114)　この点については、ひとまず、松尾2019a：370-372頁参照。

29条3項）の範囲内かを総合的に判断すべきである。その結果、民間事業者による収益を伴う事業であっても、みんなの便宜に合致し、公共性ないし公共の福祉に適合する可能性は十分に考えられる。その際の具体的な考慮要因としては、対象地の用途特性、対象地の管理状況、対象地の管理コスト、事業の公共性の判断手続[115]、所有者の意思表明の機会、所有者が受ける不利益の程度、利用者の特性、利用行為の特性等が考えられる。これについては、今後現れるであろう実例分析も加えて、とりわけ「みんなの便宜」の具体的な内容を広く、深く探求する必要がある。

　所有者不明土地に対する利用権の取得立法は、所在等が不明となっている土地の所有者（共有者を含む）の承諾を得ずに利用権の設定を認め、土地の所有権（共有持分権を含む）の効力を制限するものであるから、財産権の保障（憲法29条1項）に照らして、公共の福祉を理由とする制限（憲法29条2項）の範囲内にあるかどうかを慎重に検討する必要がある。所有者不明土地利用円滑化法に基づいて地域複利増進事業者に設定される土地使用権に対しては、「土地収用が不可能な場合には、収用が可能な程度の公共性はないのであるから、たとえ一定程度の公共性があるとしても、……所有者不明土地に利用権を設定する根拠とはならない」、「土地収用が認められる程度の公共性がない場合において、一定程度の公共性があれば、土地の取得まではできないが利用権の設定までは許容されるという論理を見出すことはできない」との批判がある[116]。

　所有者不明土地に対する一連の利用権取得立法は、本章で確認したように、所有者不明土地への利用権の設定を段階的に拡張し、公共の福祉の内容および財産権保障との限界がどこにあるかを模索してきたとみられる。すなわち、①所有者不明の遊休農地につき、農地法に基づいて都道府県知事の裁定による農地中間管理機構への利用権の設定（上限5年。後に20年に延長）を認めた

---

115)　例えば、地域福利増進事業に求められる地域住民の共同の福祉・利便等の公共性の判断につき、地域住民の共同の福利が漠然としている場合において、住民間における合意形成プロセス等の手続的な正当性の確保の重要性を指摘するものとして、平良2022:79-80頁参照。

116)　富田2017:26-27頁（ただし、所有者不明土地利用円滑化法成立前に、国土審議会土地政策分科会特別部会が提示した案に対するもの）。

ことに始まり、②農用地等につき、農業経営基盤強化促進法に基づいて共有者の一部が不明（一部は判明）の場合に限り、市町村長が定める農用地利用集積計画に同意したものとみなす形で（**同意の擬制**）、不確知共有者がいる土地への賃借権または使用借権（上限20年）の設定を認めた。また、③共有者の一部不明山林につき、森林経営管理法に基いて市町村が定める経営管理権集積計画に同意したものとみなす形で（**同意の擬制**）、不明森林共有者がいる山林への経営管理権（上限50年）の設定が、さらに、④所有者不明山林について、都道府県知事の裁定を経て、市町村が定めた経営管理権集積計画を、不明森林所有者が同意したものとみなす形で（**同意の擬制**）、市町村による経営管理権（上限50年）（およびこれに基づく民間事業者による経営管理実施権）の取得を認めた。これらは、所有者不明遊休農地、共有者一部不明の農用地、共有者一部不明の山林、所有者不明山林の利用および管理における公共性を前提に、財産権侵害の最小化を図ったものとみることができる（特に③・④の場合、共有者または所有者の申出に基づき、市町村長が利用権の設定を取り消す余地を認めている）。

そして、⑤山林、農用地等以外の一般の所有者不明土地については、所有者不明土地利用円滑化法に基づき、特定所有者不明土地に限定して、都道府県知事の裁定により、土地収用法上の起業者（および都市計画法上の都市計画事業の施行者）に所有権または使用権の取得を、⑥地域複利増進事業の事業者に土地使用権（および土地上の物件の所有権または使用権）の取得を認めた。

このうち、⑥地域複利増進事業の事業者は、土地収用法等に基づく収用権限をもつ収用適格事業者に限定されず、かつ地域複利増進事業も土地収用法３条１項が定める「土地を収用し、又は使用することができる公共の利益となる事業」よりも範囲が広い。しかし、そうであるからといって、公共性の程度が低いないし劣るかのように理解することは妥当でないように思われる。例えば、土地収用法３条１項には定められていない購買施設・教養文化施設等は、災害救助法２条が定める区域またはその周辺地域で同種施設が著しく不足している区域内の事業等に限定される。もっとも、そうした地域複利増進事業のために私人も所有者の承諾なしに土地を利用できることが、公共の福祉を理由とする財産権制限の手段として許容されるかが問題である[117]。

土地所有権（共有持分権を含む）は、（ア）財産権のシンボルとして、確実な所有権保護の制度的保障を要請する面と、（イ）土地という外部性の大きな

財産として、公共の利害に関わることが多く、公益増進の観点から特別の規制を要請する面がある[118]。土地所有権を規制する立法の合憲性判断に際しては、既存の判断枠組を適用する場合も、この両側面を考慮に入れて検討する必要がある。

　所有者不明土地への利用権の設定が公共の福祉に適合し、財産権保障の枠内にあるかどうかを判断する際の考慮要因としては、［1］対象地の用途特性（農用地等、森林等）、［2］対象地の管理状況（遊休農地、所有者不明状態等）、［3］対象地の管理コスト（所有者不明状態にあるかどうかを判断するためのコスト等）、［4］利用権設定の公共の福祉への適合性の判断手続（収用委員会の裁決、都道府県知事の裁定、市町村の計画策定等）、［5］所有者の意思表明の機会提供（公告・縦覧による意思表明の機会保障等）、［6］所有者が受ける不利益の程度（既存の建物・工作物、営業等の有無）、［7］利用者の特性（収用適格事業者、私人等）、［8］利用行為の特性（公共事業、農用地・山林等

---

117)　一般に財産権の規制立法の合憲性は、立法目的の公共性と規制手段の必要性および合理性に照らして判断されてきた。(a)立法目的が消極的な警察目的規制の場合は規制手段の必要性と合理性を厳格に審査し、積極的な政策目的の場合はそれらを緩やかに審査する規制目的二分論が判例の傾向であったとされる（長谷部2022:245-247頁。なお、最大判昭和62年4月22日民集41巻3号408頁〔森林法違憲判決〕の位置づけにつき、芦部／高橋補訂2019:243-244頁、長谷部2022:250-251頁参照）。

　　もっとも、(b)立法目的を消極的な警察規制と積極的な公益増進に二分することが困難な場合があり、また、立法目的によって審査基準に差を設ける理由も問われる中、必ずしも規制目的二分論によらず、規制の目的・必要性、規制によって制限される財産権の種類・性質、規制による制限の程度等を比較考量して判断すべきとする総合的判断説に立つと解される判例もある（最大判平成14年2月13日民集56巻2号331頁）。

　　(a)規制目的二分論によれば、所有者不明土地に対する利用権の取得を認める立法は、公益増進目的で所有者不明土地の利用・管理を促進しようとしていると解釈すれば、規制手段としての必要性と合理性は緩やかに判断されるべきであるとも考えられる。もっとも、土地所有権に対する規制の目的・手段は農地・森林・その他の土地によって多様であり、所有者不明土地問題の実態理解、その問題への対応方法についても議論がある。その場合、多様な立場からの透明で公正な民主的政治過程として立法を維持する役割を裁判所が果たすべく、合憲性審査基準が機能する。この観点からは、(b)総合的な利益衡量を裁判官に委ねることの限界に留意する必要もある（長谷部2022:256-260頁参照）。

118)　土地基本法2条は「土地については、公共の福祉を優先させるものとする」。その立法経緯および同条と憲法29条2項「財産権の内容は、公共の福祉に適合するやうに、法律でこれを定める」との関係の解釈方法につき、平良2022:64-70頁参照。

の集積管理、地域福利増進事業等）が考えられる。所有者不明土地に対する利用権の設定を認める各立法が、公共の福祉に適合し、財産権保障の範囲内にあるかどうかは、これらの考慮要因に基づいて判断することが考えられる[119]。

---

119) 所有者不明土地の利用をめぐる公共の福祉と財産権の保障との調整に際し、具体的に問題になりうるのは、一般の土地が特定所有者不明地に当たる場合に、私人が地域福利増進事業として収益活動を行うこと、所有者不明森林でも、市町村が取得する経営管理権に基づき、民間事業者が経営管理実施権を取得する場合等である。吉田2019:80頁は、私的経営者が利用権に基づく経営を行うことは、それが地域で行われること自体に公共的意味（環境、防災、地域経済の維持等）が認められるときに正当化されるとみる。

第7章

所有者不明土地等の管理人の
制度を創設すべきか

前章では、所有者不明土地に利用権を設定するための諸立法について、財産権の保障と公共の福祉との調整という観点から、土地所有権の内容を検討した。次いで、本章では、所有者不明土地を管理するための新たな立法（主として民法改正）について、同様の観点から考察する。

所有者不明土地は、その管理をめぐっても、様々な問題を生じさせている。その中でも典型的な問題パターンとして、以下のような場合がある。

【問題1】
　Aは所有する土地α（宅地）の隣地である土地βとの境界を調査し、境界標を設置したいと考えた。Aは土地α・土地βの登記簿および公図を用いて準備を進めるうちに、長年庭に置かれた敷石の一部が、境界を超えて土地β上に存在するものと判断するに至った。Aはこの越境部分について時効取得を主張することを検討している。そこで、Aは土地βの登記簿上の所有者がBであることを確認し、そこに記載された住所を探索したが、Bはその住所にはいなかった。のみならず、その登記簿によれば、Bが土地βの所有権を取得してから相当の期間が経過しており、Bは死亡している可能性が高い。しかし、相続人の有無やその所在は不明である。この場合、Aは誰に対し、土地αと土地βの境界の調査ならびに境界標の設置、および土地β上の敷石の越境部分の時効取得を主張することができるか。

【問題2】
　Cが所有する土地γの隣地である土地βには樹木が繁茂し、一部は倒れかかっている。このままだと土地γ上のC所有建物の一部を損傷するおそれがある。また、土地βの石垣の一部が崩れ、土地γ上に散乱している。しかし、【問題1】に記載のとおり、Bは死亡している可能性が高いが、相続人の有無やその所在も不明である。Cは土地γ上に倒れかかっている土地β上の樹木の伐採、および土地βの石垣の修補を求めて、誰に対し、どのような手段をとることができるか。

　以上のうち、【問題1】では、Aは土地βの一部の所有権の時効取得（民法162条）を主張できる可能性があり、また、土地βの所有者と共同の費用で境界標を設置することができる（民法223条、224条）。さらに、【問題2】では、Cは土地γの所有権に基づく妨害排除または妨害予防請求権（物権的請求権）を行使し、土地βの所有者に樹木の伐採および石垣の修補を請求できる。しかし、土地βの所有者が所在不明または特定困難な場合、こうした実体法上の権利を行使することができず、土地βのみならず、土地αおよび土地γの利用も制約を受けることになる。これは土地α・β・γの利用を妨げるものであり、この問題を速やかに解決することができない土地所有制度には、不完全な部分があるものといえる。権利行使の相手方であり、一定の行為をすべき義務の負担者である土地所有者が所在不明または特定困難なために、実体法上の権利があるにもかかわらず、権利の行使を妨げられている者がある場合において、このような制度的欠落部分をどのように補完すべきかは、土地所有制度における重要なテーマである。
　前記の【問題】では、AおよびCに土地βの管理に関する一定の権限を付与するとすれば、そのことは土地βに対するBの所有権を制限することになる。このように、この問題に対応するための制度改革においても、所在不明または特定困難となっている土地所有者の所有権を、どのような方法で、どの程度制限できるかが中心問題になる。

1 | 改正前民法とその問題点

(1) 不在者財産管理人の制度

【問題1】において、Aが境界の調査や測量を行うためには、Aは隣地使用権をもつ（改正民法209条1項1号）。そして、Bの所在等が不明であるために、あらかじめその目的・日時・場所および方法を通知することが困難なときは、通知せずに使用することができる（改正民法209条3項ただし書）。その場合は、公示による意思表示（民法98条）も不要であると解される（前述44-47頁〔第4章**2**(3)〕）。また、Aは調査・測量の結果に基づいて、境界標を設置することができる（民法223条）。しかし、Bにその承諾や費用の分担（民法223条、224条）を求めて訴えを提起するにはどのようにすればよいであろうか。また、土地β上のAの敷石の越境部分の時効取得を主張するにはどのようにすればよいであろうか。

また、【問題2】において、土地βの樹木の枝が越境した場合であれば、Cは自ら土地βに立ち入り、越境部分の枝を切除することができる（改正民法209条1項3号、233条3項2号。前述55-57頁〔第4章**4**(2)(b)(ii)〕）。しかし、Cが土地γの所有権に基づき、倒壊しかけた樹木の伐採や崩れた石垣の修補を求めて訴えを提起するにはどのようにすればよいであろうか。

【問題1】・【問題2】において、土地βの所有者はBであるが、Bが所在不明と判断される場合（民事訴訟法110条1項）であれば、公示送達（民事訴訟法111条、112条）によって訴状を送達することにより、AまたはCは訴えを提起し、勝訴の確定判決を得て、その結果を実現することができる。しかし、Bに相続が生じる等して土地βの所有者が誰であるかを特定することができず、そもそも訴訟の相手方（当事者）が誰であるかが分からないときは、訴えを提起することができない[1]。このままでは、【問題1】・【問題2】において土地α・β・γの利用は阻害されたままになってしまう。このような事態に対処しうる民法（実体法）上の手段として、不在者の財産管理人の選任の制度がある。家庭裁判所は「利害関係人又は検察官」の請求により、「その財産の管理について必要な処分」として、不在者の財産管理人を選任する

---

1) ちなみに、実体法上の意思表示自体は、相手方の所在不明の場合のみならず、相手方不明の場合でも行うことができる（民法98条）。

ことができる（民法25条1項）。選任された不在者財産管理人は、民法103条が定める保存行為および目的物の性質を変えない範囲内の利用または改良行為をすることができる。そして、それを超える行為を必要とするときは、家庭裁判所の許可を得てすることができる（民法28条）。隣地に倒壊しかけた樹木の伐採、崩壊した石垣の修理のほか、応訴にも家庭裁判所の許可は不要であると解される[2]。他方、AやCに費用や賠償を支払い、あるいは財産管理に要する費用を調達するために、土地βの売却等の処分をするためには、家庭裁判所の許可が必要である。

(2) 現行制度の問題点

不在者財産管理人の選任の請求権者（申立人）である「利害関係人」としては、不在者の推定相続人、親族、債権者、保証人、債務者、不在者の財産の買収を予定する公共事業者等が認められる一方、単なる友人、隣人、不在者の財産を買いたいと考えている者は利害関係人に含まれないと解されている[3]。【問題1】・【問題2】のA・Cは、解釈の余地があるが、利害関係人と認められる余地があるものと解される[4]。しかし、不在者財産管理人は、土地βのみならず、Bの財産目録を作成し、その財産全体を管理しなければならず、重い負担を負う[5]。そのために、不在者財産管理人が財産管理に必要な費用や報酬（民法29条2項）に不足が出る場合に備えて、申立人には相当額の予納金を納付することが求められる。また、不在者財産管理人は不在者の法定代理人であり、善管注意義務を負うと解されることから[6]、【問題1】で、Aが土地βの一部について時効取得を主張して訴えを提起した場合に、これに応訴してどう対応すれば、不在者財産管理人の職務を果たしたことに

---

2) 山野目編2018：601頁［岡孝］。

3) ただし、不在者の土地にその承諾なしに工事をしたことによって損害賠償等の法律関係が発生した者を利害関係人と認めた例がある（大分家審昭和49・12・6家月27巻11号41頁）。山野目編2018：590頁［岡孝］参照。

4) なお、所有者不明土地の利用の円滑化等に関する特別措置法（平成30年法律49号）38条により、「国の行政機関の長又は地方公共団体の長」も、「所有者不明土地につき、その適切な管理のため特に必要があると認めるとき」は、不在者の財産管理人（民法25条1項）または相続人不明の場合の相続財産管理人（民法952条1項）の選任を請求できる。

5) 武川2019：23頁参照。

6) 山野目編2018：592頁［岡孝］。

なるか、制度の趣旨に照らして難しい問題が残る。

2 | 所有者不明土地・建物および
管理不全土地・建物の管理人制度の導入

(1)　所有者不明土地・建物の管理人の制度の提案

(a)　所有者不明土地管理人の制度の基本構想

　所有者不明土地の管理をより容易に行うために、所有者不明土地の管理命令の制度の創設が検討された。すなわち、「裁判所は、所有者（土地が数人の共有に属する場合にあっては、共有持分を有する者）を知ることができず、又はその所在を知ることができない土地（土地が数人の共有に属する場合において、共有持分の一部について所有者を知ることができず、又はその所在を知ることができないときにあっては、その共有持分）について、必要があると認めるときは、利害関係人の申立てにより、その申立てに係る土地又は共有持分を対象として、土地管理人による管理を命ずる処分（以下「土地管理命令」という。）をすることができる」とするものである[7]。

　ここで「所有者を知ることができず、又はその所在を知ることができないとき」とは、必要な調査を尽くしても所有者たる自然人の氏名または名称やその所在を知ることができない場合である。また、所有者が法人である場合は、その本店および主たる事務所が判明せず、かつ代表者が存在しないまたはその所在を知ることができないときは「所有者の所在を知ることができない」に該当する。所有者の所在を知るために必要な調査方法としては、①自然人の場合は、登記簿および住民票の住所（死亡している場合は戸籍の調査で判明した相続人の住民票の調査による）に居住していないかどうか、②法人の場合は、法人の登記簿上の所在地に本店または主たる事務所がないこと、および代表者が法人の登記簿および住民票の住所に居住していないか、法人の登記簿上の代表者が死亡して存在しないことの調査が想定されている。そして、所有者（自然人）が死亡して戸籍等を調査しても相続人が判明しない場合、または判明した相続人全員が相続の放棄をした場合は、「所有者を知ることができないとき」に当たると考えられている[8]。

---

7)　部会資料25：22頁、村松＝大谷編著2022：166-167頁。

また、土地の所有者が法人でない社団または財団である場合は、その代表者が存在しない、またはその所在を知ることができず、かつ当該法人でない社団または財団の全ての構成員を特定することができず、またはその所在を知ることができないときに、「所有者を知ることができず、又はその所在を知ることができないとき」に該当するものと考えられている[9]。

　この土地管理人の制度は、表題部所有者不明土地法が定める特定不能土地等管理者（同法19条〜29条）および特定社団等帰属土地等管理者（同法30条）の制度と類似した仕組みを採用し、これを所有者不明土地一般に適用可能なものとするものと理解することができる。

　表題部所有者不明土地法（令和元年5月24日法律15号）は、骨太方針2018が示した、変則的な登記の解消を図るために必要となる法案の次期通常国会への提出を目指すという方針に基づいて制定された。

　「**表題部所有者不明土地**」とは、所有権（その共有持分を含む）の登記がない一筆の土地のうち、表題部にも所有者の氏名・名称および住所の全部または一部が登記されていない土地であって、国・地方公共団体その他法務省令で定める者が所有していることが登記記録上明らかである土地を除くものである（表題部所有者不明土地法2条1項）。例えば、①表題部の所有者欄に所有者の氏名・名称はあるが、住所が記載されていない土地、②表題部の所有者欄が所有者または共有者の「外何名」となっており、「外何名」が誰であるか特定できない土地、③表題部の所有者欄が字名義となっている土地などがある。

　こうした表題部所有者不明土地に対しては、登記官が「表題部所有者不明土地の登記の適正化を図る必要がある」と認めるときは、あらかじめ公告を行い、職権で所有者等の探索を行う（表題部所有者不明土地法3条1項、2項）。その結果、①所有者が特定できた場合、登記官は、職権で表題部所有者の登記（変則的な登記）を抹消し、所有者の氏名・名称および住所を表題部所有者欄に登記し（共有の場合は共有持分も登記する）、その旨を公告する（同法15条1項、2項）。また、②権利能力のない社団が所有者であると判明した場合は、その代表者名への更正登記を行う。もっとも、そのためには、社団の全

---

8)　部会資料25:22頁（注1）、村松＝大谷編著2022:168頁。

9)　部会資料25:22頁（注2）、村松＝大谷編著2022:169頁注1。

構成員が明らかであること、構成員および代表者選出の手続を定めた規約、代表者を選出した総会議事録等が必要である。

　他方、所有者等の探索の結果、①所有者が特定できなかった等の場合（一部の共有者が特定できなかった場合を含む。所有者等特定不能土地。表題部所有者不明土地法 2 条 3 項）、または②法人でない社団が所有者であることは判明したが、構成員の特定、または代表者の選出ができなかった場合（特定社団等帰属土地。同法 2 条 4 項）は、登記官は、その旨を登記簿に書き込む（同法14条 1 項 3 号・ 4 号、15条 1 項 5 号）。

　このうち、①所有者等特定不能土地については、裁判所は、必要があると認めるときは、利害関係人の申立てにより、その申立てに係る所有者等特定不能土地を対象として、**特定不能土地等管理者**による管理を命ずる処分（特定不能土地等管理命令）をすることができる（表題部所有者不明土地法19条 1 項）。他方、②特定社団等帰属土地については、裁判所は、「当該特定社団等帰属土地が帰属する法人でない社団等の代表者又は管理人が選任されておらず、かつ、当該法人でない社団等の全ての構成員を特定することができず、又はその所在が明らかでない場合において、必要があると認めるとき」は、利害関係人の申立てにより、その特定社団等帰属土地を対象として、**特定社団等帰属土地等管理者**による管理を命ずる処分（特定社団等帰属土地等管理命令）をすることができる（同法30条 1 項）。そして、特定不能土地等管理者および特定社団等帰属土地管理者は、裁判所の許可を得て、表題部所有者不明土地の処分も行うことができる（同法21条 2 項、30条 2 項）。もっとも、現在の実体に合致している字または組名義になっている入会団体の土地が、代表者の個人名義に職権登記されたり、錯誤を理由に市町村長の嘱託によって市町村名義に更正登記されるとすると、かえって実体とかけ離れてしまうことも危惧される（前述28-29頁、35-36頁〔第 3 章 **1** (1)、**3** (2)〕も参照）。

(b)　土地管理人の法的地位と権限に関する提案

　前述した裁判所の土地管理命令によって選任された土地管理人の権限に関しては、土地管理人が「保存行為」および「土地の性質を変えない範囲内において、その利用又は改良を目的とする行為」の範囲を超える行為をするには、裁判所の許可を得なければならないとすることにより、不在者財産管理人と同様の規律をすることが想定された。しかしながら、土地管理人の法的

地位を、不在者の法定代理人と解されている不在者財産管理人と同様に捉えることができるか否か、その法的地位をどのように考えるかについては、相異なる可能性（中案試案：11頁〔第2.1（1）イ②〕では、以下の【甲案】と【乙案】）が検討された。この問題は、土地管理人の権限の内容をどのように規律するかという問題と密接に関わる。

【甲案】…土地管理人は、土地管理命令の対象とされた土地又は共有持分及びその管理、処分その他の事由により土地管理人が得た財産の管理及び処分をする権利を有する。

【乙案】（土地管理人が選任された場合には、その旨の登記をすることを前提として）、…土地管理命令の対象とされた土地又は共有持分及びその管理、処分その他の事由により土地管理人が得た財産の管理及び処分をする権利は、土地管理人に専属する。

このうち、【甲案】は、土地管理人の法的地位を、不在者財産管理人と同様に、土地所有者の法定代理人と捉える立場を前提としているものと解される。これに対し、【乙案】は、土地管理人は、土地所有者の法定代理人にはとどまらず、より公益的な立場から、土地の適切な管理を職責として、法律の規定によって選任された「**職務者**」[10]としての立場にあるとの理解を前提にしているものと考えられる。ちなみに、法制審議会民法・不動産登記法部会の「中間試案のたたき台」では、すでに「土地管理人は、土地の適切な管理をその職責とする**職務者**と位置付けられるものと考えられる」として、【乙案】を前提にした制度づくりが提示されていたことが注目される[11]。所有者不明土地問題への対応方策として「土地管理人」の制度を捉えるとすれば、【乙案】の方向で立法することが模索されるものと考えられる。その場合、土地の管理・処分権は土地管理人に専属する（その旨が土地登記によって公示される）ことから、仮に土地所有者と当該土地を取り引きした第三者は、

---

10)　部会資料11：6 頁参照。
11)　部会資料21：4 頁。

146　第Ⅱ部　**土地所有と公共の福祉**──所有者不明土地問題への対応を題材に

何ら権利を取得できないことになる[12]。

　土地管理人の法的地位に関するこうした検討は、土地管理人の権限の具体的内容を規定することになる。例えば、「土地管理命令が発せられた場合には、当該土地管理命令の対象とされた土地又は共有持分に関する訴えについては、土地管理人を原告又は被告とすることができる」とされている[13]。

　そうであるとすれば、【問題1】では、Aは土地βについて土地管理人の選任を申し立て、選任された土地管理人を被告として、土地βの一部の時効取得を主張すること、境界標を設置し（あるいはその承諾を請求し）、その費用についてのBの負担部分の請求をすること等が考えられる。

　なお、【乙案】を前提にした場合、土地管理人がその権限を超えて行為をしたときは、その効果は「無効」になるものと考えられる[14]。

(c)　土地管理人の義務等に関する提案

　土地管理人は、不在者財産管理人と同様、善管注意義務を負うものと解されている。さらに、「土地管理人は、土地が数人の共有に属する場合において、それらの共有持分について選任されたときは、土地管理命令の対象とされた共有持分を有する者全員のために、誠実かつ公平にその権限を行使しなければならない」とすることが提案された[15]。これは、複数の共有者のために1人の土地管理人を選任し、その者が土地を管理することができ、そのことが利益相反行為の禁止に反しないことを前提にしている。そして、その理論的根拠としても、土地管理人の法的地位が、土地所有者の法定代理人ではなく、土地の適切な管理を職責とする「**職務者**」であることが要請されるものと考えられる。

---

12)　土地管理命令が出され、土地管理人が選任されたことが当該土地の登記簿に登記されるとすれば、土地所有者と取引をしようとする第三者は、土地登記簿を見れば、そのことが分かることから、第三者が土地所有者と売買等の取引をして、その権利が登記されるような事態は生じないと考えられる。

13)　部会資料25:24頁（第2.1(1)イ⑤）。

14)　部会資料25:24頁（第2.1(1)イ④）。これに対し、土地管理人の法的地位を土地所有者の法定代理人と捉えるときは、その権限違反の行為は、無権代理人の行為として、効果不帰属になるものと解される。

15)　部会資料25:25-26頁。

なお、土地管理人は、土地管理命令の対象とされた土地の管理、処分その他の事由によって金銭が生じたときは、その所有者のために、当該金銭を当該土地の所在地の供託所に「供託」することができ、その場合は、その旨を公告しなければならないとすること、また、土地管理人は、土地管理命令の対象とされた土地およびその管理、処分その他の事由によって土地管理人が得た財産から、裁判所が定める額の費用の前払および報酬を受けることができる旨の規定も提案された[16]。

(d)　所有者不明建物管理人の制度についての提案

　所有者不明土地管理人と並んで、所有者不明建物管理人の制度の創設も検討された[17]。その際には、【甲案】所有者が特定不能または所在不明の建物（共有建物の共有者の特定不能または所在不明を含む。所有者不明建物。以下同じ）について、利害関係人の請求により、裁判所が所有者不明建物管理人を選任することができるとする提案、【乙案】所有者不明土地管理命令の対象地の上に所有者不明建物がある場合に、利害関係人の請求により、裁判所が所有者不明土地管理人による建物の管理を命じることができるとする提案、【丙案】所有者不明土地管理命令の対象土地の上にその土地の所有者または共有者が所有する建物がある場合に、利害関係人の申立てにより、裁判所が所有者不明土地管理人による建物の管理を命じることができるとする提案が示された[18]。【甲案】によれば、所有者不明建物管理人の権限は、建物の敷地利用権にも及ぶものとすることが検討された[19]。

　また、所有者不明建物が、空家等対策の推進に関する特別措置法（平成26年法律127号。以下、「空家等特措法」という）に基づく「特定空家等」[20]に該当する場合、特定空家等に対する措置（空家法特措法14条。除却、修繕、立木竹

---

16)　部会資料25：26頁。

17)　中間試案：13頁（第2.1(2)）、部会資料28：1頁、部会資料44：1頁。

18)　部会資料44：1頁。

19)　部会資料44：4-5頁参照。

20)　「特定空家等」とは「そのまま放置すれば倒壊等著しく保安上危険となるおそれのある状態又は著しく衛生上有害となるおそれのある状態、適切な管理が行われていないことにより著しく景観を損なっている状態その他周辺の生活環境の保全を図るために放置することが不適切である状態にあると認められる空家等」をいう（空家法特措法2条2項）。

の伐採その他周辺の生活環境の保全を図るために必要な措置）の対象となることから、同制度との関係も整理しておく必要がある。この点については、同法にいう特定空家等に至る前の状態の建物であっても、所有者不明状態になっていれば、必要に応じて所有者不明建物管理人による管理を認めうると考えられる。

　なお、区分所有建物およびその敷地利用権に関しては、区分所有者間で定めた管理規約に基づき、区分所有者間の内部自治で処理すべき等の考慮から、たとえその所有者またはその所在が不明になったとしても、所有者不明建物管理人による管理の対象としないことが当初から確認された[21]。

(2)　管理不全の土地・建物の管理人の制度の提案

(a)　管理不全土地管理人の制度の基本構想

　所有者不明土地管理人の制度と並んで、管理不全土地の管理人の制度の創設も検討された。すなわち、「所有者が土地を現に管理していない場合において、所有者が土地を管理していないことによって他人の権利又は法律上の利益が侵害され、又は侵害されるおそれがあるときであって、必要があると認めるときは、裁判所は、利害関係人の申立てにより、当該土地について、土地管理人による管理を命ずる処分をし、土地管理人に保存行為をさせることができるとすることについて、引き続き検討する」とされた[22]。これは、所有者が土地を適切に管理していないことにより、崖崩れ、土砂流出、樹木の倒壊等が生じ、またはそのおそれがあるといった問題が生じている場合に、たとえ所有者が不明または所在不明となっていなくとも、問題解決のために対応可能な制度として検討された。【問題2】のCは、管理不全土地の管理人の選任を申し立て、この者を相手方にして、所有権に基づく妨害排除請求権または妨害予防請求権を行使することも考えられる。

(b)　管理不全建物管理人の制度の提案

　さらに、所有者が建物を管理していない場合に、建物の管理命令に関する規律を設けるべきかどうかも検討された[23]。これは、管理不全土地管理人の

---

21)　部会資料28:7-8頁（1(2)）、部会資料44: 6 頁(4)。

22)　部会資料25:28頁。

制度を設ける場合の制度設計のあり方と関わる。すなわち、土地の所有者が、当該土地上に建物を所有している場合において、当該建物を適切に管理していない場合についても、前述した「土地を現に管理していない場合」に該当すると解して、管理不全土地管理人の選任を申し立てることができるものとするかどうかである[24]。それが可能であるとすれば、この問題は管理不全土地管理人の制度の問題に吸収されるし[25]、そうでなければ、管理不全建物管理人の制度の創設の検討の余地が出てくる[26]。また、管理不全建物についても、空家等特法に基づく特定空家等（同法2条2項）に対する措置（同法14条）等との体系的な関連性も確認する必要がある。同法にいう特定空家等に至る前の状態の建物であっても、管理不全状態になっていれば、必要に応じて管理不全建物管理人による管理を認めうると考えられる。

(3) 民法改正による所有者不明土地・建物管理人の制度の導入

(a) 所有者不明土地・建物管理制度の創設

　以上の検討を経て、改正民法は、民法第2編物権、第3章所有権の末尾に、第4節「所有者不明土地管理命令及び所有者不明建物管理命令」（民法264条の2～264条の8）および第5節「管理不全土地管理命令及び管理不全建物管理命令」（民法264条の9～264条の14）を新設した。

　このうち、所有者不明土地・建物管理制度は、所有者が特定不能または所在不明となった土地および建物につき、利害関係人の申立てにより、裁判所

---

23)　部会資料25:30-31頁。

24)　部会資料25:28頁（注5）参照。

25)　例えば、「土地管理人が選任された土地の所有者がその土地上に建物を所有している場合において、所有者が建物を現に管理しておらず、所有者が建物を管理していないことによって他人の権利又は法律上の利益が侵害され、又は侵害されるおそれがあるときは、裁判所は、利害関係人の申立てにより、必要があると認めるときは、当該建物について、土地管理人による管理を命ずる処分をし、土地管理人に保存行為をさせることができる」（部会資料25:31頁〔乙案〕）との提案が行われた。

26)　例えば、「所有者が建物を現に管理していない場合において、所有者が建物を管理していないことによって他人の権利又は法律上の利益が侵害され、又は侵害されるおそれがあるときは、裁判所は、利害関係人の申立てにより、必要があると認めるときは、当該建物について、建物管理人による管理を命ずる処分をし、建物管理人に保存行為をさせることができる」（部会資料25:31頁〔甲案〕）との提案が行われた。

が所有者不明土地管理人または所有者不明建物管理人を選任し、土地・建物が所有者不明の状態にあったとしても、円滑かつ適正な管理を行うことができるようにしたものである。所有者不明土地管理人および所有者不明建物管理人には、管理命令の対象となった土地、建物等の管理・処分権が専属し（民法264条の３第１項、264条の８第５項）、裁判所の許可を得て、土地または建物を処分することもできる（民法264条の３第２項、264条の８第５項）。その限りで、この制度は、所有者不明の土地または建物を解消する手段ともなりうる[27]。

(b)　所有者不明土地管理制度
（ⅰ）　所有者不明土地管理命令と所有者不明土地管理人の選任

裁判所は、所有者を知ることができず、またはその所在を知ることができない土地（土地が共有の場合は、共有者を知ることができず、またはその所在を知ることができない土地の共有持分）につき[28]、必要があると認めるときは、「**利害関係人**」の申立てにより、当該申立てに係る土地または共有持分を対象として、「**所有者不明土地管理人**」による管理を命じる処分（所有者不明土地管理命令）をすることができる（民法264条の２第１項、第４項）[29]。また、「**国の行政機関の長又は地方公共団体の長**」（国の行政機関の長等）も、「所有者不明土地につき、その適切な管理のため特に必要があると認めるとき」は、所有者不明土地管理命令を地方裁判所に申し立てることができる[30]。

裁判所は、所有者不明土地管理命令をするためには、「公告」──①対象

---

27)　所有者不明土地の解消のための手段については、後述204-214頁（第８章**2**）参照。

28)　「所有者不明土地」の意味、判断方法に関しては、前述３頁（第１章注１）、143-144頁（(1)(a)、注８、９該当本文）参照。

29)　その際、管轄裁判所は、申立てに係る不動産の所在地を管轄する地方裁判所となる（非訟法90条１項）。

30)　民法の特例として、令和４年改正所有者不明土地利用円滑化法42条２項（令和３年民法等一部改正法による改正所有者不明土地利用円滑化法38条２項による）。なお、「国の行政機関の長等」は、「所有者不明土地につき、その適切な管理のため特に必要があると認めるとき」は、不在者の財産管理人（民法25条１項）および相続財産清算人（民法952条１項）の選任を家庭裁判所に申し立てることもできる（令和４年改正所有者不明土地利用円滑化法42条１項〔令和３年民法等一部改正法による改正所有者不明土地利用円滑化法38条１項。改正前所有者不明土地利用円滑化法38条による〕）。

土地または共有持分について申立てがあったこと、②対象土地の所有者または共有者は異議があるときは一定期間（1か月以上の期間）内に届出をすべきこと、③その届出がないときは、所有者不明土地管理命令がされること——をしなければならない。そして、④②の期間が経過した後に所有者不明土地管理命令を発出することができる（非訟法90条2項）[31]。

所有者不明土地管理命令の効力は、ⓐ対象土地、ⓑその土地にある動産で、当該土地の所有者または共有者が所有するものに及ぶ（民法264条の2第2項）。

しかし、所有者不明土地上に建物が存在する場合、所有者不明土地命令の効力はその建物には及ばない（民法264条の2第2項参照）。したがって、所有者不明土地管理人は、建物所有者が判明した場合は、土地の管理に必要な事項について、建物所有者と協議し、土地の管理・処分を行うことになる。

他方、建物所有者が不明の場合は、所有者不明建物管理命令（後述158頁〔(c)(i)〕）を申し立てることができる。その際、「土地と建物の所有者が同じ者であると認定することができる場合」は、所有者不明土地管理人が所有者不明建物管理命令を受けることにより、土地・建物を全体として一体的に管理することが可能になる[32]。したがって、土地上に建物が存在し、その双方の所有者が不明で、かつ土地と建物の所有者が同一であると認定できるときは、当初から所有者不明土地管理命令と所有者不明建物管理命令の双方を申し立て、所有者不明土地管理人および所有者不明建物管理人としての選任を

---

31) 所有者不明土地管理命令がされた場合、裁判所書記官は職権で所有者不明土地管理命令の登記を嘱託する（非訟法90条6項）。一方、所有者不明土地管理命令の裁判は、対象となる土地の所有者または共有者等に告知することを要しない（非訟法90条12項）。

32) 部会資料44：2-3頁、村松＝大谷編著2022：194頁注3。この場合、所有者不明建物管理人が裁判所の許可を得て建物を取り壊し、それに要した費用に充てるために、所有者不明土地管理人が更地となった土地を売却することも可能である。

　これに対し、土地と建物の所有者がいずれも不明であるが、所有者が異なることが明らかな場合（または所有者が同じか異なるか不明の場合）、所有者不明土地管理人が所有者不明建物管理命令を受けることができるかが問題になる。これについて、「所有者不明土地管理人と所有者不明建物管理人が選任されているとき」に、所有者不明土地管理人が更地を売却して建物の取壊費用に充てることは「土地所有者との関係で善管注意義務違反に当たるおそれがあり、これを許すことは難しい」と考えられている（部会資料44：3頁、村松＝大谷編著2022：195-196頁）。なお、後掲注53および該当本文も参照。

受けることが考えられる[33]。

　なお、所有者不明土地管理命令に関する規定（民法264条の２〜264条の７）は、表題部所有者不明土地法が定める①「所有者等特定不能土地」（表題部所有者不明土地法２条３項）および②「特定社団等帰属土地」（表題部所有者不明土地法２条４項）には適用されない（表題部所有者不明土地法32条１項）。なぜなら、これらの土地については、裁判所が、利害関係人の申立てにより、①**特定不能土地等管理者**（表題部所有者不明土地法19条、20条）または②**特定社団等帰属土地等管理者**（同法30条）を選任することができ、その管理の対象となる（同法21条〜29条、30条２項）からである。

　ただし、①表題部所有者不明土地である旨の登記（表題部所有者不明土地〔共有の場合は共有持分〕の所有者等を特定できなかった旨の登記。表題部所有者不明土地法15条１項４号イ）、または②特定社団等帰属土地である旨の登記（表題部所有者不明土地の所有者等を特定できた場合であって、当該表題部所有者不明土地が法人でない社団等に属するときまたは法人でない社団等に属していたとき〔当該法人でない社団等以外の所有者等に属するときを除く〕において、表題部所有者として登記すべき者を特定できない旨の登記。同法15条１項４号ロ）に定める登記をする前に、所有者不明土地管理命令（民法264条の２第１項）がされた場合は、所有者不明土地管理人の管理権限に服する（表題部所有者不明土地法32条１項括弧書）。

(ii)　所有者不明土地管理命令の申立権者

　所有者不明土地管理命令を申し立てることができるのは、「利害関係人」および「国の行政機関の長等」である（前述(i)）。

　このうち、「利害関係人」の範囲は、所有者不明土地管理制度の趣旨に照らして解釈されるべきである。したがって、不在者の財産管理人の選任を申し立てることのできる「利害関係人」の範囲（不在者の推定相続人、債権者は含まれるが、隣地所有者であるというだけではそれに含まれないと解されてい

33）　土地上に無権原で建てられた建物の所有者が不明で、かつ土地所有者も不明の場合にも、建物の取壊しや管理のために土地に立ち入る必要があることから、所有者不明建物管理命令（後述158頁〔(c)(i)〕）を申し立てるときは、併せて所有者不明土地管理命令を申し立てることになると考えられる（部会資料44：６頁、村松＝大谷編著2022：193-196頁）。

る)[34]とは異なりうる。所有者不明土地管理人の場合、それが所有者不明土地の適正な管理に主眼があるとすれば、所有者不明土地の管理が適正でないことにより、被害ないし悪影響を被っている隣地所有者も利害関係人に当たると解することができる[35]。さらに、所有者不明土地管理命令の制度趣旨が、所有者不明土地の適正な管理にとどまらず、利用促進や解消にも及ぶとすれば、土地の所有権または共有持分の取得を希望する私人も、利害関係人に当たる可能性がある[36]。

　例えば、①所有者不明土地上の土砂、樹木等が隣地に被害または被害のおそれを生じさせている場合の隣地所有者、②所有者不明土地の固定資産税の未納状態が続いている場合の市町村長、③所有者不明土地について時効取得を主張する者、④所有者不明土地の買取等を希望する公共事業の実施者、所有者不明土地が所在する地域コミュニティ（地方自治法260条の2による認可地縁団体または権利能力のない社団）、所有者不明土地に対して地域福利増進事業（所有者不明土地利用円滑化法2条3項）のために土地使用権の設定を受けた地域福利増進事業者等が考えられる。⑤「民間の買受希望者」も「一律に排除されるわけではない」と考えられている[37]。所有者不明土地の位置、地積、地目、従前の利用状況、所有者不明となった経緯、現在の状況、周辺の土地の利用状況、買取等の処分を希望する者の利用目的、属性、当該土地との関わり等を考慮して、裁判所が判断することになる[38]。

　本章冒頭の【問題1】におけるＡおよび【問題2】におけるＣは、土地βについて所有者不明土地管理命令を申し立て、選任された所有者不明土地管理人に対し、Ａは土地βの一部についての時効取得の主張を、Ｃは土地β上の樹木の伐採や石垣の修補の請求をすることができるものと考えられる。

(iii)　所有者不明土地管理人の法的地位
　所有者不明土地管理命令が発出され、所有者不明土地管理人が選任された場合、①所有者不明土地管理命令の対象とされた土地または共有持分、②所

---

34)　山野目編2018:590頁［岡孝］。

35)　部会資料43: 3頁、村松＝大谷編著2022:172-173頁。

36)　部会資料43: 3頁、村松＝大谷編著2022:172-173頁。

37)　部会資料43: 3頁、村松＝大谷編著2022:172-173頁。

38)　中間試案:10頁（第2.1(1)）、部会資料33: 6頁、部会資料43: 3頁参照。

有者不明土地管理命令の効力が及ぶ動産（前述152頁〔(i)ⓐ、ⓑ〕）、および③その管理・処分、その他の事由によって所有者不明土地管理人が得た財産（以下、①～③を**管理・処分対象財産**という）を「管理及び処分をする権利」は、所有者不明土地管理人に「専属」する（民法264条の3第1項）[39]。それは、所有者不明土地管理命令により、管理・処分対象財産に対する管理・処分権が、土地所有者から剥奪され、所有者不明土地管理人に付与されることを意味し、土地所有者の財産権を法律の規定によって制限するものといえる[40]。もっとも、所有者不明土地管理命令は土地所有者の所有権をただちに剥奪するものではない。しかし、所有者不明土地管理人は、裁判所の許可を得て、土地を売却する等の処分をすることもできる（後述156頁〔(iv)〕）。所有者不明土地管理人は、所有者の代理人ではなく、自己の名で管理・処分を行う[41]。

　所有者不明土地管理人への管理・処分権の専属の帰結として、所有者不明土地管理人が管理・処分権をもつ対象財産（前記①～③）に関する訴えについては、所有者不明土地管理人を原告または被告とする（民法264条の4）[42]。

（iv）　所有者不明土地管理人の権限

　所有者不明土地管理人は、管理・処分対象財産（前述154-155〔(iii)①～③〕）について、［1］保存行為、および［2］所有者不明土地等の性質を変

---

39)　これは、中間試案:11頁（第2.1(1)イ②【乙案】）を採用したものである。

40)　この規定（民法264条の3第1項）は、一般的には、財産権の内容を公共の福祉に適合するように、法律で定めたもの（憲法29条2項）といえるが、より直接的には、土地所有者等が土地についての基本理念（土地基本法2条～5条）に則り、土地の利用・管理・取引を行う責務を負うこと（土地所有者等の責務）を具体化したものであるともいえよう。土地についての基本理念、それに従った土地所有者等の責務という考え方については、前述90-92頁（第6章**1**(3)(c)、(d)）、104-106頁（同(5)(d)）参照。

41)　ただし、所有者不明土地管理人は善管注意義務を負い（後述156頁〔(v)〕）、自己契約等、所有者との利益相反行為には、民法108条が類推適用されると解される。

42)　中間試案:12頁（第2.1(1)イ⑤）、部会資料33:14-15頁、部会資料43:7頁、村松＝大谷編著2022:178-180頁参照。
　　　所有者不明土地管理人が管理・処分権をもつに至った管理・処分対象財産については、所有者（共有持分をもつ者を含む）を当事者とする訴訟手続は中断する（民訴法125条1項）。反対に、所有者不明土地管理命令が取り消されたときは、所有者不明土地管理人を当事者とする管理・処分対象財産に関する訴訟手続は中断し、当該財産の所有者（共有持分をもつ者を含む）が訴訟手続を受け継がなければならない（民訴法125条2項）。

えない範囲内において、その利用または改良を目的とする行為をする権限を
もつ（民法264条の3第2項1号・2号）。

　さらに、これら［1］・［2］範囲を超える行為をする場合には、裁判所の
許可が必要になる（民法264条の3第2項柱書本文）[43]。例えば、所有者不明土
地管理人が、管理・処分対象財産である土地の売却をするためには、裁判所
の許可を受けなければならない。しかし、裁判所の許可を得れば、売却する
ことができる。

　これに対し、所有者不明土地管理人が、裁判所の許可が必要な行為である
にもかかわらず、その許可を得ずに行為をした場合は、その行為は無効であ
る。ただし、裁判所の許可がないことをもって「善意の第三者」に対抗する
ことができない（民法264条の3第2項柱書ただし書）[44]。ちなみに、管理不全
土地管理人が、裁判所の許可が必要であるにもかかわらず、その許可を得ず
にした行為も無効であるが、その無効は「善意でかつ過失がない第三者」に
対抗することができない（民法264条の10第2項柱書ただし書）。これは、所有
者不明土地管理人の権限に比べ、管理不全土地管理人の権限は制限されてお
り、それについて第三者が注意して確認すべき義務を負うからであると考え
られる（後述164-165頁〔**(4)** **(b)**（ii）末尾〕参照）。

（ⅴ）　所有者不明土地管理人の義務

　まず、所有者不明土地管理人は、その管理・処分対象財産につき、「専属」
的な管理・処分権をもつ一方、管理・処分対象財産の所有者およびその共有
持分を有する者のために、「善良な管理者の注意」をもって、その権限を行
使しなければならない（民法264条の5第1項）。

　所有者不明土地管理人は、管理・処分対象財産から金銭が生じたときは、

---

43)　土地所有者の債務の弁済は、所有者不明土地管理人の職務に当然含まれるものではない
　　が、土地に設定された抵当権の被担保債権を弁済して抵当権の設定登記を抹消することは、
　　権限の範囲内と解される。ただし、弁済の原資を調達するために管理・処分対象財産を売
　　却するには、裁判所の許可を要する（村松＝大谷編著2022:177頁注3参照）。

44)　これは、特定不能土地等管理者および特定社団等帰属土地等管理者がその権限の範囲を
　　越えて行った行為につき、「善意の第三者」に対抗できないものとする表題部所有者不明
　　土地法21条3項、31条1項・2項、信託法66条5項などと平仄を合わせたものである（部
　　会資料43:6頁参照）。なお、所有者不明土地管理命令は嘱託登記される（前掲注31）。

その所有者または共有持分を有する者のために、当該金銭を管理命令の対象
土地（管理命令の対象が共有持分であるときは、その共有地）の所在地の供託所
に供託することができる（非訟法90条8項）。
　つぎに、所有者不明土地管理人が、数人の者の共有持分を対象として所有
者不明土地管理命令が発せられた場合は、当該所有者不明土地管理命令の対
象とされた共有持分を有する者全員のために、「誠実かつ公平に」その権限
を行使しなければならない（民法264条の5第2項）。

（vi）　所有者不明土地管理人の費用・報酬

　所有者不明土地管理人による管理・処分対象財産の管理に必要な費用およ
び報酬は、管理・処分対象財産の所有者およびその共有持分を有する者の負
担となる（民法264条の7第2項）。
　このうち、裁判所が定める額の費用の前払および報酬については、所有者
不明土地管理人は、管理・処分対象財産から支払を受けることができる（民
法264条の7第1項）[45]。

（vii）　所有者不明土地管理人の解任・辞任

　所有者不明土地管理人が、その任務に違反し、管理・処分対象財産（前述
（iii）①～③）に「著しい損害」を与えたこと、その他「重要な事由」がある
ときは、裁判所は、利害関係人の請求により、所有者不明土地管理人を解任
することができる（民法264条の6第1項）。
　所有者不明土地管理人は、「正当な事由」があるときは、裁判所の許可を
得て、辞任することができる（民法264条の6第2項）。

（viii）　所有者不明土地管理命令の変更・取消し

　裁判所は、所有者不明土地管理命令を変更し、または取り消すことができ
る（非訟法90条9項）。例えば、所有者不明土地管理人が管理すべき財産がな
くなったとき（管理すべき財産の全部が供託されたときを含む）、その他財産の
管理を継続することが相当でなくなったときは、裁判所は、所有者不明土地

---

45)　裁判所は、費用または報酬の額を定める裁判をする場合には、所有者不明土地管理人の
　　陳述を聴かなければならない（非訟法90条4項）。

管理人もしくは利害関係人の申立てにより、または職権で、所有者不明土地管理命令を取り消さなければならない（非訟法90条10項）。

　所有者不明土地管理人の管理・処分対象財産（民法264条の３第１項）の所有者または共有持分を有する者が、その所有権または共有持分が自己に帰属することを証明したときは、当該所有者または共有持分を有する者の申立てにより、所有者不明土地管理命令を取り消さなければならない（非訟法90条11項前段）[46]。

(c)　所有者不明建物管理制度

(i)　所有者不明建物管理命令

　建物の所有者または共有者が特定不能または所在不明の場合、裁判所が必要であると認めるときは、利害関係人の請求により、当該建物または共有持分を対象として、所有者不明建物管理人による管理を命ずる処分が行われる（民法264条の８）。

　所有者不明建物管理命令の効力は、①所有者不明建物および②その敷地利用権（所有権を除く）[47]にも及ぶ。

　しかし、区分所有建物の専有部分、敷地利用権および共用部分については、所有者不明建物管理命令の対象としないことが、検討段階から確認された[48]。区分所有者が不明になった場合の専有部分・敷地利用権・共用部分等の管理に関しては、区分所有法による対応等、区分所有関係の特色を踏まえて検討されるべきものと考えられたからである[49]。その結果、所有者不明建物管理命令（民法264条の８）は、区分所有建物の専有部分および共用部分には適用

---

46)　この場合には、所有者不明土地管理人は、当該所有者または共有持分を有する者に対し、その事務の経過および結果を報告し、帰属が証明された財産を引き渡さなければならない（非訟法90条11項後段）。

47)　所有者不明建物の敷地の所有者も不明の場合には、その土地は所有者不明土地管理命令の対象となる。所有者不明土地管理命令と所有者不明建物管理命令との関係、同一人が所有者不明土地管理人と所有者不明建物管理人に選任されうるかについては、前掲注32)、33)ならびに該当本文および後掲注53)ならびに該当本文参照。

48)　中間試案：13頁（第2.1(2)（注１））では、慎重に検討するとしていた。しかし、部会資料28：1頁（1(2)）は「対象とはしないものとする」ことを提案し、除外する方針が固まった。

49)　部会資料28：7-8頁、部会資料44：6頁、要綱：11頁（第１部第3.1(8)（注））。

しないことが明文化された（区分所有法6条4項）[50]。

　(ⅱ)　所有者不明建物管理命令と所有者不明建物管理人の選任

　所有者を知ることができず、またはその所在を知ることができない建物（建物が数人の共有に属する場合は、共有者を知ることができず、またはその所在を知ることができない建物の共有持分）がある場合（建物の所有者もしくは共有者の特定不能または所在不明）、裁判所は、必要があると認めるときは、「利害関係人」の請求により、その請求に係る建物またはその共有持分を対象として、所有者不明建物管理人による管理を命ずる処分（所有者不明建物管理命令）をすることができる（民法264条の8第1項）[51]。裁判所は、所有者不明建物管理命令をする場合には、当該命令において、所有者不明建物管理人を選任しなければならない（民法264条の8第4項）。

　また、国の行政機関の長または地方公共団体の長（「**国の行政機関の長等**」）は、所有者不明土地管理命令の請求（令和4年改正所有者不明土地利用円滑化法42条2項）をする場合において、「当該請求に係る土地にある建物につき、その適切な管理のため特に必要があると認めるとき」は、地方裁判所に対し、所有者不明土地管理命令の請求と併せて、所有者不明建物管理命令の請求（民法264条の8）をすることができる（令和4年改正所有者不明土地利用円滑化法42条5項）。

　さらに、**市町村長**は、所有者不明土地のうち、所有者による管理が実施されておらず、かつ引き続き管理が実施されないことが確実であると見込まれるもの（「**管理不全所有者不明土地**」という。令和4年改正所有者不明土地利用円滑化法38条1項）および管理不全所有者不明土地に隣接する土地であって、地目、地形その他の条件が類似し、かつ当該土地の管理の状況が当該管理不全所有者不明土地と同一の状況にあるもの（「**管理不全隣接土地**」という。令和4年改正所有者不明土地利用円滑化法38条2項）につき、管理不全土地管理命令の請求をすることが認められる場合（令和4年改正所有者不明土地利用円滑化法42条2項、3項。後述162-164頁〔**(4) (b) (ⅰ)**〕）において、「当該請求に係

---

50)　管理不全建物管理命令についても同様である（後述168頁〔**(4) (c)**（ⅰ）末尾〕参照）。
51)　所有者不明建物管理命令の申立ては、建物の所在地を管轄する地方裁判所である（非訟法90条1項）。

る土地にある建物につき、その適切な管理のため特に必要があると認めるとき」は、地方裁判所に対し、当該請求と併せて、所有者不明建物管理命令（民法264条の8）の請求をすることができるものとされた（令和4年改正所有者不明土地利用円滑化法42条5項による）。

(iii)　所有者不明建物管理命令の効力が及ぶ範囲

　所有者不明建物管理命令の効力は、①当該命令の対象とされた建物または共有持分を対象として所有者不明建物管理命令が発せられた場合における共有物である建物、②建物にある動産で、当該建物の所有者または共有者が所有するもの、および③当該建物を所有し、または当該建物の共有持分を有するための「建物の敷地に関する権利（賃借権その他の使用及び収益を目的とする権利（<u>所有権を除く。</u>））であって、当該建物の所有者または共有者が有するもの（民法264条の8第2項。下線は引用者による）に及ぶ。

　したがって、所有者不明建物のための土地利用権原が土地所有権である（土地所有者と建物所有者が同一）と認められる場合は、所有者不明建物を管理するためには、所有者不明土地管理命令を得ることが必要になると考えられる[52]。

　これに対し、土地所有者が判明していれば、所有者不明建物管理人を選任し、土地所有者と土地利用権原について確認し、建物を存置して利用・管理し、地代支払等をするか、裁判所の許可（後述161頁〔(iv)〕）を得て、建物を収去するかについて、協議することができるものと解される。利害関係人として、土地所有者が所有者不明建物管理人の選任を申し立て、土地利用権原が消滅していると考えられるときは、この者を相手方に建物収去・土地明渡請求の訴えを提起することも考えられる（民法264条の8第5項、264条の4。後述161頁〔(iv)〕）。

　しかし、所有者不明建物のための土地利用権原が何であるか不明の場合で、土地所有者も不明の場合は、所有者不明土地管理命令および所有権不明建物管理命令を得て、管理・処分を行うことになるものと解される[53]。

---

52)　前掲注47参照。

（iv）　所有者不明建物管理人の法的地位、権限、義務等

　所有者不明建物管理命令および所有者不明建物管理人には、所有者不明土地管理命令および所有者不明土地管理人に関する規定（民法264条の3～民法264条の7）が準用される（民法264条の8第5項）[54]。

　所有者不明建物管理命令が発出され、所有者不明建物管理人が選任された場合、所有者不明建物管理命令の効力は、①建物、②当該建物にある動産であって当該建物の所有者または共有者が所有するもの、および③当該建物の敷地に関する権利（所有権を除く）であって、当該建物の所有者または共有者が有するもの（民法264条の8第2項）に及ぶ。

　そして、これら①～③および④「その管理、処分その他の事由」により、所有者不明建物管理人が得た財産（管理・処分対象財産）を管理・処分する権利は、所有者不明建物管理人に「専属」する（民法264条の8第5項、264条の3第1項）。

　その結果、所有者不明建物管理人が管理・処分権をもつ管理・処分対象財産に関する訴えについては、所有者不明建物管理人を原告または被告とすることになる（民法264条の8第5項、民法264条の4）[55]。

　その他、所有者不明建物管理人の権限、義務、費用・報酬、辞任・解任、命令の変更・取消しに関しては、所有者不明土地管理人に関する前記規定が準用される（前述155-158頁〔(b)(iv)～(viii)〕参照）。

　例えば、所有者不明建物管理人は、管理・処分対象財産について、①保存行為および②その財産の性質を変えない範囲内において利用または改良を目的とする行為をすることができる。そして、①・②の範囲を超える行為をするには、裁判所の許可を得て行うことになる（民法264条の8第5項、264条の3第2項本文）[56]。したがって、所有者不明建物、その中にある建物所有者または共有者が所有する動産、および敷地利用権（所有権を除く）を売却する

---

53)　この場合、所有者不明土地管理人が所有者不明建物管理人を兼ねることができるか否かは、裁判所がその選任に際し、土地所有者と建物所有者との利益相反の状況を考慮して、個別に判断することになると考えられる。例えば、土地所有権の登記名義人と建物所有権の登記名義人が異なり、借地権の存在が想定される場合は、利益相反となる可能性がある。

54)　手続規定である非訟法90条2項～90条15項も、所有者不明建物管理命令および所有者不明建物管理人に準用される（非訟法90条16項）。

55)　村松＝大谷編著2022:192-194頁参照。

ためには、所有者不明建物管理人は、裁判所の許可を得なければならない。その許可を得ずに売却された場合でも、「善意の第三者」に対抗することはできない（民法264条の8第5項、264条の3第2項柱書本文）。

(4)　民法改正による管理不全土地・建物管理人の制度の創設

(a)　管理不全土地・建物管理制度の創設

　令和3年民法一部改正法は、民法第2編「物権」、第2章「所有権」の末尾に、第5節「管理不全土地管理命令及び管理不全建物管理命令」（民法264条の9〜264条の14）を新設した（民法264条の9〜264条の13が管理不全土地管理命令、管理不全土地管理人の権限、義務、解任・辞任、費用償還・報酬請求等について定め、民法264条の14第1項〜第3項が、管理不全建物管理命令について定め、管理不全建物管理人の権限、義務、解任・辞任、費用償還・報酬請求等について、管理不全土地管理人についての規定を準用する。民法264条の14第4項）。

　管理不全土地・建物管理制度は、所有者不明とはいえない（所有者の特定が可能で、その所在が判明している）土地・建物であっても、管理不全状態にあると認められる場合には、利害関係人の請求により、裁判所が管理命令を発出し、管理人に保存行為等の管理をさせる制度である[57]。しかし、土地または建物の所有者が不明（特定不能または所在不明）の場合であっても、管理不全状態であると認められるときは、管理不全土地・建物の管理人の制度がなお利用可能であることに留意する必要がある[58]。

(b)　管理不全土地の管理

(i)　管理不全土地管理命令および管理不全土地管理人の選任

　所有者による土地の管理が「不適当」であることにより、「他人の権利又は法律上保護される利益が侵害され、又は侵害されるおそれがある場合」、裁判所は、必要があると認めるときは、「利害関係人」の請求により、「当該

---

56)　その際、裁判所は、許可の申立てを「却下する裁判」をするときは、理由を付さなければならない（非訟法90条5項2号、16項）。

57)　中間試案：13頁（第2.2(1)）参照。その後、部会資料39：11頁（第2.1(1)）でも維持され、管理不全土地管理人の法的地位、土地所有者との関係をどのように規律すべきか等が議論された。

58)　中間試案：14頁（第2.2(1)注2）参照。

土地」を対象として、管理不全土地管理人による管理を命ずる処分（管理不全土地管理命令）をすることができる（民法264条の９第１項）[59]。裁判所は、管理不全土地管理命令をする場合は、当該命令において、「管理不全土地管理人」を選任しなければならない（民法264条の９第３項）。

　また、**市町村長**は、所有者不明土地のうち、所有者による管理が実施されておらず、かつ引き続き管理が実施されないことが確実であると見込まれるもの（「**管理不全所有者不明土地**」という。令和４年改正所有者不明土地利用円滑化法38条１項）につき、①当該管理不全所有者不明土地における土砂の流出または崩壊その他の事象によってその周辺の土地において災害を発生させる事態、および②当該管理不全所有者不明土地の周辺の地域において環境を著しく悪化させる事態の発生を防止するため、特に必要があると認めるときは、地方裁判所に対し、管理不全土地管理命令の請求をすることができる（令和４年改正所有者不明土地利用円滑化法42条３項）。

　さらに、**市町村長**は、管理不全所有者不明土地に隣接する土地であって、地目、地形その他の条件が類似し、かつ当該土地の管理の状況が当該管理不全所有者不明土地と同一の状況にあるもの（「**管理不全隣接土地**」という。令和４年改正所有者不明土地利用円滑化法38条２項）につき、①当該管理不全隣接土地および当該管理不全隣接土地に係る管理不全所有者不明土地における土砂の流出または崩壊その他の事象によってその周辺の土地において災害を発生させる事態、および②当該管理不全隣接土地および当該管理不全隣接土地に係る管理不全所有者不明土地の周辺の地域において環境を著しく悪化させる事態の発生を防止するため、特に必要があると認めるときは、地方裁判所に対し、管理不全土地管理命令の請求をすることができる（令和４年改正所有者不明土地利用円滑化法42条４項）。

　管理不全土地管理命令の効力は、①当該管理不全土地管理命令の対象とされた土地のほか、②当該土地にある動産で、当該土地の所有者またはその共有持分を有する者が所有するものにも及ぶ（民法264条の９第２項）。

　裁判所は、管理不全土地管理命令をする場合には、管理不全土地管理命令の対象となるべき土地の所有者の陳述を聴かなければならない（非訟法91条

---

59)　管理不全土地管理命令の申立ては、当該不動産の所在地を管轄する地方裁判所の管轄に属する（非訟法91条１項）。土地の共有持分ごとの申立て・発令はできない。

3項柱書本文）。所有者不明土地管理命令と異なり、管理不全土地管理命令は、所有者不明でない場合にもすることができるからである[60]。

(ii)　管理不全土地管理人の法的地位・権限

管理不全土地管理人は、①管理不全土地管理命令の対象とされた土地、②同命令の効力が及ぶ動産、および③その管理・処分、その他の事由によって管理不全土地管理人が得た財産（管理・処分対象財産）の管理および処分をする権限をもつ（民法264条の10第1項）。

しかし、所有者不明土地管理人の場合と異なり、管理・処分対象財産に関する管理・処分権は、管理不全土地管理人に専属するものではない。したがって、所有者を本人とすべき類型の訴訟では、訴えの原告・被告になるのは、管理不全土地管理人ではなく、所有者になるものと解される[61]。

したがって、管理不全土地管理人の管理・処分権の内容は、所有者不明土地管理人のそれよりも、制限された内容のものとなっている[62]。

まず、管理不全土地管理人は、管理・処分対象財産に対し、ⓐ保存行為、およびⓑ管理・処分対象財産の性質を変えない範囲内において、その利用または改良を目的とする行為をすることができる（民法264条の10第2項1号・2号）。

つぎに、ⓒこれらⓐ・ⓑの範囲を超える行為をするためには、裁判所の許可を得なければならない（民法264条の10第2項柱書本文）。そして、裁判所は、その許可の裁判をする場合には、管理不全土地管理命令の対象とされた土地の**所有者の陳述**を聴かなければならない（非訟法91条3項2号）。さらに、裁判所が管理不全土地管理命令の対象とされた「土地の処分」について許可をするには、その**所有者の同意**がなければならない（民法264条の10第3項）。管理不全土地管理命令が発出されても、管理・処分対象財産の管理・処分権は管理不全土地管理人に専属するものではなく、土地の処分については、所有者が判断すべきものだからである[63]。これに対し、所有者不明土地管理人が

---

60)　ただし、その陳述を聴く手続を経ることにより、「当該裁判の申立ての目的を達することができない事情」があるときは、この限りでない（非訟法91条3項柱書ただし書）。

61)　部会資料52:16頁、村松＝大谷編著2022:202-203頁、206頁。

62)　部会資料39:20頁（第2.1(2)）、22-23頁（第2.1(3)、(4)）参照。

所有者不明土地管理命令の対象土地を処分するためには、裁判所の許可は必要とされているが、それが所有者不明土地であり、その管理・処分権が所有者不明土地管理人に専属するゆえに、所有者の同意までは必要とされていない[64]。

　管理不全土地管理人が、裁判所の許可が必要であるにもかかわらず、その許可を得ずにした行為であっても、「善意でかつ過失がない第三者」には、この許可がないことをもって対抗することができない（民法264条の10第2項柱書ただし書）。これに対し、所有者不明土地管理人が、裁判所の許可が必要であるにもかかわらず、その許可を得ずにした行為は、「善意の第三者」には、その無効を対応することができない（民法264条の3第2項柱書ただし書）。この相違が生じる理由は、管理・処分対象財産について専属的な管理・処分権をもつ所有者不明土地管理人に比べ、本来ならば所有者が決定すべき対象財産の管理・処分について、より制限された管理・処分権をもつにとどまる管理不全土地管理人の場合は、その行為が管理・処分権の範囲内かどうか、範囲外の場合は裁判所の許可を得ているかどうかについて、その行為の相手方（所有者からみれば第三者）が確認義務を負うものと解されるからである[65]。

（iii）　管理不全土地管理人の義務

　管理不全土地管理人は、管理・処分対象財産[66]の所有者のために、「善良な管理者の注意」をもって、その権限を行使しなければならない（民法264条の11第1項）。

　管理不全土地管理人は、管理不全土地管理命令の対象土地および同命令の効力が及ぶ動産の管理・処分、その他の事由によって金銭が生じたときは、その土地の所有者またはその共有持分を有する者のために、当該金銭を同命令の対象とされた土地の所在地の供託所に供託することができる（非訟法91条5項前段）[67]。

---

63)　その結果、管理不全土地管理人にとって「土地の処分」が必要となり、そのために「所有者の同意」を得ようとしても、所有者が不明の場合には、所有者不明土地管理命令を得る必要がある。

64)　前述155-156頁（(3)(b)(iv)）参照。

65)　部会資料50：5頁、部会資料56：23頁。前掲注44）および該当本文参照。

66)　民法264条の10第1項が定める「管理不全土地等」をいう。

また、管理・処分対象財産が、数人の共有に属する場合には、管理不全土地管理人は、その共有持分を有する者全員のために、「誠実かつ公平に」その権限を行使しなければならない（民法264条の11第2項）。

(iv)　管理不全土地管理人の費用・報酬

管理不全土地管理人は、管理・処分対象財産から、裁判所が定める額の費用の前払および報酬を受けることが認められている（民法264条の13第1項）。

そして、その前提として、管理不全土地管理人による管理・処分対象財産の管理に必要な費用および報酬は、管理・処分対象財産の所有者の負担となることが確認されている（民法264条の13第2項）。

(v)　管理不全土地管理人の辞任・解任

管理不全土地管理人は、「正当な事由」があるときは、裁判所の許可を得て、辞任することができる（民法264条の12第2項）。

一方、管理不全土地管理人がその任務に違反して、管理・処分対象財産に対して「著しい損害」を与えたこと、その他「重要な事由」があるときは、裁判所は、利害関係人の請求により、管理不全土地管理人を解任することができる（民法264条の12第1項）[68]。

(vi)　管理不全土地管理命令の変更・取消し

裁判所は、管理不全土地管理命令を変更し、または取り消すことができる（非訟法91条6項）。例えば、裁判所は、管理すべき財産がなくなったとき（管理すべき財産の全部が供託されたときを含む）、その他財産の管理を継続することが相当でなくなったときは、管理不全土地管理人もしくは利害関係人の申立てにより、または職権で、管理不全土地管理命令を取り消さなければならない（非訟法91条7項）。

---

67)　供託をしたときは、法務省令の定めに従い、供託をした旨、その他法務省令で定める事項が公告される（非訟法91条5項後段）。

68)　裁判所は、解任の裁判をする場合には、管理不全土地管理人の陳述を聴かなければならない（非訟法91条3項3号）。そして、解任の申立てについて裁判をする場合には、理由を付さなければならない（非訟法91条4項3号）。

（c）　管理不全建物管理制度

（i）　管理不全建物管理命令と管理不全建物管理人の選任

　管理不全土地管理制度と並んで、管理不全建物管理制度も設けられた[69]。それは、所有者による「建物」の管理が「不適当」であることにより、「他人の権利又は法律上保護される利益が侵害され、又は侵害されるおそれがある場合」において、裁判所が、必要があると認めるときは、「利害関係人」の請求により、当該建物を対象として、「管理不全建物管理人」による管理を命ずる処分（管理不全建物管理命令）をすることができるとするものである（民法264条の14第1項）[70]。裁判所は、管理不全建物管理命令をする場合には、当該命令において、管理不全建物管理人を選任しなければならない（民法264条の14第3項）。

　また、国の行政機関の長または地方公共団体の長（「**国の行政機関の長等**」）は、所有者不明土地管理命令の請求（令和4年改正所有者不明土地利用円滑化法42条2項）をする場合において、さらに、**市町村長**は、「管理不全所有者不明土地」および「管理不全隣接土地」につき、管理不全土地管理命令の請求（令和4年改正所有者不明土地利用円滑化法42条2項、3項）をする場合において、「当該請求に係る土地にある建物につき、その適切な管理のため特に必要があると認めるとき」は、地方裁判所に対し、当該請求と併せて、管理不全建物管理命令（民法264条の14）の請求をすることができる（令和4年改正所有者不明土地利用円滑化法42条5項）。

　裁判所は、管理不全建物管理命令をする場合には、管理不全建物管理命令の対象となるべき建物の所有者の陳述を聴かなければならない（非訟法91条3項柱書本文、10項）。所有者不明建物管理命令と異なり、管理不全建物管理命令は、所有者不明でない場合にもすることができるからである[71]。

　管理不全建物管理命令の効力は、①当該命令の対象とされた建物のほか、②当該建物にある動産であって、当該命令の対象とされた建物の所有者またはその共有持分を有する者が所有するもの、および③当該建物を所有するた

---

69)　部会資料39:24頁（第2.2)、村松＝大谷編著2022:215-216頁参照。
70)　管理不全建物管理命令は、対象となる建物の所在地を管轄する地方裁判所の管轄に属する（非訟法91条1項）。
71)　ただし、その陳述を聴く手続を経ることにより、「当該裁判の申立ての目的を達することができない事情」があるときは、この限りでない（非訟法91条3項柱書ただし書、10項）。

めの建物の敷地に関する賃借権、その他の使用・収益を目的とする権利（所有権を除く）であって、当該命令の対象とされた建物の所有者またはその共有者が有するものに及ぶ（民法264条の14第2項）。

　もっとも、管理不全建物命令は、所有者不明建物管理命令と同様、区分所有建物の専有部分および共用部分は対象としないことが検討段階から確認された[72]。その理由は、所有者不明建物管理命令に関して述べたのと同様である[73]。その結果、管理不全建物管理命令（民法264条の14）は、区分所有建物の専有部分および共用部分には適用しないことが明文化された（区分所有法6条4項）。

　(ii)　管理不全建物管理人の法的地位・権限、義務等
　管理不全建物管理人には、管理不全土地管理人に関する民法の規定（民法264条の10〜264条の13）および非訟事件手続法の規定（非訟法91条2項〜9項）が準用される（民法264条の14第4項、非訟法91条10項）[74]。

　管理不全建物管理人は、①管理不全建物管理命令の対象とされた建物、②同命令の効力が及ぶ動産（前述(i)②）、および③その管理・処分、その他の事由によって管理不全建物管理人が得た財産（管理・処分対象財産たる管理不全建物等）の管理および処分をする権限をもつ（民法264条の10第1項、264条の14第4項）。

　しかし、所有者不明建物管理人の場合と異なり、管理・処分対象財産に関する管理・処分権は、管理不全建物管理人には専属しない。その結果、管理・処分対象財産について、所有者を本人とすべき類型の訴訟では、訴えの原告・被告になるのは所有者であり、管理不全建物管理人は当事者適格をもたないものと解される。

　その他、管理不全建物管理人の義務、費用・報酬、辞任・解任、命令の変更・取消しに関しては、管理不全土地管理人に関する前記規定が準用される（前述165-166頁〔**(b)**(iii)〜(vi)〕参照）。

　例えば、管理不全建物管理人は、管理・処分対象財産に対し、ⓐ保存行為、

---

72)　部会資料50：9頁、要綱：13頁（第1部第3.2(7)（注））。
73)　前述158頁（**(3)(c)**(i)）参照。
74)　前述164-166頁（**(b)**(ii)〜(iv)）参照。

および⒝管理・処分対象財産の性質を変えない範囲内において、その利用または改良を目的とする行為をすることができる（民法264条の10第2項1号・2号、264条の14第4項）。ⓒこれら⒜・⒝の範囲を超える行為は、裁判所の許可を得てすることができる（民法264条の10第2項柱書本文、264条の14第4項）[75]。その際、裁判所が管理不全建物管理命令の対象とされた建物の「処分」を許可するためには、その「所有者の同意」がなければならない（民法264条の10第3項、264条の14第4項）[76]。

　管理不全建物管理人が、裁判所の許可が必要であるにもかかわらず、その許可を得ずにした行為であっても、「善意でかつ過失がない第三者」には、この許可がないことをもって対抗することができない（民法264条の10第2項柱書ただし書、264条の14第4項）。所有者不明建物管理人の場合（「善意の第三者」に対抗することができない。民法264条の8第5項、264条の3第2項柱書本文）と要件が異なる理由は、管理不全土地管理人について述べたのと同じである[77]。

3 ｜ 財産の管理者の制度の全般的見直し

(1)　財産の管理者の諸制度

　所有者不明土地・建物管理人および管理不全土地・建物管理人の制度の創設は、民法が定めている財産管理制度を全般的に見直し、必要な改正を行うための契機としても重要である。民法は、財産の管理者として、不在者財産管理人、各種の相続財産管理人[78]、遺言執行者等を定めているこれに加え、土地管理人、共有物の管理者、共同相続人による遺産分割前に裁判所によって選任される相続財産管理人、相続人が選任する遺産の管理者[79]等の制度の

---

75)　裁判所は、その許可の裁判をする場合には、管理不全建物管理命令の対象とされた建物の所有者の陳述を聴かなければならない（非訟法91条3項2号、10項）。

76)　その結果、管理不全建物管理人にとって、建物の「処分」が必要となり、そのために「所有者の同意」を得ようとしても、所有者が不明の場合には、所有者不明建物管理命令を得る必要がある。

77)　前述165頁（(b)(ii)）参照。

78)　潮見2018:64頁、76頁、83頁、100頁、153頁参照。

79)　相続人全員の合意により、特定の者に財産管理を委託することができる。二宮2019:363頁。

【図表Ⅱ-5】 財産の管理者の制度の全般的見直し

財産の管理者の種類		民法／中案
1	不在者財産管理人	民法25／中案2.3
2-1	土地管理人（所有者不明土地）	中案2.1
2-2	土地管理人（管理不全土地）	中案2.2
3-1	共有物の管理者（共有者が選任する）	中案1.1(5)
3-2	共有物の管理者（裁判所が選任する）	中案1.1(6)
4-1	相続財産管理人（相続人不分明・清算）	改正前民法952
4-2	相続財産管理人（相続人不分明・保存）	中案2.4(2)
4-3	相続財産管理人（承認／放棄前）	改正前民法918②
4-4	相続財産管理人（相続放棄後）	改正前民法940②
4-5	相続財産管理人（限定承認後）	改正前民法926②
4-6	相続財産管理人（審判前保全処分）	家手法200①
4-7	相続財産管理人（遺産分割前）	中案2.4(1)
4-8	遺産の管理者（相続人が選任する）	中案4.1(3)
4-9	遺言執行者	民法1006、1012①

【出典】 筆者作成。中案：中間試案（案）法制審議会民法・不動産
登記法部会資料25。
例えば、中案1.1(5)は「中間試案（案）第1の1(5)」を指す。

創設についても検討が行われた（【図表Ⅱ-5】）。

　これらの財産の管理者については、所有者不明土地管理人・管理不全土地
管理人の制度について検討したのと同様に、その法的地位および権限、とり
わけ、財産の所有者の権利との関係を明確にする必要がある。

(2)　民法改正による不在者財産管理人・相続財産管理人等の制度の改革

(a)　不在者財産管理人の制度の改革

　所有者不明土地・建物管理人による管理の制度は、特定の土地または建物
が所有者不明の状態になっている場合に、その管理人を選任し、管理を行う
ものである（いわゆるスポット管理）。この点で、所在不明になった不在者の
財産全体について管理を行う権限をもち、義務を負う、不在者財産管理人の
制度（民法25条〜29条）と異なる。

令和３年民法等一部改正法は、不在者の財産管理人につき、家庭裁判所が選任した不在者財産管理人は、不在者の財産の管理、処分その他の事由によって金銭が生じたときは、不在者のために、当該金銭を不在者の財産管理に関する処分を命じた裁判所の所在地を管轄する家庭裁判所の管轄区域内の供託所に供託することができるものとした（家手法146条の２第１項）[80]。そして、家庭裁判所は、不在者が財産を管理することができるようになったとき、管理すべき財産がなくなったとき、その他財産の管理を継続することが相当でなくなったときは、不在者、管理人もしくは利害関係人の申立てにより、または職権で、不在者管理人の選任、その他の不在者の財産の管理に関する処分の取消しの審判をしなければならないが、この「管理すべき財産がなくなったとき」には、家庭裁判所が選任した不在者財産管理人が、管理すべき財産の全部を供託したときを含むものとした（家手法147条）[81]。

　このほか、①家庭裁判所が不在者財産管理人を選任する際に、その職務内容（不在者財産管理人の権限内容を含む）をあらかじめ定めることができる旨の規律、②不在者財産管理人の選任の申立権者の範囲に関する規律、③特定の行為について不在者管理人と不在者との間で、または複数の不在者の間で利益が相反する場合に、不在者財産管理人が当該行為をすることは認められないことを前提とする規律等についても、新設することが検討された。しかし、実務上現行法の解釈によって適切に対応可能であると判断されたため、新たな規定は設けられないことになった[82]。

(b)　相続財産の管理および清算に関する規律

(i)　相続財産の管理人

　相続人が不明（特定不能または所在不明）等の場合であっても、相続財産の管理を円滑かつ適正に行うために、家庭裁判所は、「利害関係人」または検察官の請求により、いつでも、「**相続財産の管理人**」の選任、その他の「相続財産の保存」に必要な処分を命ずることができるものとされた（民法897

---

80)　不在者財産管理人がこの供託をしたときは、法務省令の定めに従い、その旨その他法務省令で定める事項を公告しなければならない〔家手法146条の２第２項〕。

81)　令和３年民法等一部改正法による。

82)　中間試案：15頁〔第2.3〕、部会資料34：1-4頁、部会資料45：1-2頁参照。

条の2第1項本文)[83]。これは、共有物の管理者（民法252条1項括弧書、252条の2）に対する特則とも解することができる。

　ただし、①相続人が1人である場合においてその相続人が相続の単純承認をしたとき（最早それは共有物ではない）、②相続人が数人ある場合において遺産の全部の分割がされたとき（遺産共有の状態ではなくなる）、または③民法952条1項の規定により相続財産の清算人が選任されているとき（相続財産の清算人が管理人に代わる）は、この限りでない（民法897条の2第1項ただし書）。

　そして、家庭裁判所が選任した相続財産の管理人については、民法27条～29条の規定（不在者財産管理人の職務、権限、管理人の担保提供および報酬）が準用される（民法897条の2第2項）。

　この相続財産の管理人の制度は、①相続人が数人ある場合における遺産分割前の相続財産、②相続人のあることが明らかでない場合における相続財産につき、保存に必要な処分を可能にするとともに、これら①・②の相続財産の管理人の制度を、改正前民法918条2項が定めていた相続財産の管理人の制度に統合し、相続財産の管理人に関する包括的で統一的な規律を設けたものである（なお、改正前民法918条2項は、改正前民法926条2項〔限定承認がされた場合〕、936条3項・926条2項〔限定承認に際して相続人が数人ある場合〕、940条2項〔相続放棄者がある場合〕において準用される場合を含むものとしていた。しかし、これらについては、改正民法が「相続財産の清算人」の制度〔後述173頁(iii)〕を設けたことにより、削除された）[84]。

　このようにして改正民法によって創設された相続財産管理人の制度（民法897条の2。関連規定として、民法898条2項、918条2項・3項削除、926条2項、家手法190条の2）は、前述②によっても確認されるように、相続財産について共同相続人の全部または一部が不明（特定不能または所在不明）の場合にも利用することが想定されている。その意味で、相続財産管理人も所有者不明土地の管理に関する制度の一環として理解することができる[85]。

---

83) 「相続財産の保存」に関する処分の審判の手続は、家手法190条の2による。

84) 中間試案：16-18頁（第2.4(1)、(2)後注）、部会資料34：4頁、8-11頁参照。

85) 中間試案：17-18頁（第2.4(2)）、部会資料34：8-9頁参照。

（ii）　相続放棄をした者による管理

　相続放棄をした者は、その放棄の時に相続財産に属する財産を現に占有しているときは、①他に相続人があるときは相続人に、②相続人がないまたは相続人のあることが明らかではないときは「相続財産の清算人」（民法952条1項）[86]に対して当該財産を引き渡さなければならない。それまでの間は、自己の財産におけるのと同一の注意をもって、その財産を保存しなければならない（民法940条1項）。その理由は、熟慮期間中の相続人は「固有財産におけるのと同一の注意」をもって相続財産を管理する義務を負う（民法918条1項）ことから、相続放棄をした者が熟慮期間経過後も相続財産を現に占有するときは、それと同等の「自己の財産におけるのと同等の注意」を負うものとすること（改正前民法940条1項を維持）が妥当であると考えられるからである。それは、共有者（民法249条3項）および受任者（民法644条）が負う善管注意義務とは異なるものとなる。もっとも、受任者の報告義務（民法645条）、受領物の引渡義務（民法646条）および費用償還請求権（民法650条1項）ならびに代弁済請求権（民法650条2項）は準用される（その限りで、改正民法940条2項は、改正前民法940条2項を維持している）[87]。

（iii）　相続財産の清算人
（ア）　複数の相続人が限定承認をした場合

　改正前民法は、①共同相続人が限定承認をした場合（民法926条2項）、または相続人不存在の場合（民法952条1項）のように、相続財産の清算が行われる場合も、②相続財産の清算を目的とせずに、相続人のために相続財産の管理が行われる場合（民法918条2項、3項）も、「相続財産の管理人」の選任を可能にしていた。

　しかし、目的を異にする管理人を同一の名称で呼ぶことは相当でない。そこで、相続財産の清算を目的にして選任される管理人には**「相続財産の清算人」**という名称を用いることとされた[88]。その中には、[1]相続人が数人ある場合において限定承認をしたときに民法936条1項に基づいて選任されなければならない「相続財産の清算人」と、[2]相続人のあることが明ら

86）　相続財産の清算人に関しては、後述173-178頁（（iii））参照。
87）　部会資料29：3頁、部会資料45：5頁（3(2)）、6頁（補足説明(2)）参照。
88）　部会資料51:19頁参照。

かでない場合（民法951条）に、民法952条1項に基づいて選任される「相続財産の清算人」とがある。このうち、［2］相続人のあることが明らかでない場合に選任される相続財産清算人は、所有者不明土地問題に対応する制度の1つになる（後述（イ））。

　ちなみに、［1］については、改正民法は、相続人が数人ある場合において、限定承認をしたときは[89]、相続財産の清算を円滑かつ適正に進めるために、家庭裁判所は、相続人の中から、「相続財産の清算人」を選任しなければならないとする（民法936条1項）。相続財産の清算人は、相続人のために、相続人に代わって、「相続財産の管理および債務の弁済に必要な一切の行為」を行う権限をもつ（民法936条2項）。

　この相続財産の清算人には、限定承認に関する民法926条～民法935条が準用される（民法936条2項）。すなわち、――

① 相続財産の清算人は、その固有財産におけるのと同一の注意をもって、相続財産の管理を継続しなければならない（民法926条1項）[90]。

② 相続財産の清算人は、その相続財産の清算人の選任があった後10日以内に、すべての相続債権者（相続財産に属する債務の債権者）および受遺者に対し、相続財産の清算人となったこと、および一定期間内（この申出期間は2か月を下ることができない）に債権の請求の申出をすべき旨を公告しなければならない（民法927条1項）[91]。この公告には、相続債権者および受遺者がその期間内に申出をしないときは弁済から除斥されるべき旨を付記しなければならない（民法927条2項本文）。ただし、相続財産の清算人は、知れている相続債権者および受遺者を除斥することはできず（民法927条2項ただし書）、これら知れている相続債権者および受遺者には、相続財産の清算人が各別にその申出の催告をしなければならない（民法927条3項）。相続財産の清算人は、前記の申出期間（民法927条1項）の満了前に

89）　共同相続人は、全員が共同してのみ限定承認をすることができる（民法923条）。
90）　この場合には、受任者に関する民法645条、646条、651条1項・2項が準用される（民法926条2項）。
91）　この公告は、官報に掲載して行う（民法927条4項、936条2項）。
92）　ただし、その際には、優先権を有する債権者の権利を害することはできない（民法929条ただし書）。

は、相続債権者および受遺者に対して弁済を拒むことができる一方（民法928条）、申出期間が満了した後は、相続財産をもって、同期間内に申出をした相続債権者、その他知れている相続債権者に対し、それぞれその債権額の割合に応じて弁済しなければならない（民法929条本文）[92]。相続財産の清算人は、申出期間満了後は、弁済期が未到来の債権も弁済しなければならず（民法930条1項）、条件付債権および不確定期限付債権は、家庭裁判所が選任した鑑定人の評価に従って弁済しなければならない（民法930条2項）。

③ 相続財産の清算人は、受遺者に対しては、相続債権者に弁済した後でなければ、弁済することができない（民法931条）。

④ 相続財産の清算人は、申出期間の満了後に弁済する際に、相続財産を売却する必要があるときは、相続財産を競売に付さなければならない（民法932条本文）。ただし、家庭裁判所が選任した鑑定人の評価に従い、相続財産の全部または一部の価額を弁済して、その競売を止めることができる（民法932条ただし書）。相続債権者および受遺者は、自己の費用で相続財産の競売または鑑定に参加することができる。その際には、相続債権者または受遺者から参加の請求があったにもかかわらず、その請求をした者を参加させないで競売または鑑定をしたときは、その競売または鑑定は、その請求をした者に対抗することができない（民法933条）。

⑤ 相続財産の清算人は、前記②の公告もしくは催告（民法927条）をすることを怠り、または同申出期間（民法927条1項）の満了前に相続債権者もしくは受遺者に弁済したことにより、他の相続債権者もしくは受遺者に弁済をすることができなくなったときは、これによって生じた損害を賠償する責任を負う（民法934条1項前段）。相続財産の清算人が、民法929条〜931条（前記②、③）に違反して弁済をしたときも、同様である（民法934条1項後段）。なお、このことは、事情を知って不当に弁済を受けた相続債権者または受遺者に対し、他の相続債権者または受遺者が求償請求することを妨げるものではない（民法934条2項）[93]。

⑥ 前記②の申出期間内（民法927条1項）に申出をしなかった相続債権者および受遺者で、相続財産の清算人に知れなかったものは、残余財産についてのみその権利を行使することができる（民法935条本文）[94]。

（イ）　相続人のあることが明らかでない場合

　相続人のあることが明らかでない場合、相続財産は法人となる（民法951条。相続財産法人）。この場合、家庭裁判所は、利害関係人または検察官の請求により、相続財産の清算人を選任しなければならない（民法952条1項）[95]。その後の手続は、下記のとおりである。

---

① 　家庭裁判所は、相続財産の清算人を選任したときは、遅滞なく、その旨および相続人があるならば一定の期間内（6か月を下回ることができない）にその権利を主張すべき旨を公告しなければならない（民法952条2項）。この相続財産の清算人には、不在者の財産管理人の職務、権限および担保提供ならびに報酬に関する規定（民法27条〜29条）が準用される（民法953条）。相続財産の清算人は、相続債権者または受遺者の請求があったときは、その者に相続財産の状況を報告しなければならない（民法954条）。

② 　家庭裁判所による相続財産清算人の選任および相続人の捜索の公告（民法952条2項。前述①）があったときは、相続財産清算人は、全ての相続債権者および受遺者に対し、2か月以上の期間を定めて、その期間内にその請求の申出をすべき旨を公告しなければならない。その期間は、相続人の捜索の公告期間（民法952条2項。相続人が権利を主張すべき期間として家庭裁判所が6か月以上の期間を定めて公告した期間。前述①）内に満了するものでなければならない（民法957条1項）[96]。これにより、相続債権者および受遺者の請求申出期間は、相続人の捜索の公告期間内に満了することになる。

93）　これらの損害賠償請求権および求償権については、民法724条が準用される（民法934条3項）。

94）　ただし、相続財産について特別担保を有する者は、この限りではない（民法935条ただし書）。

95）　相続人の不存在の場合における相続財産の清算に関する処分の審判事件は、相続が開始した地を管轄する家庭裁判所の管轄に属する（家手法203条1号）。
　相続財産法人は、相続人のあることが明らかになったときは、成立しなかったものとみなされる（民法955条前段）。ただし、相続財産の清算人がその権限内でした行為の効力は妨げられない（民法955条後段）。そして、相続財産の清算人の代理権は、相続人が相続の承認をした時に消滅する（民法956条1項）。これによって代理権を失った相続財産の清算人は、遅滞なく相続人に対して清算に係る計算をしなければならない（民法956条2項）。

改正前民法は、相続人のあることが明らかでないとき（民法951条）は、①家庭裁判所が利害関係人または検察官の請求により、相続財産管理人を選任し（改正前民法952条1項）、遅滞なくその旨を公告したうえで（この公告は、相続人の捜索の公告を兼ねる）、②この相続財産管理人の選任公告後、2か月以内に相続人のあることが明らかにならなかったときは、相続財産管理人が2か月以上の期間を定めて相続債権者および受遺者に請求の申出の公告を行い（改正前民法957条1項）、③この②の期間の満了後もなお相続人のあることが明らかでないときは、家庭裁判所は、相続財産管理人または検察官の請求により、6か月以上の期間を定めて、相続人があるならばその期間内に権利を主張すべき旨を公告しなければならなかった（最後の相続人の捜索の公告。改正前民法958条）。

改正民法は、前段落③の最後の相続人の捜索の公告に関する改正前民法958条を削除し、相続財産清算人の選任後、相続人の捜索の公告を、相続財産清算人の選任の公告とともに一回的に実施するものとした（民法952条2項）。また、前段落②の相続債権者および受遺者に対して行われる請求申出の公告期間も、相続財産清算人の選任および相続人の捜索の公告後に、並行して進させることができ、相続人の捜索の公告期間内に満了するものとした（民法957条1項後段）。これらは、相続財産の清算に要する期間を短縮し、手続を簡略化することにより、清算コストの軽減を図ったものである[97]。

相続人の探索の公告期間（改正民法952条2項）内に相続人としての権利主張をする者がない場合において、被相続人と生計を同じくしていた者、被相続人の療養看護に努めた者、その他被相続人と特別の縁故があった者の請求に対し、家庭裁判所が相当と認めるときは、これらの者に清算後残存すべき

---

96) この場合、前述（ア）①〜⑥においてみた限定承認に関する民法927条2項〜4項、928条〜935条（932条ただし書〔弁済のための相続財産の換価に対し、家庭裁判所が選任した鑑定人の評価に従い、相続財産の全部または一部の価額を弁済し、その競売を止めることができる旨の規定〕を除く）の規定が、相続財産の清算人に準用される（民法957条2項）。

97) 中間試案:17-18頁（第2.4（2））、部会資料34:21-22頁、部会資料45：4-5頁、村松＝大谷編著2022:238-239頁。なお、相続債権者および受遺者に対する請求申出の公告（改正民法957条1項）は、相続財産清算人の選任の公告から2か月待つこと（改正前民法957条1項）なしに、相続財産清算人が、事案に応じて適切であると認める時期に行いうるという考え方は、部会資料51：19-20頁で打ち出され、承認された。

相続財産の全部または一部を与えることができる（特別縁故者に対する相続財産の分与。改正民法958条の2第1項。改正前民法958条の3第1項と同じ）。この請求は、相続人の探索の公告期間（改正民法952条2項）の満了後3か月以内にしなければならない（改正民法958条の2第2項）[98]。

　これは、特別縁故者の財産分与請求は相続人捜索の公告期間（改正前民法958条）の満了後3か月以内にしなければならないとしていた規定（改正前民法958条の3第2項）と同様であるが、相続人の捜索の公告期間自体が前述したように短縮されていることに留意する必要がある。

　以上にみたように、相続人のあることが明らかでない場合に選任される相続財産清算人に関する制度改革も、所有者不明土地問題の解消に寄与するものと考えられる。

---

[98]　その結果、特別縁故者による相続財産の分与の申立てを受けて行われる審判は、相続人の捜索の公告期間（民法952条2項）の満了後3か月を経過した後にしなければならないことになる（家手法204条1項）。

第8章

共有者不明の土地をどのように
利用し、管理し、処分しうるか

　土地が共有されている場合には、共有者間に意見の不一致があったり、共有者の一部または全部が不明になったりすることにより、土地の利用に支障が生じ、管理不全のまま放置されてしまうといった問題を生じさせやすい。実際、所有者不明土地が相続を契機として発生することが多いということは、所有者不明（所有者の所在不明および所有者の特定困難）の状態にある多くの土地が、共有、特に遺産共有の状態にあることを意味している。そこで、共有地を利用・管理する法制度の問題点を点検し、共有者の一部または全部が不明の状態（共有者不明状態）にある土地であっても、これを利用し、管理するための法改革が求められている。さらには、共有者不明状態にある共有地または不明共有者の持分権を処分して、共有者不明状態を解消することを可能にするような制度改革を図ることも、重要になる。

1 ｜ 共有者不明のまま土地を利用・管理する方策

(1)　法解釈による対応──共有者不明私道の利用・管理を題材に

　共有地にも様々な種類があるが、共有地に関する所有者不明土地問題への最初の法的対応が試みられたのは、私道が共有地になっている場合である。共有者の一部または全部が不明の共有私道の利用の円滑化を促進する目的で、『複数の者が所有する私道の工事において必要な所有者の同意に関する研究報告書──所有者不明私道への対応ガイドライン』（平成30年1月）が策定された[1]。これは、私道が周辺の複数の宅地所有者によって共有されている場合および私道が短冊状に分筆されて各部分を宅地所有者が分割所有している場合に、一部の共有者ないし所有者が不明のために、道路の補修・再舗装・

新規舗装、側溝の設置・補修、上下水道管やガス管の敷設・補修・取替、電柱の新設・取替、階段の新設・拡幅・手すりの設置、ゴミボックスの新設、樹木の伐採などに支障を来しているときに、共有物の使用（改正前民法249条〔改正民法249条1項〕。共有物の全部について持分に応じた使用が可能）、変更（改正前民法251条〔改正民法251条1項〕。全共有者の同意が必要）、管理（改正前民法252条本文〔改正民法252条1項本文〕。持分価格に応じた過半数の同意が必要）、保存（改正前民法252条ただし書〔改正民法252条5項〕。各共有者が行いうる）などに関する法解釈の方法を、ガイドラインの形で示したものである（【図表Ⅱ-6】参照）。

　それによれば、①共有私道に工事を施すなどして物理的に変化させても、ただちに変更になるとは限らず、私道本来の使用目的に沿ったものであれば使用、その利便性を向上させるときは**管理**、補修や危険回避のための使用であれば**保存**に当たりうる。

　一方、②使用目的に変更がなくとも、新規舗装や階段新設など、共有私道上の工事に多額の費用がかかり、共有者に相当重い費用分担（民法253条1項）を強いる場合は、**変更**に当たる可能性もある。

　もっとも、③宅地・居宅と共有私道との関係が、区分所有法上の団地に該当する場合は、団地内に団地建物所有者が共有する土地の形状または効用の著しい変更を伴う行為でも、団地建物所有者および議決権の各4分の3以上の多数による集会決議があれば、行うことができる（区分所有法66条、17条1項）。

　しかしまた、④共有私道である階段に手すりを設置したり、共有私道上に電柱やゴミボックスを設置したり、共有私道上の樹木を剪定・伐採するなど、変更か管理かの境界線上に位置する場合も少なくない。その場合には、実務では慎重を期すために、また、紛争回避を重視する地方公共団体などによる私道整備の助成要件として、全員の同意を求める傾向にあるなど[2]、法解釈には限界があり、立法的解決が必要な事例もあった。

---

1)　共有私道の保存・管理等に関する事例研究会（平成30年1月）。同ガイドラインに関しては、大谷＝川畑＝鈴木＝渡部2018：10頁以下も参照。なお、令和3年民法等一部改正法を受け、同ガイドラインの改訂作業が行われた（共有私道の保存・管理等に関する事例研究会（第2期））。その成果として、共有私道の保存・管理等に関する事例研究会2022がある。
2)　共有私道の保存・管理等に関する事例研究会2022：10頁。

【図表Ⅱ-6】共有私道の利用・管理

	共有私道上の工事などの形態	使用	変更	管理	保存
1	舗装の陥没箇所補修*1				○
2	全面再舗装*1			○	
3	新規舗装*1*2			○	
4	側溝再設置・付近再舗装*1				○
5	側溝再設置・全体再舗装*1			○	
6	給水管新設・配水管に接続	○			
7	給水管接続・共有給水管に接続	○			
8	給水管補修	○			
9	事業者所有配水管取替*3	○			
10	私有配水管新設	○			
11	地方公共団体所有公共下水管新設			○	
12	事業者所有ガス管新設			○	
13	事業者所有ガス管補修*3	○			
14	事業者所有電柱新設			○	
15	事業者所有電柱取替（同一場所）*3	○			
16	事業者所有電柱取替（隣接場所）*4			○	○
17	階段新設*2		○		
18	階段拡幅			○	
19	階段への手すり設置			○	
20	ゴミボックス新設			○	
21	樹木伐採*2		○	○	○
22	宅地から越境した樹木の枝の伐採*5	—	—	—	—

【出典】共有私道の保存・管理等に関する事例研究会2022に基づき、筆者作成。

＊1　地方公共団体の助成あり。
＊2　団地内の共有私道の場合は、変更も特別多数決で可能。
＊3　全共有者が第三者に使用許諾。
＊4　既存電柱の危険度・電柱取替の緊急度が高い場合は、保存に当たりうる。
＊5　樹木の所有者に対する切除請求（民法233条1項）、切除（民法233条3項）。

改正民法は、そうした事例の解決に寄与する制度改革を含んでいる。例え
ば、共有物の変更に当たると解される階段新設、樹木伐採等の事案において、
共有者の一部が不明であるために工事等を行うことができなかった場合に対
し、所在等が不明の共有者以外の共有者全員の同意によって変更行為を行い
うる旨の裁判の制度（改正民法251条251条2項。後述191-192頁〔(4)(a)(ii)〕）、
所在等が不明の共有者の土地の持分について所有者不明土地管理命令を申し
立て、所有者不明土地管理人の同意を得て工事をすること（前述151-156頁
〔第7章**2**(3)(b)(i)〜(iv)〕）などが考えられる。

　また、改正民法は、共有物に変更を加える行為であっても、形状または効
用の著しい変更を伴わないもの（**軽微変更**）は、共有者の持分の過半数で決
定できるものとした（改正民法251条1項、252条1項）。その結果、例えば、
共有私道である砂利道をアスファルト舗装することは、砂利を除去して路盤
を整備し、アスファルト加工することにより、ある程度の「形状」の変更を
伴うが、著しい変更とはいえず、「効用」に関しても通路としての機能を向
上させるに留まることから、著しい変更ではなく、軽微変更に当たると考え
られる。

(2)　特別法の制定・改正による対応

　一般に所有者不明のまま土地の取得・利用を可能にする特別法は、土地所
有権を制限するゆえに、公共の福祉との調整を図り、財産権の保障（憲法29
条）に照らして合憲性を確保するための慎重なアプローチが重要になる。

　そこで、まずは、公共性が高く、かつ財産権の制約が比較的小さく、また、
所有者不明状態になって実際に問題を生じている共有地を対象にして、利用
権の設定が検討された。その結果、①共有者不確知森林に対する確知共有者
による土地使用[3]、②共有者不明農用地に対する農地中間管理機構による土
地使用（20年を上限とする）[4]が認められた。①・②は、共有者の一部が不明
であるが、判明している共有者が同意すれば、共有物の管理（改正民法252条
1項本文）として可能な土地賃貸借の期間（樹木の植栽／伐採を目的とする山
林は10年、その他の土地は5年。改正民法252条4項1号、2号）を超えて、土

---

3)　前述126頁（第6章**3**(3)(d)）。
4)　前述128-129頁（第6章**3**(4)(a)）。

地使用権の設定を認めた。これは共有物の管理を超え、本来ならば共有者全員の同意を要する処分（改正民法251条1項）に関して特則を設けたものである。

　これらを契機にさらに一歩進め、③所有者不明（共有者不明を含む）の遊休農地につき、所有者または共有者の全部または一部が不明の場合にも、農地中間管理機構による20年を上限とする土地使用権の取得が認められた[5]。

　そして、森林や農地以外の土地にも対象を広げ、④「所有者不明土地」（共有者不明の土地を含む）のうち、営業等の特別の用途に供されておらず、かつ土地上に建物（所定の小規模な物置等の建物を除く）が存在しない「特定所有者不明土地」[6]については、収用適格事業者が公共事業のために用いる場合に、土地収用法の不明裁決の手続[7]を緩和し、事業認定を得たうえで、土地調書・物件調書の作成を要することなく、都道府県知事の裁定により、より簡易な手続によって所有権等を取得できる特例が設けられた[8]。そして、特定所有者不明土地において地域福利増進事業[9]を営もうとする者は、私人であっても、所定の期間の公告を経たうえで、都道府県知事の裁定により、土地使用権（上限10年）の設定が可能となった[10]。

　これらの権利取得により、不明所有者（共有者を含む）の土地所有権は制限を受ける。その手続保障として、公共性の大きさおよび財産権制限の強さを相関的に考慮して、不明所有者に対する公告、都道府県知事の裁定などの

---

5) 前述129頁（第6章**3**(4)(b)）。

6) 前述129-134頁（第6章**3**(5)(a)）。

7) 不明裁決は、公共事業の施行者（起業者）が、土地所有者や土地に関して権利を有する関係人を過失なくして知ることができない場合でも収用手続を進め（土地収用法36条2項括弧書・4項、40条2項、47条の3・2項）、収用委員会の裁決により、所有者の氏名や住所が不明のまま、土地の収用・使用および明渡し（土地収用法48条4項ただし書、49条2項）を認める制度である。前述115-117頁（第6章**2**(2)）。

8) 所有者不明土地の利用の円滑化等に関する特別措置法（平成30年法律49号。所有者不明土地利用円滑化法）27条〜34条。手続の途中で不明者が確知されても、異議の申出がなければ都道府県知事による裁定が可能な点も、不明裁決制度との相違である。前述118-119頁（第6章**2**(3)(b)）。

9) 所有者不明土地利用円滑化法2条3項。前述131頁（【図表Ⅱ-4】）。国交省土地・建設産業局2019。

10) 所有者不明土地利用円滑化法11条、13条〜15条。土地使用権の延長、再（再）延長も可能である（同法19条1項同項括弧書）。前述129-134頁（第6章**3**(5)(a)）。

手続の軽重が制度化されている[11]。

(3)　民法改正による対応の検討

(a)　検討の方向性

前述した共有私道問題への対応ガイドラインの策定過程からも明らかになったように、共有地の変更か管理かの判断が困難な事案では、慎重を期して、また紛争回避を重んじる地方公共団体による各種助成の要件として、全員一致が求められる結果、共有者の一部でも不明の場合は、共有地の利用や管理が妨げられている事例も少なくない。そこで、必要以上に共有者全員の同意を要求して実際上の利用・管理ができない状態を回避すべく、共有規定の再検討が行われた。焦点は、共有者全員の同意が必要か否か、解釈が分かれる行為について、基準を明確にすることにある。

例えば、[1] 共有者の持分の過半数によって行うことができる「管理」行為として、①明示にも黙示にも何らの合意なしに共有物を利用する共有者がある場合において、利用者を変更すること、②いったん合意された共有物の管理方法を変更すること、③民法602条の期間を超えない賃貸借をすることなどである[12]。

また、[2] 現在は全員の同意が必要と解されているが、特別多数決による変更の新類型を導入することも検討に値する[13]。

さらに、[3] 　[1]・[2]の多数決による場合は、その手続についても、共有者全員による協議の場をいったんは設ける必要があるか、協議の手続を

---

11)　例えば、共有者の一部が不明の森林に対しては、判明している共有者の同意があれば、市町村長の公告により、所定の期間内に異議がなければ、市町村による経営管理権の設定につき、不明共有者の同意が擬制される（森林経営管理法〔平成30年法律35号〕10条〜12条、33条）。これに対し、所有者が不明（共有の場合には共有者の全部が不明）の森林に対しては、市町村長の公告により、所定の期間内に異議がなければ、都道府県知事の裁定により、市町村による経営管理権の設定が認められる（森林経営管理法24〜26条、28条3項）。前述126-127頁（第6章 **3**(3)(e)、(f)）。

12)　部会資料3：1-6頁。

13)　ちなみに、区分所有法は、区分所有建物の共用部分の変更のように、区分所有者間の意見が食い違うと、共有物分割ができないために、対立問題を解消できない場合につき、形状または効用の著しい変更を伴うものであっても、区分所有者および議決権の各4分の3以上の多数による集会決議によって行いうるとしている（17条1項）。

設けなくとも、実質上多数に達していればよいか、問題になる[14]。後述する共有者間における合意の重要性に鑑みて、協議を求める行為義務を肯定すべきであると考える[15]。

(b)　共有関係と共有者間の合意の重要性についての検討

　前述184-185頁（(a)［1］〜［3］）のうち、［1］①何らの合意なしに共有物を使用する共有者については、共有者が共有持分権に基づいて共有物の全部を使用できる権利について定めた改正前民法249条（改正民法249条1項）の規定が曖昧であることに留意する必要がある。ⓐ共有者は、共有者間の合意がなくとも、誰も利用・占有していない共有物であれば、その全部を民法249条に基づいて使用することができ[16]、他の共有者に対しては、その持分に応じた果実または使用利益を不当利得として償還すればよいのか、あるいは、ⓑ共有者は、共有者間の明示または黙示の合意がなければ、改正前民法249条（改正民法249条1項）に基づく使用をすることができず、何らの合意なしに使用を始めた共有者に対しては、他の共有者は各自が単独で、持分の多寡にかかわらず、明渡請求できるのか、解釈の余地がある[17]。

　共有規定の見直しに際しては、そもそもの出発点にあるこの改正前民法249条（改正民法249条1項）のルールの内容を明確にすることが重要である。共有者不明問題への対応というコンテクストでは、改正前民法249条（改正民法249条1項）による使用にも共有者間の合意を必要とすると、不明共有者の同意を取得することが困難になることから、それを否定し、可能な限り合意要件を緩和する方向に議論が向かいがちである。

　しかし、共有の法律関係において共有物の適切な利用・管理を実現するためには、共有物の使用・変更・管理のいずれの場面でも、可能な限り共有者間の合意に基づく利用・管理が行われるべきである。この意味において、ⓑ説もなお考慮に値する[18]。そのことは、共同所有形態（総有・合有・共有）の

---

14)　部会資料3：8頁。

15)　松尾2018a：232頁参照。

16)　共有物を使用するためには、他の共有者による決定を要しないとの見解もある。山城2019：42頁。

17)　ちなみに、起草者はⓑ説を前提にしていたと見られる。松尾2018a：209-210頁。

18)　松尾2018a：209-215頁。

うち、構成員間の団体的制約が最も少なく、個人主義的色彩が強いといわれる共有であっても、共有者全員の持分が結合してはじめて1つの共有物の所有権が成立する以上、合意に基づく使用・変更・管理の原理について、何ら変わりはないとも考えられる。この共有の法理と共有者不明問題への対応とは別個の問題で、共有者不明問題への対処のために共有法理が歪められるべきではない。共有者不明問題に対しては、共有法理に立脚した上で、後述するように別途の対応をすべきである。

中間試案は、ⓐ説とⓑ説との中間的な立場に立ち、次のように提案した[19]。

---

① 共有物の管理に関する事項を定めるときは、民法第251条の場合を除き、各共有者の持分の価格に従い、その過半数で決する。ただし、保存行為は、各共有者がすることができる。
② 共有物を使用する共有者（①本文の規律に基づき決定された共有物の管理に関する事項の定めに従って共有物を使用する共有者を除く。）がいる場合であっても、その者の同意を得ることなく、①本文の規律に基づき共有物の管理に関する事項を定めることができる。
③ ③①本文の規律に基づき決定された共有物の管理に関する事項の定めを変更するときも、①本文と同様とする。ただし、その定めに従って共有物を使用する共有者がいる場合において、その定めが変更されることによってその共有者に特別の影響を及ぼすべきときは、その定めを変更することについてその共有者の承諾を得なければならない。

この提案は、共有物の使用に関しても、共有者間の合意に基づかない使用者の排除を肯定しており、妥当である。

また、前述184頁（(a)［1］②）については、共有物を使用する共有者に対しては、たとえ多数持分権者であっても、その「明渡を求める理由を主張し立証」しなければ、その占有を排除できないとする判例[20]の射程範囲を再

---

19) 中間試案：1頁（第1.1(1)①・②・③）。
20) 最判昭和41・5・19民集20巻5号947頁、最判昭和63・5・20集民154号71頁。

確認したうえで、判例法理との関係を考慮する必要もある。少なくとも、判例の事案では、共有者の1人が共有関係発生前から占有をしていた場合であり、共有者の1人が他の共有者の同意なしに、誰も占有していない共有物の占有・使用を新たに始めた場合ではないことに注意する必要がある。

(c) 共有物の変更・管理に必要な同意の取得方法についての検討

共有者の全部または一部が不明な場合は、共有物の変更または管理のために必要な、全員または持分の過半数の同意が得られないといった事態が生じうる。そこで、不明共有者に対しては一定の期間を定めてその期間内に共有物に関する変更・管理を承諾するか否かを確答すべき旨の公告を行い、期間内に確答がなければ、確答しない共有者を除く共有者の全員（変更の場合）またはその持分の過半数（管理の場合）の同意によって変更または管理を行いうるものとすることが提案された[21]。改正前民法には、共有者不明などの事態になったとしても共有物を変更・管理するために適切に対応するためのルールが欠けていた[22]。それゆえに、この提案は、そうしたミッシング・リンクを補完する意味をもつものであった。

(d) 共有物の管理者の選任についての検討

さらに進んで、不明共有者がある場合において、不在者の財産管理人（民法25条）とは異なり、不在者の財産全体ではなく、当該共有物のみを管理するための**共有物の管理者**を選任することも検討された[23]。不明共有者がある場合などにおいても、共有地の必要な管理を効率的に行うことができる手段として、重要なものである。この場合、管理者の権限を定める必要があり、その際には訴訟上の権限についても規定を置くことが求められた[24]。特に、不明共有者がある場合に、他の共有者自身が行うことができる事実上の変更・管理を超えて、共有者を代表して共有物を第三者に処分したり、訴えを

---

21) 部会資料3：8-13頁。
22) 不明共有者に対し、利害関係人などが、不在者の財産管理人の選任（民法25条）を申し立てることはできるが、その場合は不在者の財産全体が対象となり、費用面・時間面での負担が大きい。
23) 部会資料3：13-21頁。
24) 部会資料4：13頁。

提起したり、不明共有者に対して訴えを提起するなどの場合には、こうした管理者の選任は有用でありうる。例えば、共同相続された土地の隣地の所有者が、筆界確定訴訟を提起する場合に、共同相続人の全部または一部が不明の場合などである。

これについては、ⓐ登記名義人を被告とする（公示送達による）、ⓑ共同相続人の一部を被告とする、またはⓒ管理者を選任し、この者を被告とすることが検討された[25]。ⓐは不明共有者の所在不明の場合は可能としても、数次相続が生じるなどして共有者が特定困難になっているときは利用することが難しい。ⓑは不明共有者に対して判決の効果を及ぼす根拠が必要になる。そこで、ⓒ管理者を選任し、権限を付与して手続を進めることが考えられる。もっとも、共有者不明の場合のみならず、所有者不明土地一般について、土地管理人を選任して管理権限を付与する制度の創設も検討され[26]、その制度との整合性を図ることも考慮された。

(4)　民法改正の帰結
(a)　土地の共有者が不明の場合における共有物の管理・変更の円滑化
(i)　共有者不明土地の管理

所有者不明土地の多くの場合が、土地の共有者の全部または一部が不明の場合である。これは、所有者不明土地が発生する主な原因が、相続の発生に伴い、相続登記がされず、遺産分割もされないまま、共同相続人による共有状態が継続する間に、共有者の所在や特定が困難になっていることに起因する。この事態は、その相続人が死亡してさらに共同相続（第2次相続）が発生することにより、一層深刻なものとなる[27]。

そこで、共有者の一部が特定不能または所在不明の場合においても、共有物の管理および変更を円滑かつ適正に行うための制度改革が行われた[28]。

---

25)　部会資料4：7頁。

26)　部会資料6：19-21頁、部会資料11：1-12頁。前述151-158頁（第7章 **2** (3) (b)）参照。

27)　吉原2017：9-22頁参照。

28)　中間試案：2-3頁（第1部第1.1(3)）、部会資料30：1-8頁（第1.1、第1.2、補足説明）、部会資料41：1-6頁（第1.1、第1.2、補足説明）、部会資料51：8-10頁（第2.4、第2.5、補足説明）、部会資料56：6-10頁（第2.2、第2.3、第2.5、補足説明）、部会資料59：5-8頁（第2.2、第2.3、第2.5、補足説明）、部会資料62-1：2-4頁（第2.2、第2.3、第2.5）参照。

まず、共有物の「管理」方法の法改正として、（ア）共有者が不明の場合と、（イ）共有者が賛否を明らかにしない場合への対応方策がある。

（ア）　共有者が不明の場合
　共有者が他の共有者を知ることができず（共有者の特定不能）または共有者が他の共有者の所在を知ることができないとき（共有者の所在不明）は、特定不能または所在不明（所在等不明）の共有者以外の共有者の請求により、裁判所は、当該所在等不明の共有者以外の共有者の持分の価格に従い[29]、その過半数により、共有物の管理に関する事項を決定することができる旨の裁判をすることができる（改正民法252条2項1号）[30]。
　この申立てを受けた裁判所は、①当該共有物について民法252条2項1号の裁判の申立てがあったこと、②この裁判をすることについて異議があるときは、一定の期間内（1か月を下ってはならない）にその旨の届出をすべきこと、③その届出がないときは、裁判がされることを「公告」し、かつ前記②で定めた期間が経過した後でなければ、裁判をすることができない（非訟法85条2項）。この裁判は確定によって効力を生じ（非訟法85条5項）、特定不能または所在不明共有者に告知する必要はない（非訟法85条6項）。

（イ）　共有者が賛否を明らかにしない場合
　共有者が他の共有者に対し、相当の期間を定めて共有物の管理に関する事項を決することについて賛否を明らかにすべき旨を催告した場合において、当該他の共有者がその期間内に賛否を明らかにしないときも、裁判所は、賛否を明らかにしない共有者以外の共有者の持分の価格に従い、その過半数により、共有物の管理に関する事項を決定することができる旨の裁判をすることができる（民法252条2項2号）[31]。その際、裁判所は、賛否を明らかにしない共有者に対し、①民法252条2項2号の裁判の申立てがあったこと、②裁判

---

29)　その際、共有物の管理に関する事項の決定に必要な持分の最小限度についての規定は設けられなかった。
30)　この裁判の管轄裁判所は、当該裁判に係る共有物の所在地を管轄する地方裁判所である（非訟法85条1項1号）。
31)　この裁判の管轄裁判所は、当該裁判に係る共有物の所在地を管轄する地方裁判所である（非訟法85条1項2号）。

所に対して一定の期間内（1か月を下ってはならない）に共有物の管理に関する事項を決することについて賛否を明らかにすべきこと、③その期間内に賛否を明らかにしないときは、裁判がされることを「通知」し、かつ前記②で定めた期間が経過した後でなければ、裁判をすることができない（非訟法85条3項）。前記②で定めた期間内に、通知を受けた共有者が裁判所に対して賛否を明らかにしたときは、裁判をすることができない（非訟法85条4項）。この裁判は確定によって効力を生じ（非訟法85条5項）、告知が行われる（非訟法85条6項参照）。

　　ただし、（ア）・（イ）いずれの場合についても（また、所在等不明共有者や賛否を明らかにしない共有者がいない場合において、全共有者の持分の過半数によって管理を決定したとき〔民法251条1項〕も）、その決定が、「共有者間の決定」に基づいて共有物を使用している共有者に「**特別の影響**」を及ぼすべきときは、その共有者の承諾を得なければならない（民法252条3項）。例えば、共有者の持分の過半数の決定により、存続期間を定めずに、共有地の使用貸借を認められた共有者が、その使用を継続中であり、使用貸借の存続期間の満了や目的達成等の終了原因（民法597条、598条）もなく、使用の継続を希望している場合等が考えられる。このような場合に、共有物の管理方法を変更することは、当初の「共有者間の決定」＝合意に反することになるからである。この「特別の影響」の意味については、共有物の「管理」一般に関して改正民法の規定を検討する際に考察を加える（後述194-196頁〔**(b)**(ii)（ア）参照〕）。

　　これら（ア）・（イ）の法改正は、所在等不明の共有者、または賛否を明らかにしない共有者の持分権の効力を制限することになる。しかし、それを正当化する根拠として、改正土地基本法が提示する土地所有者（共有者を含むものと解される）等の責務（土地基本法1条、6条）も想起される[32]。

　　たしかに、所在等不明または賛否を明らかにしない共有者を除く共有者の持分価格の過半数によって「管理」を可能とする改正民法252条2項は、共有者不明土地の管理を円滑にすることに資するものと考えられる。もっとも、改正民法252条2項は、土地ないし不動産が共有されている場合に限らず、共有物（および準共有された財産権。民法264条）一般に妥当するものであるこ

---

32)　前述99頁、104-106頁（第6章**1**(5)(a)(ii)、(d)）参照。

とに注意する必要がある。したがって、改正民法252条2項による共有持分権の制限は、公共の福祉を理由とする土地所有権の制限に関して改正土地基本法が提示する規範によるというよりも、所在等不明または賛否を明らかにしないことにより、共有物の管理に支障を生じさせている共有者の財産権に対し、裁判所による「公告」等の手続保障をしたうえで、他の共有者の利益を保護し、共有物の「管理」制度を保障するための法律上の制限として、憲法29条2項の規範に基づくものと理解すべきであるように思われる。

　しかしなお、ここで看過すべきでないのは、カントがいみじくも指摘した、財産帰属の法則における土地所有の根源性である（前述7-9頁〔第1章 **1** (3)〕）。すなわち、共有物一般に妥当するルールも、土地の共有に効果的に適用されることが、そのルールとしての妥当性を格段に高めている。この意味で、改正民法252条2項において改正土地基本法の規範的含意を看取することも否定する必要はない。

(ii)　共有者不明土地の変更

　共有物の「変更」方法についても、重要な法改正が行われた。すなわち、共有者の所在等が不明の場合、裁判所は、共有者の請求により、当該他の共有者（所在等不明の共有者）以外の他の共有者全員の同意を得ることにより[33]、共有物に変更を加えることができる旨の裁判をすることができる（民法251条2項）[34]。

　この申立てを受けた裁判所は、①当該共有物について民法251条2項の裁判の申立てがあったこと、②この裁判をすることについて異議があるときは、一定期間内（1か月を下ってはならない）にその旨の届出をすべきこと、③その届出がないときは、裁判がされることを「公告」し、かつ前記②で定めた期間が経過した後でなければ、裁判をすることができない（非訟法85条2項）。この裁判は確定によって効力を生じ（非訟法85条5項）、特定不能または所在不明共有者に告知する必要はない（非訟法85条6項）。

---

33)　その際、共有物の変更に必要な持分の最小限度についての規定は設けられなかった（部会資料41: 5頁参照）。

34)　管轄裁判所は、当該裁判に係る共有物の所在地を管轄する地方裁判所である（非訟法85条1項1号）。

こうして改正民法251条２項も、共有者不明土地の管理を円滑にすること に資するものと考えられる。もっとも、改正民法251条２項も、土地ないし 不動産が共有されている場合に限らず、共有物（および準共有された財産権。 民法264条）一般に妥当するものであることに注意する必要がある。ここで も、所在等不明共有者の持分権の制限は、共有物の変更に支障を生じさせて いる共有者の財産権に対し、裁判所による「公告」等の手続保障をしたうえ で、他の共有者の利益を保護し、共有物の「変更」制度を保障するための法 律上の制限として、憲法29条２項の規範に基づくものと理解すべきであろう。 しかしまた、それが土地の共有に効果的に適用されることが、そのルールと しての妥当性を高めることになる。

(iii)　共有物の管理者が共有者またはその所在を知りえない場合

共有者がその持分価格の過半数の合意により、「共有物の管理者」を選任 した場合において（民法252条１項括弧書）、共有物の管理者が共有者を知る ことができず、またはその所在を知ることができないときは、裁判所は、共 有物の管理者の請求により、当該所在等不明の共有者以外の共有者の同意を 得て共有物に「変更」を加えることができる旨の裁判をすることができる （民法252条の２第２項）。なお、共有物の「管理」については、共有物の管理 者は自らの判断で行うことができる権限をもっている（民法252条の２第１項 本文）。

その際、共有物の管理者の選任それ自体については、共有物の「管理」方 法の法改正として、前述した(ア)共有者不明の場合および(イ)共有者が賛否 を明らかにしない場合（前述(i)）が当てはまる。

この改正民法251条の２第２項も、土地ないし不動産が共有されている場 合に限らず、共有物（および準共有された財産権。民法264条）一般に妥当する ものであることに注意する必要がある。

(b)　共有物の使用・変更・管理・分割に関する民法改正
(i)　共有物の使用

民法における共有規定の改正は、所有者（共有者）不明土地問題への適用 をも含みつつ、さらにそれを超えて、共有物の使用・変更・管理一般に関す る規律の修正にも踏み込んでいる。

共有物の使用について、重要な改正が行われた。共有物を使用する共有者は、別段の合意がある場合を除き、他の共有者に対し、自己の持分を超える使用の対価を償還する義務を負うことが明確にされた（改正民法249条2項）。したがって、共有者間の合意を得ずに、共有物を使用する共有者は、他の共有者に対し、自己の持分を超える使用対価について償還義務を負う。自己の持分を超える使用に関しては、共有者間の合意がない限り、不当利得になると解されるからである。

　また、共有者は、共有物について、善良な管理者の注意をもって使用しなければならない（改正民法249条3項）。

　共有物の管理に関しては、各共有者の持分の価格に従い、その過半数で決定される（民法252条1項前段。後述(ii)参照）。そして、このことは「共有物を使用する共有者」に対しても妥当することが明らかにされた（民法252条1項後段。後述194頁〔(ii)(ア)〕参照）。したがって、共有者間の合意によらずに現に共有物を使用する共有者に対しては、他の共有者は持分の価格に従った過半数の合意により、明渡しを求めることができるものと解される[35]。このように改正民法252条1項後段は、特に重要な意味をもつ。

　例えば、土地aの共有者A_1・A_2・A_3（持分割合は各3分の1）のうち、A_1が、共有地aを誰も使っていなかったことから、A_2・A_3の同意を得ることなしに駐車場として使い始めたとする。一方、A_2・A_3は共有地aをBに2年間資材置場として賃貸することを合意し、A_1にその明渡しを求めたとする。A_1は、自分には共有地a全部につき使用権がある（民法249条1項）と主張することが考えられる。これに対し、A_2・A_3は、何らの合意なしに共有地aを使用するA_1に対し、その持分を超える使用の対価の償還を請求する（民法249条2項）とともに、共有地aの明渡しを請求することができる（民法252条1項後段）。これらの新規定は、共有物の管理のみならず、共有物の使用についても、共有者間の合意に基づいて行うべき原理（合意の重視）を確認したものと考えられる[36]。

　判例は、共有物を現に使用する共有者に対し、他の共有者が当該共有物、例えば、共有不動産の明渡しを請求するためには、その「明渡を求める理由

---

35)　この点に関しては、後述194-196頁（(ii)(ア)、注39該当本文）も参照。
36)　松尾2018a:206-234頁。

を主張し立証しなければならない」と解してきた[37]。もっとも、どのような事情が明渡しを求める理由になりうるのかは、必ずしも明確ではなかった。すなわち、ⓐ共有者間で、A₁による占有を否定する合意、例えば、共有不動産を当面は誰も直接に占有しないという合意があったにもかかわらず、その合意に反して、A₁が占有している、という事情がなければならないのか、あるいはⓑA₁が共有者の持分価格に従った過半数の同意なしに占有しているということだけで足りるのかである。前記判例は、ⓐ説のようにも解されえた。しかし、改正民法252条1項後段により、ⓑ説によるべきことが明らかにされ、現に共有物を使用する共有者に対し、他の共有者は、共有者の持分の価格に従った過半数の同意による決定があったことを主張・立証すれば、共有地の明渡しを請求することができるものと解される。

(ⅱ)　共有物の管理・変更
（ア）　共有物の管理
　共有者の所在等が不明の場合、または賛否を明らかにしない共有者がある場合のほかに、共有物の管理・変更一般についても、重要な改正が行われた[38]。
　共有物の「管理」に関する事項（民法252条の2第1項に規定する「共有物の管理者」の選任・解任を含む。共有物に民法251条1項に規定する変更を加えるものを除く）は、各共有者の持分の価格に従い、その過半数で決する（民法252条1項前段）。この点は、文言の修正を除けば、従来通りの規定である。
　しかし、この持分の過半数による共有物の管理に関する決定は、「**共有物を使用する共有者があるときも、同様とする**」との規定が設けられた（民法252条1項後段）。この改正民法252条1項後段は、すでに述べたように、共有物の使用に際しても、共有者間の合意を重視すべきことを明らかにしたものとして、重要である[39]。

---

37)　最判昭和41・5・19民集20巻5号947頁。
38)　部会資料30:1-8頁（第1.1、第1.2、補足説明）、部会資料41:1-6頁（第1.1、第1.2、補足説明）、部会資料51:8-10頁（第2.4、第2.5、補足説明）、部会資料56:6-10頁（第2.2、第2.3、第2.5、補足説明）、部会資料59:5-8頁（第2.3、第2.5、補足説明）、部会資料62-1:2-4頁（第2.2、第2.3、第2.5）、村松＝大谷編著2022:56-66頁参照。
39)　前述193頁（(ⅰ)、注35該当本文）参照。

それゆえに、いったん共有者の持分価格の過半数の合意（または所在等不明の共有者または賛否を明らかにしない共有者を除く共有者の持分価格の過半数の合意によって決定しうる旨の裁判がされた場合における当該決定。改正民法252条2項）に基づいて共有物の使用を始めた者に対し、その管理方法を変更する旨の合意を行い、それが現に共有物を使用する共有者の利益を害する等、**「共有者間の決定に基づいて共有物を使用する」**共有者に**「特別の影響」**を及ぼす場合は、その者の承諾を得なければならないものとして、この者を保護している（民法252条3項）。

　例えば、土地aの共有者A_1・A_2・A_3（持分割合は各3分の1）が合意により、土地aをA_1がその事業のための駐車場として5年間無償で使用することに合意したとする。この場合、5年間、A_1は無償で使用を継続することができ、この間A_1は共有地aを「別段の合意」による権原に基づいて使用するものであるから、A_1はその持分を超える分の利益をA_2・A_3に償還する必要はない（民法249条2項）。

　ところが、A_1が土地aの使用を開始してから2年経過後、A_2とA_3が土地aをBに2年間賃貸することに合意し、A_1に明渡しを求めてきたとする。A_2・A_3は、Bへの賃貸は持分価格の過半数による管理に関する決定（民法252条1項前段）であり、「共有物を使用する共有者があるときも、同様とする」（同項後段）とされていると主張することが考えられる。

　これに対し、A_1は、自分は「共有者間の決定に基づいて共有物を使用する共有者」であり、A_2・A_3の決定は自分に「特別の影響」を及ぼすものであるから、A_1の「承諾」（民法252条3項）がなければ、決定の効果を主張できないと反論することが考えられる。

　民法252条1項によれば、共有者の持分価格の過半数による決定は、「共有物を使用する共有者があるときも」、共有者の持分価格の過半数による決定によって覆しうるようにみえる。しかし、「共有者間の決定に基づいて共有物を使用する共有者」のために、民法252条3項を置き、その者に「特別の影響」を及ぼすべきときは、その「承諾」を要するものとしている。これにより、いったん共有者の持分価格の過半数で決定した共有物の管理が硬直化することを回避し、共有者および共有物の状況変化に応じて、柔軟に管理することを可能にしようとしている。この趣旨に照らし、「特別の影響を及ぼすべきとき」に当たるか否かは、共有物の種類・性質に応じて、共有物の使

用方法を変更する必要性・合理性と、共有物を現在使用する共有者に生じる不利益とを比較衡量し、具体的な事案ごとに判断すべきものと解されている[40]。A₁とA₂・A₃は、この解釈基準に照らして、それぞれの主張を展開することが考えられる。

　もっとも、A₁としては、民法252条3項に基づく主張以外の主張も考えられる。例えば、①A₁の5年間の無償使用は、たんに管理に関する決定（民法252条1項）にとどまらず、共有者A₁・A₂・A₃全員の合意に基づき、A₁に5年間の使用貸借の権利を認めたものであるとの主張である。これは、共有者全員の合意によれば、共有物の「管理」にとどまらず、「変更」や「処分」も可能であるから、そうした全員合意に基づく5年間の使用借権の設定という処分を、A₂・A₃による持分価格の過半数の決定で覆すことはできないというものである。

　あるいは、②仮にA₁への5年間の使用借権の設定が、共有者A₁・A₂・A₃全員の合意に基づくものではなく、A₁・A₂による持分価格の過半数の決定によるものであったとしても、持分価格の過半数の決定により、駐車場使用目的の土地については5年間の使用・収益を目的とする権利の設定が可能であるから（民法252条4項2号）、これをA２・A３による持分価格の過半数の決定で覆すことはできないとの主張も考えられる（後述(イ)参照）。

　こうしてみると、民法252条3項は、「共有者間の決定に基づいて共有物を使用する」共有者が、将来、持分価格の過半数の決定により、共有物の使用方法が変更される可能性を認識し、または認識可能であった場合に適用されるものと解される。例えば、先の例では、A₁とA₂の合意により、土地 *a* をA₁が駐車場として使用する目的で、10年間無償で使用する決定をしたような場合が考えられる。

（イ）　共有物への使用・収益権の設定に関する新規定
　改正民法は、共有物の管理に関して、共有者は、前述した改正民法252条

---

40) 部会資料3：3-4頁、中間試案：4-6頁（第1.1(1)③）、部会資料27：5-6頁、部会資料40：3-4頁。なお、民法252条3項の「特別の影響を及ぼすべきとき」の解釈については、村松＝大谷編著2022：65-66頁、松尾2021c：22-28頁も参照。なお、区分所有法17条2項、31条1項後段にも「特別の影響を及ぼすべきとき」との規定がある。

1項・2項・3項に従い、共有物に「賃借権その他の使用及び収益を目的とする権利」（賃借権等）であって、以下に定める「期間を超えないものを設定することができる」とする規定を設けた（民法252条4項）。

---

① 樹木の栽植または伐採を目的とする山林の賃借権等は10年。

② ①以外の土地の賃借権等は5年。

③ 建物の賃借権等は3年。

④ 動産の賃借権等は6か月。

　これは、短期賃貸借（民法602条）の設定は、共有者全員の合意を要する共有物全部の処分権限がなくとも、管理権限の範囲内で可能な行為として、従来から改正前民法252条本文および602条の解釈として認められていたことを、明文化したものである。もっとも、その文言は、所定の「期間を超えて存続することができない」という定め方から、「期間を超えないものを設定することができる」へと修正された。その趣旨は、所定の期間を超えた契約であっても、「持分の過半数によって決することが不相当とはいえない特別の事情がある場合には、変更行為に当たらないとする考え方もある」ことから、「所定の期間を超えて存続することができないとする規律を設けることは、……管理行為の範囲を過度に狭めることになりかねず、相当でない」と考えられたからである[41]。

　改正民法252条4項は、共有者の持分価格の過半数の決定によって賃借権等を設定した場合、その期間内は、共有者間の再決定によって賃借権等を否定することができないことを意味する。その立法過程では、当初、「第三者に対して」賃借権等を設定する場合の規律であることが明示されていたが、最終的に「第三者に対して」という文言はなくなった。したがって、第三者

41）　部会資料27：3頁（2(1)④後段）は、「契約でこれより長い期間を定めたときであっても、その期間は当該各号に定める期間とする」としていた。部会資料40：3頁（2(1)④）はこの部分を削除したものである。部会資料40：4頁、部会資料50:7-8頁。最終的な文言は、部会資料51：7頁（第2.3③）による。

のみならず、共有者の1人に対して賃借権等を設定した場合にも適用されるものと解される[42]。

　なお、改正民法252条4項に従い、共有者の持分価格の過半数の同意により、共有物を第三者に賃貸した場合、賃貸に反対した共有者と第三者（賃借人）との関係はどうなるであろうか。

　例えば、土地αの共有者A₁・A₂・A₃（持分割合は各3分の1）のうち、A₁とA₂の合意により、土地αを駐車場として使用する目的でBに5年間、賃料1か月3万円で賃貸した場合、A₃とBとの法律関係はどうなるであろうか。仮にA₃はこの賃貸に反対していたとする。

　これについては、ⓐ賃貸借契約はA₁・A₂とBとの間でのみ成立し、BはA₁・A₂に毎月3万円を支払う一方、A₃はA₁・A₂各自に対し、持分価格に従い、不当利得として毎月5,000円相当の対価を償還請求することができる（民法249条2項）と考えることもできる。その一方で、BはA₃に対しては、なんら使用・収益請求権をもたないことになる。

　もっとも、ⓑ共有物の管理に関する規定（民法252条4項）に従い、A₁・A₂がBと賃貸借契約を締結した場合、それはA₁・A₂・A₃が共有する土地を目的物とするものであり、A₁・A₂は、たとえA₃が反対したとしても、共有物をBに所定の期間内は賃貸する権限をもつことから、その範囲で、民法252条4項を根拠に、A₃を法定代理する権限をもち、A₃もこの賃貸借の共同貸主となり、Bに対して共有物を使用・収益させる債務を負うという解釈はできないであろうか。そのように解しないと、A₃はBに対する関係で共有物を使用・収益させる債務を負担しない一方で、賃料相当額は、A₁・A₂に対する不当利得返還請求（償還請求）という形で、実質的に賃料に当たるものとして収受できることになり、バランスを欠くとともに、法律関係を複雑にするようにも思われる。少なくとも、A₃がA₁・A₂に対する賃料相当額の支払を請求することは、A₁・A₂によるBへの賃貸を明示的または黙

---

42)　部会資料3：5-6頁、中間試案：1頁（第1.1(1)④）、部会資料27：3頁、部会資料40：3頁にあった「第三者に対して」という文言は、部会資料51：7頁ではなくなった。その説明では、共有者の持分価格の過半数による決定で、所定の期間内の使用権が設定された場合に、これを共有者間の決定によって消滅させることができないのは、共同相続人の1人である配偶者に配偶者居住権が成立している場合に、他の共同相続人が持分価格の過半数の決定によって配偶者居住権を消滅させることはできないことと同様であるとしている。

示的に追認したものと解され、A₃との間にも賃貸借契約の効力が遡及的に発生する（民法116条参照）とみる余地があるように思われる[43]。

改正民法252条4項に基づく共有物の管理方法の決定の効力が、その決定に賛成しなかった他の共有者に及ぼす影響に関するこの問題は、①一般的に、民法252条1項前段に基づく共有物の管理方法の決定の効力が、その決定に賛成しなかった共有者にどのように及ぶか、また、②民法252条2項に基づく管理方法の決定が、その意思決定に参加しなかった所在等不明共有者（同項1号）および催告期間内に賛否を明らかにしなかった共有者（同項2号）にどのような効力を及ぼすかという問題にも通じるものである。

（ウ）　共有物の保存行為

各共有者は、民法252条1項〜4項の規定にかかわらず、各自単独で共有物の保存行為をすることができる（民法252条5項）。これは、改正前民法252条ただし書の規律を踏襲するものである。

（エ）　共有物の管理者

共有者は、共有物の管理行為の一環として、持分価格の過半数の合意により、共有物の管理者を選任および解任することができる（民法252条1項）。

選任された共有物の管理者は、共有物の管理に関する行為をすることができる（民法252条の2第1項本文）。したがって、共有物の管理者は、たとえ共有者の所在等が不明になった場合であっても、「管理」に関する行為は継続することができる。この点に共有物の管理者をあらかじめ選任しておくメリットがある。この意味において、共有物の管理者の選任は、共有者の所在等が不明になって管理が滞ってしまうことへの予防策になるということができる。

ただし、共有物に変更（その形状または効用の著しい変更を伴わないものを除く）を加えるには、共有者全員の同意を得なければならない（民法252条の2第1項ただし書）。

---

43)　ちなみに、組合の場合には、組合契約に基づき、組合員は組合財産に関する法律行為について任意代理権をもつ（民法670条の2）。これに対し、共有者は、他の共有者から代理権を授与されない限り、任意代理権はもたない。

そこで、共有物の管理者が、共有者を知ることができず、またはその所在を知ることができない共有者があるときは、裁判所は、共有物の管理者の請求により、当該共有者以外の共有者の同意を得て共有物に変更を加えることができる旨の裁判をすることができる（民法252条の2第2項）[44]。

なお、共有者が共有物の管理に関する事項を決した場合は、共有物の管理者は、この決定に従い、その職務を行わなければならない（民法252条の2第3項）。

そして、これら共有物の管理者の権限に関する規定（民法252条の2第1項～第4項）に違反して、共有物の管理者が行った行為は、共有者に対してはその効力を生じない（民法252条の2第5項本文）。

ただし、共有者は、このことを「善意の第三者」に対抗することができない（民法252条の2第5項ただし書）。例えば、A_1・A_2・A_3が土地aを共有し（持分割合は各3分の1）、A_1とA_2の合意によってBを共有物の管理者に選任した。BはA_3の賛成が得られなくとも、土地aをCに5年間賃貸することができる。A_3が所在不明または催告に応じなかった場合も同様である。もっとも、土地aを賃貸するには共有者全員の同意を要する旨の管理に関する事項が定められていた場合、BはA$_3$の同意を得ずにCに賃貸する旨の契約をしても、Cは賃借権を取得できない。ただし、Cが当該管理に関する事項について知らなかったことを主張・立証したときは、A_1・A_2・A_3はCの賃借権取得を否定することができない。

（オ）　共有物の変更

各共有者は、他の共有者の同意を得なければ、共有物に変更を加えることができない。この点は、改正前と同様である。もっとも、改正民法は、この「変更」からは、共有物の「形状または効用の著しい変更を伴わないもの」を除くものとした（民法251条）。これにより、共有物の些細な変更等、その形状・効用の「著しい変更」とはいえない程度の変更は、管理に関する行為として、共有者の持分価格の過半数によって行うことができる。

また、変更行為をしようとする共有者が他の共有者の所在等を知ることが

---

44) 前述192頁（(a)(iii)）参照。その具体的手続は、非訟事件手続法85条1項1号、2項、5項、6項による。

できないときは、裁判所は、所在等不明共有者以外の共有者の請求により、所在等不明共有者を除く共有者全員の同意を得て共有物に変更を加えることができる旨の裁判をすることができる（民法251条2項)[45]。これにより、共有者は、所在等不明共有者がいても、共有物の変更をすることができる。

(iii)　共有物分割請求に関する規律の見直し

共有物の分割は、原則として共有者間の合意に基づいて行われる（民法258条1項参照。協議分割)。しかし、共有物の分割について［1］「共有者間に協議が調わないとき」、または［2］「協議をすることができないとき」は、その分割を裁判所に請求することができる（民法258条1項。裁判分割)。裁判分割の要件として、改正前民法258条1項は［1］の協議不調の場合だけを定めたが、改正民法は［2］の協議不能の場合も加えた。これは、共有者の一部の者が協議に応じないために協議をすることができないときも、裁判所に共有物の分割請求ができることを明確にする趣旨である[46]。それはまた、共有者の所在等が不明の場合を含むものと解される。

裁判所は、共有物分割の方法として、第1次的に、①共有物の現物を分割する方法（民法258条2項1号。以下、「**現物分割**」という）か、あるいは②共有者に債務を負担させて、他の共有者の持分の全部または一部を取得させる方法（民法258条2項2号。全面的価格賠償または部分的価格賠償による分割。以下、「**賠償分割**」という）をとることができる。①現物分割と②賠償分割では、どちらを先に検討すべきといった先後関係をつけない（同順位とする）趣旨である[47]。

しかし、第2次的に、①現物分割も②賠償分割もすることができないとき、または分割によって共有物の価格を著しく減少させるおそれがあるときは、裁判所は、③共有物の競売を命ずることができる（民法258条3項。以下、「**競売分割**」という)。このように、③**競売分割**は、①現物分割も②賠償分割もできない場合の補充的な分割方法である。

共有物分割の裁判において、裁判所は、当事者に対し、「金銭の支払、物

---

45)　前述191-192頁（(a)(ii)）参照。

46)　部会資料37：3頁。中間試案：6頁（第1.2(1)①）、部会資料51：14頁参照。

47)　部会資料37：5頁。部会資料47：1頁、村松＝大谷編著2022：108頁も参照。

の引渡し、登記義務の履行その他の給付」を命ずることができる（民法258条4項）。これは、賠償分割における金銭債務の履行を確保する方法として、遺産分割に関する家事事件手続法196条を参考に設けられた規定である[48]。賠償分割を命じる裁判においては、取得共有者の代価支払義務と他の共有者の持分移転登記義務とを引換給付とすることも可能と解される[49]。

　賠償分割によって共有持分を取得した共有者は、他の共有者の持分について登記義務の履行を命じる確定判決を得ることにより、単独で登記申請（不登法63条1項）をすることができる[50]。

（iv）　遺産共有と通常共有

　相続人が数人あるときは、相続財産はその共有に属するものとされている（民法898条1項）。そこで、共同相続財産の管理に関する行為、管理に関する手続、共有物を使用する共有者と他の共有者との関係、管理行為に関する同意取得方法、共有物の管理者の規律を適用する共同相続人が他の共同相続人から同意を取得する方法等についても、通常の共有と同様の仕組みを用いる方向で、検討が進められてきた[51]。

　そして、相続財産について共有に関する規定を適用するときは、900条から902条までの規定（法定相続分〔民法900条〕、代襲相続人の相続分〔民法901条〕、遺言による相続分の指定〔民法902条〕）に従って算定した相続分をもって各相続人の共有持分とすることが、明文で規定された（民法898条2項）。もっとも、相続財産に対する各相続人の共有持分についての基準を明確化したことが、ただちに相続財産の「共有」（民法898条1項、2項）の法的性質に関する特定の解釈を枠づけるものではないと解される。相続財産の共有の性質をめぐっては、民法249条以下の共有と同様に解し、相続財産に属する個々の財産について各共同相続人に共有持分が帰属し、各共同相続人はその持分について売却等の処分をし、その持分に対して各共同相続人の債権者が差押えをすることができるとの見解（共有説）が通説である。これに対し、

48）　部会資料37：5-6頁。

49）　部会議事録第21回：29-31頁、村松＝大谷編著2022：109-110頁。

50）　部会資料37：6頁参照、村松＝大谷編著2022：109-110頁。

51）　部会資料3：21-22頁、中間試案：24頁（第4.1(2)）、部会資料31：30-32頁、部会資料42：9-10頁（第3）、村松＝大谷編著2022：57-58頁、242-243頁。

相続財産は被相続人の債権者（相続債権者）への弁済に充てられるべき責任財産であり、そのための清算および遺産分割が終わるまでは、各共同相続人への帰属は暫定的なものであるという見解（合有説）もある。改正民法898条2項は、そのいずれにも妥当する。

　他方、相続財産の共有については、通常の共有とは異なる特別の規律も存在し、それについての法改正も行われた[52]。

　例えば、共有物の全部またはその持分が相続財産に属する場合において、共同相続人間で当該共有物の全部またはその持分について遺産の分割をすべきときは、当該共有物またはその持分については、民法258条（裁判分割）の規定による分割をすることができない（民法258条の2第1項）。これについては、共有物分割の規律ではなく、遺産分割の規律（民法906条～914条）に従って分割することになる。

　しかし、「共有物の持分」が相続財産に属する場合において、相続開始の時から10年を経過したときは、民法258条の2第1項の規定にかかわらず、相続財産に属する「共有物の持分」について民法258条の規定による分割をすることができる（民法258条の2第2項本文）[53]。

　ただし、相続人が当該共有物の持分について、相続開始時から10年経過後に分割の請求を受けた場合において、裁判による共有物分割に関する民法258条による分割をすることに異議の申出をしたときは、この限りでない（民法258条の2第2項ただし書）。もっとも、相続人がこの異議の申出をするには、当該相続人が民法258条1項の規定による請求を受けた裁判所から当該請求があった旨の通知を受けた日から2か月以内に当該裁判所にしなければならない（民法258条の2第3項）。

---

52)　なお、共有者は「善良な管理者の注意」をもって共有物を使用しなければならないが（民法249条3項）、相続人は「固有財産におけるのと同一の注意」をもって相続財産を管理しなければならない（改正民法918条本文。改正前民法918条1項と同じ）。

53)　この規律と同様に、共有不動産について、所在等が不明の共有者の持分が相続財産に属し、かつ当該持分が共同相続人間で遺産分割すべきものである場合は、相続開始の時から10年経過しないと、他の共有者は当該共有持分の取得またはその譲渡権限の付与の裁判を得ることができない。後述210-211頁（**2**(3)(b)(iii))、213頁（**2**(2)(c)(ii))　参照。

2 │ 共有不動産における共有者不明状態を解消するための方策

(1) 共有不動産の不明共有者に対する持分の売渡請求等の検討

　共有者の所在等が不明なままでの共有地の利用・管理からさらに一歩進んで、共有者不明状態を解消するために、持分の売渡請求の制度を導入することも検討された。これは、共有不動産について、その共有者の一部の所在等が不明である場合に、他の共有者が、相当と認められる金額を供託することにより、①所在等不明共有者の持分を時価で取得すること、または、②所在等不明共有者以外の共有者全員の同意を得て、共有物全部の所有権を第三者に移転することができるとするものである[54]。②の場合には、所在等不明共有者は、共有物の所有権を取得した第三者および他の共有者に対し、共有物の時価相当額を所在等不明共有者の持分に応じて案分して得た額の支払請求権を取得することが考えられた。その際には、どの程度まで共有者が所在等不明になっていれば、その持分またはその譲渡権限の取得の請求をすることができるものとするか、要件を具体化する必要がある。

　また、所在等不明共有者の持分喪失に対する手続保障として、ⓐ公告あるいはⓑ公的機関への申立てが提案された[55]。この制度は、遺産共有において、不明共有者があって遺産分割がされない場合への適用も検討されうる[56]。そして、所在等不明共有者に対する持分またはその譲渡権限の取得請求権の法理上の根拠は、共有者は他の共有者にその所在や消息を知らせておく義務を負うことにあると考えられる。

　また、共有者の所在等不明状態の解消手段として、共有物を占有する共有者が、他の所在等不明共有者の持分を時効取得する場合のルールの明確化等も重要である[57]。

(2) 所在等不明共有者に対する共有物分割請求の検討

　共有者の所在等不明状態を解消する手段として、共有関係を解消するため

---

54) 部会資料 3：23-29頁。
55) 部会資料 3：24-29頁。
56) 部会資料13：5 頁。
57) この点については、後述215-228頁（第 9 章）参照。

の共有物分割の方法を充実させ、所在等不明共有者がいる場合にも、適正かつ円滑に共有物分割の手続を進めることができるようにすることが重要である。この点については、以下の３点が提案された。

　①共有物の分割について共有者間に協議が調わないときは、共有者は裁判所に分割を請求できるが（民法258条１項）、裁判所は、相当と認めるときは、現物分割ができる場合でも、代金分割（共有物の競売）を命ずることができるとすること（代金分割要件の緩和）、②裁判所は、相当と認めるときは、共有者の意見を聴き、競売分割の請求がない限り、共有物の任意売却を共有者に命ずることができるとすること（任意売却の許容）、③裁判所は、特別の事情があると認めるときは、共有物の分割方法として、価格賠償（共有者の１人または数人に他の共有者に対する金銭債務を負担させて現物分割に代えること）を命じることができるとすることである[58]。

　このうち、②任意売却の場合には、共有物の管理人を選任しなければならないとした。また、③価格賠償の場合には、共有者の１人または数人に他の共有者の持分権を帰属させることと、その代償の支払との同時履行を制度的に確保できるルールを導入する必要がある。そこで、この場合にも共有物の管理人を選任し、当該管理人に他の共有者から持分を取得する共有者への持分移転登記手続と、持分を失う共有者への代償金の支払手続を行う権限を付与することにより、両者の手続の同時履行を確保することが考えられた。

　改正民法は、共有物分割について、「協議が調わないとき」（協議不調の場合）のみならず、共有者の所在等が不明の事態も想定して、「協議をすることができないとき」（協議不能の場合）にも裁判分割の請求が可能であることを明確にした（改正民法258条１項）。もっとも、現物分割または価格賠償（賠償分割）を第１次的分割方法とし、これらができない場合の第２次的分割方法として、代金分割ができるものとした。そして、任意売却や価格賠償（賠償分割）の場合に共有物の管理人の選任を要するとの規定は設けず、裁判所は、共有物分割の裁判において、「金銭の支払、物の引渡し、登記義務の履行その他の給付」を命じることができるとし（民法258条４項）、代価支払義務と持分移転登記等の義務との同時履行の確保を図った（前述201-202頁〔**1**(4)(b)(iii)〕）。

---

58)　部会資料10：1-5頁。

ただし、共有物の全部またはその持分が相続財産に属し、かつそれについて共同相続人間で遺産分割すべきときは、民法258条による裁判分割をすることはできず（民法258条の2第1項）、遺産分割の規定によることになる。もっとも、相続開始時から10年経過後は民法258条による裁判分割をすることができるが（民法258条の2第2項本文）、相続人が裁判所から通知を受けてから2か月以内に異議を申し出たときは、民法258条による分割はできないものとされた（民法258条の2第2項ただし書、第3項。前述202-203頁〔**1**(4)(b)(iv)〕）。

(3)　民法改正の帰結

(a)　不動産の共有者の一部が所在等不明の場合における共有持分またはその譲渡権限の取得

　相続登記がされないこと等を契機にして発生、増加する所有者不明土地の多くが、共有者の所在等が不明の状態にある。そこで、所有者不明土地を解消するためには、そうした共有者の所在等不明状態の解消方法を創設することが、実際上大きな鍵を握ることになる。

　そこで、共有者の所在等不明の状態を解消する手段として、所在等不明の共有者の持分権を他の共有者が取得し、または第三者に譲渡する方法が検討されてきた[59]。

　これらの方法は、所在等不明共有者がいる土地について、持分を集約化する等して、共有物の利用・管理・処分の円滑化を図るという意味においては、所有者不明土地の利用・管理の円滑化を図る方策としての意味ももちうる。しかし、所有者不明土地の多くが共有者の所在等不明状態にあることにも鑑みれば、所在等不明共有者の持分またはその譲渡権限の取得という方法は、所有者不明土地の解消方法としても重要な意味をもちうる。

　改正民法は、最終的に、共有不動産について、所在等不明共有者の持分の取得（民法262条の2）および所在等不明共有者の持分の譲渡権限の付与（民法262条の3）の制度を設けた。これは、土地のほか、建物を含む不動産について、所在等不明共有者の存在による共有物の利用・管理・処分の障害が大

---

59)　中間試案：6-10頁（第1.2(2)ア【甲案】・【乙案】、イ）、部会資料41：6-9頁（第2）、同9-11頁（第3）、村松＝大谷編著2022：124頁。

きく、不明状態の解消の必要性が高いと考えられたことによると考えられる。もっとも、この制度は、所在等不明共有者の財産権を相当程度制限することになる。

それゆえに、これらの規定は、「不動産の使用又は収益をする権利（所有権を除く）」についてのみ準用され、それ以外の財産権が準共有されている場合には準用されないことに留意する必要がある（民法264条括弧書、262条の２第５項、262条の３第４項）。

(b)　共有不動産に対する所在等不明共有者の持分の取得

(i)　共有不動産に対する所在等不明共有者の持分の取得の裁判

共有不動産について、⑦共有者が他の共有者を知ることができず（共有者の特定不能）、または①共有者が他の共有者の所在を知ることができない（共有者の所在不明）場合、裁判所は、共有者の請求により、その共有者に、当該他の共有者（「所在等不明共有者」とされる）の持分を取得させる旨の裁判をすることができる（民法262条の２第１項前段）[60]。

持分取得の裁判を請求する共有者が２人以上ある場合は、請求をした各共有者に、所在等不明共有者の持分を、請求をした各共有者の持分の割合で按分してそれぞれ取得させる裁判が行われる（民法262条の２第１項後段）。

裁判所は、以下①～⑤の事項を公告し、かつ下記②、③および⑤に定める期間（いずれも３か月以上でなければならない）が経過した後でなければ、持分取得の裁判をすることができない（非訟法87条２項）。

---

① 所在等不明共有者の持分につき、その取得の裁判の申立てがあったこと。
② 所在等不明共有者は、裁判所が持分取得の裁判をすることに異議があるときは、一定期間内（３か月以上の期間が指定される）にその旨の届出をすべきこと。
③ 共有物分割または遺産分割の裁判の申立てがあった場合において、持分取得の裁判をすることに異議がある旨の届出（民法262条の２第２項、第５

---

[60]　所在等不明共有者の持分取得に係る事件は、当該裁判に係る不動産の所在地を管轄する地方裁判所の管轄に属する（非訟法87条１項）。

項）をするときは、一定期間内（3か月以上の期間が指定される）にすべきこと。

④　前記②・③の届出がないときは、持分取得の裁判がされること。

⑤　持分取得の裁判の申立人以外の共有者が、同じく持分取得の裁判の申立てをするとき（民法262条の2第1項後段参照）は、一定期間内（3か月以上の期間が指定される）に申立てをすべきこと[61]。

　裁判所は、これらの公告をしたときは、当該所在等不明共有者以外の共有者に向けて、遅滞なく、当該共有不動産の登記簿上その氏名または名称が判明している共有者の登記簿上の住所または事務所に宛て、前記①、③〜⑤の公告事項を「通知」しなければならない（非訟法87条3項。なお、②の公告事項は、所在等不明共有者を名宛人とするものであるから、除かれている）。

　裁判所は、所在等不明共有者の持分取得の裁判をするには、申立人に対し、一定期間内に、所在等不明共有者のために、裁判所が定める額の金銭を裁判所の指定する供託所に供託し、かつその旨を届け出るべきことを命じなければならない（非訟法87条5項）。裁判所は、申立人がこの決定に従わないときは、その持分取得の申立てを却下しなければならない（非訟法87条8項）。また、この決定後、持分取得の裁判までの間に、事情の変更により、定めた金額が不当であると裁判所が認めるに至ったときは、供託すべき金銭の額を変更しなければならない（非訟法87条6項）。供託金額の決定およびその変更の決定に対しては、即時抗告をすることができる（非訟法87条7項）。

　持分取得の裁判は、確定しなければその効力を生じないが（非訟法87条9項）、それを所在等不明共有者に告知することは要しない（非訟法87条10項）。持分取得の裁判の確定により、申立てをした共有者が所在等不明共有者の持分を取得したときは、所在等不明共有者は、その持分を取得した共有者に対し、当該共有者が取得した持分の時価相当額の支払請求権を取得する（民法262条の2第4項）。所在等不明共有者が取得した時価相当額支払請求権は、上記の供託金の還付によって弁済に充当されるが、時価相当額について争い

---

61)　この期間が経過した後に、持分取得の裁判の申立てがされた場合、裁判所は、その申立てを却下しなければならない（非訟法87条11項）。

があれば、訴訟によって解決されることになる。時価相当額が供託金の額を上回る場合は、所在等不明共有者は、その持分を取得した共有者に対し、差額の支払請求権をもつ。

　持分取得の裁判が確定して効力を生じることにより（民法262の2、非訟法87条9項）、請求をした共有者は、①所在等不明共有者の持分を取得する（法定の承継取得）とともに、②登記義務者である所在等不明共有者を代理して所有権移転登記を申請する権限も取得するものと解される。これにより、持分を取得した共有者は、登記権利者であるとともに、登記義務者として、自ら（事実上単独で）持分の移転登記を申請できる（それは、法理上は、不登法60条の共同申請原則の範疇に属するもの）と解される[62]。

　この共有不動産に対する所在等不明共有者の持分取得の裁判は、不動産を使用・収益する所有権以外の権利が数人の共有に属する場合について、準用される（民法262条の2第5項）。

(ii)　共有物分割請求および遺産分割請求との関係

　持分取得の裁判は、当該共有不動産について共有物分割または遺産分割の裁判の請求があったときは、これらの分割の裁判が優先する。理由は、共有不動産全体について適切な分割を実現することを希望する共有者がいる場合には、そうした分割の裁判の中で適切な分割をすべきであると考えられるからである[63]。

　そこで、持分取得の裁判の請求があった共有不動産について、共有物分割の裁判の請求（民法258条1項）または遺産分割の請求（民法907条2項）があり、かつ所在等不明共有者以外の共有者が、持分取得の請求がされた裁判所に、持分取得の裁判をすることについて異議がある旨の届出をしたときは、裁判所は、持分取得の裁判をすることができないものとされた（民法262条の2第2項）。もっとも、共有物分割の方法として、一部の共有者に他の共有者の持分の全部または一部を取得させる方法（賠償分割）の規律が新設されていることから（民法258条2項2号）、不動産の共有者が、この方法を用いて、所在等不明共有者の持分も含めて、他の共有者の持分を取得することは

---

[62]　村松＝大谷編著2022：135頁注2参照。

[63]　部会資料51：14頁参照。

可能である[64]。

この調整を行うために、持分取得の裁判の申立てを受けた裁判所は、裁判に先立ち、所定の事項の公告および通知をする際に、共有物分割または遺産分割の裁判の申立てをした者が、持分取得の裁判をすることに異議がある旨の届出（民法262条の2第2項）をするときは、一定期間内（3か月以上の期間が指定される）にすべきことを、公告および通知する（前述207-208頁〔(i)③〕）。そして、異議の届出がこの期間を経過した後にされたときは、裁判所は異議の届出を却下しなければならないものとしている（非訟法87条4項）。

(iii)　所在等不明共有者の持分が相続財産に属する場合

他方、所在等不明共有者の持分自体が相続財産に属する場合には、その者が遺産分割についてもつ権利ないし利益を保護する必要がある。そこで、所在等不明共有者の持分が、相続財産に属する場合であり、かつそれが所在等不明共有者を含む共同相続人間で遺産の分割をすべきものであるときは、相続開始時から10年を経過していないときは、裁判所は、所在等不明共有者の持分取得の裁判をすることができない（民法262条の2第3項）。この規律は、遺産分割の期間制限に関する規律を参考にして設けられたものである。それは、相続開始時から10年を経過した後に遺産分割の裁判をする場合には、原則として、具体的相続分（民法903条、904条および904条の2）によらず、法定相続分または指定相続分に従って分割されるとするもの（民法904条の3。後述249-253頁〔第10章**4**(4)〕参照）である[65]。

例えば、XとYが土地*a*を共有していた（通常共有で、持分割合は各2分の1）が、Yが死亡し、相続人はAとBで法定相続分（各2分の1）によって相続した場合、土地*a*はX、AおよびBの共有となる（持分割合はXが2分の1、AとBが各4分の1）。この場合において、Xが所在等不明であるときは、AおよびBは持分取得の裁判によってXの持分を取得することができる。これに対し、Aが所在等不明である場合、Aの持分は相続財産であり、Bと遺産分割をすべきものであるから、XおよびBがAの持分取得の裁判を得る

---

64)　賠償分割については、前述201-202頁（**1**(4)(b)(iii)）参照。
65)　中間試案:26頁（第4.3(3)②）、部会資料42:4-6頁（第1.3）、部会資料51:12-14頁（第2.9）、村松＝大谷編著2022:164-165頁参照。

ためには、Yの死亡によるAの相続の時から10年を経過していなければならない。もっとも、この場合において、Bが土地aのAの共有持分（4分の1）について所有者不明土地管理命令（民法264条の2第1項）を申し立て、選任された所有者不明土地管理人CとBが交渉し、Cが裁判所の許可を得て、Aの持分をBに譲渡することが認められるときは、Aの相続時から10年を経過する必要はないものと解される。

(c)　共有不動産に対する所在等不明共有者の持分の譲渡権限の取得
(i)　共有不動産に対する所在等不明共有者の持分の譲渡権限付与の裁判

　共有不動産について、①共有者が他の共有者を知ることができず（共有者の特定不能）、または②共有者が他の共有者の所在を知ることができない（共有者の所在不明）場合、裁判所は、共有者の請求により、その共有者に、当該他の共有者（所在等不明共有者）以外の共有者の全員が、特定の者に対してその有する持分の全部を譲渡することを停止条件として、所在等不明共有者の持分を当該特定の者に譲渡する権限を付与する旨の裁判をすることができる（民法262条の3第1項）[66]。

　裁判所は、以下の事項を公告し、かつ②に定める期間（3か月以上でなければならない）が経過した後でなければ、持分取得の裁判をすることができない（非訟法88条2項、87条2項1号・2号・4号、5項～10項）。

---

①　所在等不明共有者の持分につき、その譲渡権限付与の裁判の申立てがあったこと。
②　所在等不明共有者は、裁判所が持分譲渡権限の付与の裁判をすることに異議があるときは、一定期間内（3か月以上の期間が指定される）にその旨の届出をすべきこと。
③　前記②の届出がないときは、持分譲渡権限の付与の裁判がされること。

---

66)　共有不動産に対する所在等不明共有者の持分の譲渡権限付与の裁判（民法262条の3第1項、第4項）に係る事件は、当該共有不動産の所在地を管轄する地方裁判所の管轄に属する（非訟法88条1項）。

裁判所は、持分譲渡権限の付与の裁判をするには、申立人に対し、一定期間内に、所在等不明共有者のために、裁判所が定める額の金銭を裁判所の指定する供託所に供託し、かつその旨を届け出るべきことを命じなければならない（非訟法88条2項、87条5項）[67]。もっとも、供託金額の決定およびその変更の決定に対しては、即時抗告をすることができる（非訟法88条2項、87条7項）。

　持分譲渡権限の付与の裁判は、確定しなければその効力を生じないが（非訟法88条2項、87条9項）、それを所在等不明共有者に告知することは要しない（非訟法88条2項、87条10項）。そして、持分譲渡権限の付与の裁判の効力が生じた後、2か月以内に、その裁判によって付与された権限に基づいて所在等不明共有者の持分の譲渡の効力が生じないときは、その裁判は効力を失う。ただし、裁判所はこの期間を伸長することができる（非訟法88条3項）。

　譲渡権限を付与された共有者が、その権限を行使して所在等不明共有者の持分を第三者に譲渡したときは、その持分は所在等不明共有者から第三者に直接に移転する。一方、当該持分の譲渡契約の当事者は、譲渡権限を行使した共有者と第三者であるから、売買契約等の契約上の担保責任は、譲渡権限を行使した共有者が負うことになる。

　持分譲渡権限の付与の裁判によって付与された権限に基づき、共有者が所在等不明共有者の持分を第三者に譲渡したときは、所在等不明共有者は、当該譲渡をした共有者に対し、不動産の時価相当額を所在等不明共有者の持分に応じて按分して得た額の支払請求権を取得する（民法262条の3第3項）。所在等不明共有者が取得した時価相当額の按分額の支払請求権は、上記の供託金の還付によって弁済に充当されるが、時価相当額について争いがあれば、訴訟によって解決される。時価相当額の按分額が供託金の額を上回る場合は、所在等不明共有者は、その持分を譲渡した共有者に対し、差額の支払請求権をもつ。

67）　裁判所は、申立人がこの決定に従わないときは、その持分譲渡権限の付与の裁判の申立てを却下しなければならない（非訟法88条2項、87条8項）。また、この決定後、持分譲渡権限付与の裁判までの間に、事情の変更により、定めた金額が不当であると裁判所が認めるに至ったときは、供託すべき金銭の額を変更しなければならない（非訟法88条2項、87条6項）。

なお、共有不動産に対する所在等不明共有者の持分の譲渡権限の取得は、これにより、他の共有者の全員が合意して、特定の第三者に当該共有不動産を譲渡するためのものであるから、所在等不明共有者を除く全共有者の合意があることが前提になっている。したがって、所在等不明共有者の持分の取得の場合における共有物分割請求または遺産分割請求との調整規定（民法262条の2第2項）[68]は、不明共有者の持分の譲渡権限の取得の場合には設けられていない。

　この共有不動産に対する所在等不明共有者の持分の譲渡権限の付与の裁判は、不動産を使用・収益する所有権以外の権利が数人の共有に属する場合について、準用される（民法262条の3第4項）。

(ii)　所在等不明共有者の持分が相続財産に属する場合

　所在等不明共有者の持分が相続財産に属する場合であって、共同相続人間で遺産の分割をすべきときは、相続開始時から10年を経過していなければ、裁判所は、持分譲渡権限付与の裁判をすることができない（民法262条の3第2項）。これは、共有不動産が相続財産である場合に、遺産分割の手続を妨げないようにするためのものである[69]。

(d)　所在等不明共有者の持分の取得および譲渡権限付与の規定の準用

　一般に、共有に関する民法規定は、「数人で所有権以外の財産権を有する場合」にも準用される（準共有）。

　ただし、共有不動産に対する所在等不明共有者の持分の取得および持分の譲渡権限の付与に関する規定（民法264条の2および264条の3）は除くものとされている（民法264条括弧書）。このことは、共有不動産に対する所在等不明共有者の持分の取得および譲渡権限付与の裁判に関する規定（民法262条の2第1項～第4項および262条の3第1項～第3項）は、不動産の使用・収益権の準共有の場合についてのみ準用され（民法262条の2第5項、262条の3第4項）、動産の共有や、動産の使用・収益権の準共有、およびその他の財産権

---

68)　前述209-210頁（(b)(ii)）参照。
69)　中間試案：26頁（第4.3(3)②）、部会資料42：6頁（第1.4）、部会資料51：14-16頁（第2.10）参照。なお、前述210-211頁（(b)(iii)）も参照。

の準共有の場合には、準用されないことを意味している。所在等不明共有者の持分の取得やその譲渡権限は、所在等不明共有者の共有持分という財産権に対する大きな制約となることから、所有者不明土地対策の観点から、その必要性が高いと考えられる不動産（土地およびその上の定着物である建物等）の場合に限定することが適切であると考えられる[70]。

---

70)　部会資料30:19-20頁、25-26頁参照。

第9章

所有者不明土地を時効取得し、登記する方法はあるか

　所有者不明土地問題に対し、取得時効制度は何らかの解決策を提供できるであろうか。本章では、所有者不明土地問題を解決する1つの手段としての取得時効制度の活用可能性を探るべく、所在等不明所有者による土地所有権の喪失がどのような場合に認められるか、取得時効制度がもつ公益確保の機能に注目し、取得時効の要件について解釈論と立法論の双方から検討する。そのことは、取得時効制度についても、公共の福祉に基づく所有権制限の一形態として考察することを意味する。

　このような問題意識をもって、所有者不明土地問題を前にすると、時効の存在理由をめぐる議論が、改めて具体的に現実味を帯びてくるように思われる。時効制度の存在理由については、一方では、[1]①長期間継続した事実状態の法的保護および②長期間の経過による権利の立証困難の救済が、他方では、[2]そうした状態を放置した権利者の権利不行使に対するサンクションが語られてきた[1]。そうであるとすれば、所有者が長期間不明状態になっている土地に対しても、時効制度が問題の解決策を提供できるのではないか、という期待がもたれる。しかし、所有権は、所有者が行使しなくとも消滅時効にはかからないものとされている（民法167条2項）から、所有者が土地を放置していても、そのことだけで所有権を失うわけではない。

　では、取得時効はどうか。ここでは所有者不明土地問題の特殊性が浮かび上がってくる。第1に、所有者が不明となり土地の管理を放置しただけでは取得時効の要件は満たされず、土地を占有する者がいなければ、取得時効は

---

[1]　我妻1965：430-432頁は、[1]①を主要な存在理由とみており、[1]②・[2]を「第二次的な存在理由」とする。

成立しない。

第2に、所有者不明土地を占有する者は、全くの無権原者であることは稀であり、実際には共有者の1人、とりわけ共同相続人の1人が占有する場合が多い。そうであるとすれば、当然、自己の持分権以外は他人が持分権をもつ土地であると知って占有するのであるから、共同相続人の1人による占有が時効取得の要件である「所有の意思」ある占有（民法162条）といえるか、疑問が生じる。

第3に、仮にこの問題をクリアして時効取得の要件を満たすとしても、それを主張し、登記名義を移転するための相手方が見つからないことが少なくない。特に他の共有者ないし共同相続人に相続が生じ、その相続人についてさらに相続が生じているような場合は、共有者の所在や、そもそも共有者が誰であるかも判明せず、誰に対し、どのように時効取得を主張し、移転登記手続を請求できるかも自明ではない。

こうした特色をもつ所有者不明土地問題に対し、取得時効制度の機能を活性化させるためには、どのような制度改革が必要であろうか。

1 ｜ 取得時効制度の存在理由

(1) 権利取得説と権利推定説

取得時効は、ⓐ他人の物を長期間占有した無権原者に所有権を与えることを目的とする（前記［1］①。権利取得説）か[2]、あるいはⓑ無権利者に権利を与えることを目的とした制度ではなく、真の所有者による所有権の立証を容易にすることを目的とする（前記［2］②。権利推定説）か[3]、両説の間で激しい議論が展開されてきた。ⓐ権利取得説の嚆矢となったのは、旧民法・証拠編（明治23〔1890〕年法律28号）が時効を「法律上ノ推定」としたこと（証拠編89条）に対し、「是レ沿革上ヨリ論スルモ学理上ヨリ論スルモ頗ル穏

---

2) 我妻1965:430-431頁。「一定の事実状態が永続するときは、社会は、これを正当なものと信頼し、それを基礎として、種々の法律関係を築き上げる」ゆえに、「これを覆さないことが至当」とする。

3) 川島1965:429-430頁。取得時効も消滅時効も「一定の者にとって有利な法定証拠」を生じさせるものであり、取得時効は「物権（特に所有権）の権原の証明を容易ならしめることによって、物権取引を安定させること」を本来の目的とするとみた。

当ヲ欠ケルモノニシテ新民法ノ採ラサリシ所ナリ」と批判した梅謙次郎である。梅は、ローマ法の時効が権利の取得・消滅の原因であったとしたうえで、現行民法が採用した時効の存在理由を次のように説明した。

　　抑々時効ハ公益ノ為メニ設ケタルモノニシテ権利ノ永ク不確定ノ景状ニ在ルハ
　　大ニ取引ノ安全ヲ害シ社会ノ経済ニ影響スル所少カラサレハナリ[4]

　ここでは、「権利ノ永ク不確定ノ景状」にあることが「取引ノ安全」を害し、「**社会ノ経済**」への影響が大きいことから、これを回避し、「**公益**」を確保することに、取得時効＝権利取得説の根拠が求められている。そうした権利取得説に立てば、時効制度が所有者不明土地問題の解決にも寄与することが強く期待される。と同時に梅は、前記引用部分に続けて、権利取得の裏側で、時効によって権利を失う者の権利喪失の理由についても、あえて説明している点が注目される。

　　而シテ権利者ハ自己ノ権利ヲ等閑ニ付シ敢テ法律ノ保護ヲ願ハサル者ト謂フヲ
　　得ヘキカ故ニ之ヲシテ其権利ヲ失ハシムルモ未タ必スシモ厳酷ニ失スルモノト
　　謂フヘカラス[5]

　時効によって権利を失う者の怠慢に対する戒め、「権利の上に眠っている者を保護しない」ことは、主として消滅時効に妥当するとの解釈もある[6]。しかし、古典的な時効法理においては、取得時効についても、権利喪失者の帰責性が重視されている。

(2)　取得時効の古典的理論と2つの原理
　権利取得構成を明確に提示したグロティウス（Hugo Grotius：1583-1645）は、取得時効について、物の所有者がその権利を放棄したこと（derelictio）によって発生する所有権移転であると解し、この放棄の有無は「人間意思の推測

---

4)　梅1901：369頁。
5)　梅1901：369頁。
6)　我妻1965：432頁、藤原1999：1-2頁。

に基づいて」（ex conjecturis humanae voluntatis）判断されると考えた。この推測（conjectura）は、言葉や行為のみならず、長期間の沈黙といった不作為によっても行われるが、所有権放棄の推測が成立するためには、沈黙者が所有権喪失の可能性を認識しており、かつその者の意思が自由であることが要求される。このようにグロティウスの法理論は、取得時効制度も人間の意思に基づく所有権移転として説明するものであり、意思主義の原理に立脚するものである。もっとも、その意思は、純粋に主観的な意思というよりは、社会的な通用性を認められた理性的意思であり、自然法を形づくる源泉である。それゆえに、取得時効もまた「自然法に由来」するとみられている[7]。というのも、自然法理論によれば、時間それ自体は何らの法的効果も生じさせるものではない、と理解されていたからである[8]。

近代自然法理論を体系化したプーフェンドルフ（Samuel von Pufendorf: 1632-1694）も、グロティウスの意思主義理論を承継し、取得時効の要件を満たした占有者に対し、返還請求しなかった所有者は、その物を放棄したものとして（pro relicto）判断されると解した。と同時に、プーフェンドルフは、時効による所有権の取得者と前所有者との利益衡量を行い、「物の占有は論争外とされることが、静穏や平和にとって重要である」とし、所有権取得が公益に叶うものであることをもすでに示唆していた[9]。

これらの法理を承継したスミス（Adam Smith:1723-1790）は、時効による権利取得を、①長期間占有していた物に対する占有者の愛着の形成と、②長期間占有していなかった物に対する所有者の愛情の剥離という「2つの原理」によって「長期間続いた占有を所有権の移転とする」ものであると説明する。それに加えて、次のようにも述べている。

時効の大きな利便は、それが多数の論争を断ち切ることである。特に、もしどの土地も、元の資格を示すことができなければ占有できないとすれば、その場合にわれわれは、自分たちの権利を辿って大洪水まで遡らなければならない

---

7) Grotius, *De iure belli ac pacis*, 1625, II.4.3, II.4.4.1, II.4.5.1, II.4.5.3, II.4.6, II.4.7, II.4.8.1, II.4.8.4, II.4.8.4.2. 松尾1989:116-117頁。
8) 吉野1989:256頁。
9) Pufendorf, *De officio hominis et civis*, 1673, I.12.15. 松尾1993:355頁。

【図表Ⅱ-7】 取得時効制度の3要素

①占有者の観点	②所有者の観点	③社会的観点
占有状態の継続による所有権取得の事由	放置状態の継続による所有権喪失の事由	所有権確定による公益の確保の事由

【出典】 筆者作成。

から、安全を保障されうるものは1つもないだろう。[10]

　このように、取得時効について権利取得構成を明確に提示した古典的理論においては、時効による権利取得を、①占有者による所有権取得の正当化事由、②それを認めることによる公益の確保、③権利喪失者への帰責可能性としてのその者の意思という3要素によって根拠づける法理が明確にされた（【図表Ⅱ-7】）。これに照らしてみると、前述した梅の権利取得構成は、けっして沿革的・比較法的に「特異なもの」[11]ではなく、むしろ取得時効法理の古典的理論を日本民法に承継したものとみることができる。と同時に、こうした取得時効の古典の理論が明確化した3要素は、今日の所有者不明土地問題への取得時効制度の適用方法を検討する際にも、重要な視点を提供している。

2 │ 所有者不明土地の時効取得の可能性

(1)　共有者の1人による占有と時効取得の要件

　他人の土地を、20年間、所有の意思をもって、平穏かつ公然と占有した者は、それが他人の所有地であると知っていた場合（悪意）でも、所有権を取得する（民法162条1項）。では、土地の占有者が共有者（例えば、共同相続人）の1人であり、他に共有者があることを知っていた場合、平穏・公然に20年間占有すれば、他の共有者の持分権を時効取得することができるであろうか。

　土地の占有者が、所有権の全部が他人に帰属することを知っていた場合で

---

10)　スミス／水田ほか訳2012:30-34頁。
11)　藤原1999:2頁、3頁。

も所有権を時効取得できるのに、所有権の一部（持分権）が他人に帰属することを知っていた場合はその権利を時効取得できないのは、一見矛盾するように思われる。しかし、これは問題設定自体に問題がある。所有権の全部が他人に帰属することを知っていた場合でも、例えば、占有者が賃借人であったときは、何年占有しても所有権を時効取得することはない。所有権の時効取得の要件である「所有の意思」（民法162条）を欠くことによる。もっとも、「所有の意思」は占有物の占有を継続する占有者の認識に関わるとともに、所有物の占有状態に関する所有者の認識可能性にも関わり、占有者の占有継続による自らの所有権の喪失を阻止し、占有者の占有を排除することを期待できたかどうかも考慮される。「所有の意思」の有無が、純粋に占有者の主観的態様にとどまらず、占有開始時における権原の客観的性質（売買・贈与・交換など、所有権の取得を目的とする行為に基づく占有か、賃貸借・使用貸借・寄託など、所有権の取得を目的としない行為に基づく占有か）によると解されているのは[12]、その理由による。さらに、そのように判断される「所有の意思」は、占有者に所有権の取得を認めることの社会的妥当性をも含意していると解される。こうしてみると、「所有の意思」は取得時効制度の３要素（前掲【図表II-7】）の全てにまたがる要件であるといえる。共有者の１人による占有が、他の共有者の持分権の時効取得を生じさせない理由も、他の共有者の持分権に応じた所有権の部分については「所有の意思」ありとはいえないことが理由とされている。この点は、共有の本質を、ⓐ１個の所有権が複数の共有者に分属するものとみる（所有権単一説）か、ⓑ共有者の数に応じた複数の所有権が１個の物の中に集約されているとみる（所有権複数説）かにより、結論は異ならないと解すべきであろう。

(2) 共有者の１人による時効取得の可能性

　一方で、共有者の１人による占有は常に「所有の意思」を欠くと解することも、形式的に過ぎるであろう。共有者の１人が単独の占有を開始し、継続することに対し、他の共有者が占有者の占有を排除することを期待できた事情があり、共有持分権の時効取得を認めることが社会的妥当性をもつと解さ

---

12)　最判昭和45・6・18判時600号83頁、最判昭和54・7・31判時942号39頁、最判昭和58・3・24民集37巻2号131頁、最判平成7・12・15民集49巻10号3088頁。

れるときに、占有する共有者に、「所有の意思」ありと解される場合もないとはいえないからである。判例は、共同相続人の１人が、①単独に相続したものと信じて疑わず、②相続開始とともに相続財産を現実に占有し、③その管理・使用を専行してその収益を独占し、④公租公課も自己の名でその負担において納付し、⑤これについて他の相続人がなんら関心をもたず、異議を述べた事実もなかった場合は、相続開始時から「所有の意思」ある占有（自主占有）を取得したものと解している[13]。もっとも、この判例が、ⓐ共同相続人の１人による占有自体に「所有の意思」ありと判断したのか、ⓑ占有の性質の変更——所有の意思の表示（民法185条前段）または新権原による占有（同条後段）——を認めたのか、評価が相半ばしている[14]。私見はⓐ説であるが、同判例が挙げる前記①の事情を「所有の意思」の認定においてどのように理解すべきかが問題である。それは善意の自主占有であるためには必要であるが、20年の自主占有による時効取得（民法162条１項）のためにも必要かは、再検討の余地がある。同判例も、短期取得時効（民法162条２項）を認めたものではなく、「所有の意思」の認定要件の１つとして、単独相続したと信じて疑わなかった事実（誤信、善意）に着目している。そこには、共同相続であることを知って占有しながら、他の共同相続人に対して自主占有による時効取得を主張することに対する倫理的非難（評価）が含意されているようにも解される。

　しかし、長期取得時効において、占有者が占有開始時に単独で相続したと信じて疑わなかった事実（誤信、善意）を証明することは容易でなく、長期取得時効制度の趣旨が機能しなくなるおそれもある[15]。所有者不明土地問題の観点からも、前記①の誤信・善意を「所有の意思」の要件とすることは、取得時効による問題解決の可能性を狭めてしまうように思われる。共同相続人の１人による目的物の占有は、共有者が目的物全部についての使用権があることにも鑑み（民法249条１項）、まずは自主占有と推定し、これに対し、他の共同相続人が自主占有を否定すべき事情を主張・立証すべきとすること

---

13)　最判昭和47・9・8民集26巻7号1348頁。共同相続人の１人が、実際には遺産相続が開始していたのに、家督相続によって山林を単独で相続したものと誤信した事案。

14)　辻2013:234頁、235頁注5。

15)　辻2013:265-266頁。

も考えられる[16]。立法論としては、前記②〜⑤も考慮に入れて、「所有の意思」の要件を明確化することが考えられる[17]。

(3)　自主占有への転換の可能性

　共有者ないし共同相続人による占有が「所有の意思」(民法162条) の要件を満たさない場合でも、所有の意思の表示 (民法185条前段) または新権原 (同条後段) による自主占有への転換が認められる場合もある。裁判例には、一方で、土地・建物の使用借主が、貸主所有の旧建物を無断で建て替え (新建物は未登記)、その相続人が土地所有者から新建物の収去・土地明渡請求 (本訴) を受けた事案で、建物の建替えを土地の占有における所有の意思の表示 (民法185条後段) と解し、新建物の相続人による土地の取得時効 (民法162条1項) の抗弁および土地所有者に対する移転登記手続請求 (反訴) を認めた例がある[18]。

　他方で、共同相続人の1人が、相続財産である土地上に建物を建築し (未登記)、固定資産税等も支払っていた事案で、時効取得を理由に他の共同相続人に所有権移転登記手続を請求した事案で、建物の建築・所有を新権原による占有とも所有の意思の表示とも解しえないとして、時効取得を認めなかった例もある[19]。

　以上の裁判例にも鑑みて、共同相続人による土地の占有が自主占有と認められるか、また、自主占有への転換が認められるかについては、被相続人の占有が自主占有であったか、他主占有であったかという事情を踏まえ、①土地を占有する共同相続人の具体的行為態様と、②それに対する他の共同相続人の認識・態度、③そのような態様の占有による土地所有権の時効取得の社

---

16)　辻2013:259-260頁。

17)　金融財政事情研究会編2019:77-79頁、部会資料4:3-4頁参照。

18)　東京高判平成28・4・26LEX/DB:25545713。取得時効の抗弁を否定した原判決 (東京地判平成27・8・31LEX/DB:25545712) を取り消した。なお、上告審 (最決平成28・9・1 LEX/DB:25545714) は上告棄却・不受理決定をした。松岡＝平野2019:229-245頁参照。

19)　大阪高判平成29・12・21判時2381号79頁。建物の建築・所有、固定資産税等の支払を外形的客観的に見て独自の所有の意思に基づくものと推認し、敷地の時効取得を認めた原判決 (京都地判平成29・4・26判時2381号83頁) を取り消し、請求棄却 (上告棄却・上告受理申立て不受理により、確定)。松尾2019d:96-99頁。

会的妥当性を考慮して、判断すべきであろう。

(4)　民法改正の検討

　民法改正の検討プロセスでは、所有者不明土地の主要な発生原因が相続未登記にあることに鑑み、共同相続人の1人が相続財産に属する土地の管理を継続することにより、時効取得する可能性が議論された。はたして、相続財産に属する土地を現実に管理し、占有する共同相続人の1人が、相続開始時、または相続開始後、他に相続人がいることを知り、または知りえた場合に、他の相続人の持分の時効取得することはできないのであろうか。

　実際には、相続財産に属する土地等を占有する共同相続人は、他に共同相続人がいることを知り、または他に共同相続人がいるかも知れないし、いないかも知れないと認識しながら、当該土地等を維持・管理している場合が少なからず存在する。そこで、そのような場合にも、当該物についての所有権または他の共同相続人の持分を時効取得することができることを認める規律が、可能かどうかを検討する必要がある。

　中間試案は、共同相続人が遺産に属する物を占有していた場合を前提にして、その場合でも原則として取得時効が成立しないとしつつ、例外的に取得時効が認められる場合について、以下の規律を提案した[20]。

---

①　共同相続人が、相続の開始以後、遺産に属する物を自ら占有した場合において、その占有の開始の時に、他の共同相続人が存在しないと信ずるに足りる相当な理由又は他の共同相続人が当該物につき相続人としての権利を主張しないと信ずるに足りる相当な理由があり、かつ、占有の開始の時から10年間、平穏に、かつ、公然と遺産に属する物を占有したときは、当該物の所有権を取得する。ただし、占有の開始後に、当該理由がなくなったとき、又は当該物を占有する共同相続人が当該他の共同相続人の相続人としての権利を承認したときは、この限りでない。

②　共同相続人が、相続の開始以後、遺産に属する物を自ら占有した場合において、占有の開始後、他の共同相続人が存在しないと信ずるに足りる相当

---

20)　中間試案：27-28頁（第4.4）。引用中、傍点は引用者によるものである。なお、部会資料31：32-35頁（第4）も参照。

な理由又は当該他の共同相続人が当該物につき相続人としての権利を主張
　　しないと信ずるに足りる相当な理由が生じ、かつ、その理由が生じた時か
　　ら10年間、平穏に、かつ、公然と遺産に属する物を占有したときは、当該
　　物の所有権を取得する。ただし、当該理由が生じた後に、当該理由がなく
　　なったとき、又は当該物を占有する共同相続人が当該他の共同相続人の相
　　続人としての権利を承認したときは、この限りでない。
③　民法第884条に規定する相続回復請求権の存在は、①又は②の規律による
　　所有権の取得を妨げない。

（注1）所有権以外の財産権（例えば、不動産の賃借権）についても、他の共
同相続人が存在しないと信ずるに足りる相当な理由又は他の共同相続人が当該
財産権につき相続人としての権利を主張しないと信ずるに足りる相当な理由が
ある場合において、平穏に、かつ、公然とこれを行使する者は、本文①又は②
と同様にこれを取得することについても、併せて検討する。
（注2）通常の共有者が他の共有者の持分を含め物の所有権を時効により取得
することについては、基本的にこれを認めないことを前提に、特段の規定を置
かない方向で検討する。

　共同相続人が遺産に属する物を占有していた場合、一定の事由があるとき
は、例外的に取得時効が成立することについては、前述したように、判例も
認めており、見解の一致が見られる。問題は、相続人がいることが判明して
いるが、所在が不明である場合、または、第二次相続が生じる等して、特定
不能になっている場合でも、なお取得時効を認めうるかである。このような
場合にも、例外的に取得時効を認めるための要件をどのように明確化しうる
か、他主占有から自主占有への転換に関する既存の規定（民法185条）との関
係も整理しつつ、多様な事案に通用するような一般的要件を設けることがで
きるかが、問題である。
　ちなみに、前記①・②の提案においては、遺産に属する物を占有する共同
相続人が、他の共同相続人が存在することを知りながら占有しているにもか
かわらず、「他の共同相続人が当該物につき相続人としての権利を主張しな
いと信ずるに足りる相当な理由」が、占有開始時に存在し、または占有開始

後に生じた場合、そこには他主占有から自主占有への転換（民法185条）が生じたとみるのか、既存の占有の一般法理との関係でどのように理論的に整理すべきか、不明確な点がある。また、時効取得期間を10年とする理由は何か、既存の取得時効の一般的規律における長期取得時効（20年。民法162条1項）と短期取得時効（10年。民法162条2項）の要件との関係をどのように整理することができるかという問題もある。

　その一方で、新たな規律を設けなくとも、占有の開始時点の事情により、所有の意思または所有の意思の表示を認めうる場合があり、また、占有の開始後の事情により、自主占有への転換（民法185条）が認められる場合もありうる[21]。また、共同相続人による時効取得を認めることが、遺産分割の手続、および共有不動産に対する所在等不明共有者の持分の取得およびその譲渡権限の付与の裁判（持分または譲渡権限の取得者には所在等不明共有者への対価支払義務が発生する。前述204-214頁〔第8章2〕）の手続をとらなくとも単独所有権を取得することができる旨のメッセージを与えることになることの懸念も示された[22]。その結果、「今後とも、取得時効の成否は、事案ごとの適切な事実認定等に委ねることとし、本資料では、特に規律を設けないものとする」ことが提案され、了承された[23]。

　しかし、ここで指摘された、①共同相続人の占有における所有の意思の解釈、自主占有への転換事情の解釈、②遺産分割手続の促進策、③共有不動産に対する所在等不明共有者の持分の取得および譲渡権限の付与の制度と並んで、なおも長期間経過した共同相続人の占有による時効取得の規律を、所有者不明土地の存続を最終的に解決するという公益確保の観点から加えることは、土地の所有・利用・管理・移転というサイクルにおけるミッシング・リンクを補完するものとして、大きな意味をもつと考えられる。そこで、そのような取得時効の規律の方法について、取得時効、占有および共有の一般法理との関係を整理することにより、明確にすべきである。

---

21)　例えば、遺産に属する物を占有する共同相続人が、他の共同相続人に対価を支払い、事実上の相続放棄の承諾を得た場合は、持分の譲渡などの新権原または所有の意思の表示による自主占有への転換（民法185条）を認めうる。部会資料31:34-35頁参照。

22)　部会資料42:10頁。

23)　部会資料42:10頁（第4）。法制審議会民法・不動産登記法部会第17回会議。

3 不明者を相手方とする請求と訴訟の手続

(1) 時効取得と登記手続

　時効取得は、目的物の所有権およびその上に存在した権利を否定し、何らの負担のない所有権を取得することを可能にする点で、原始取得であるとされる。もっとも、時効取得を原因とする土地所有権の登記は、既登記の土地の場合、所有権移転登記手続によるべきものとされている[24]。その結果、所有者不明土地問題においては、所有者または共有者ないし共同相続人の一部が不明または所在不明の場合、どのようにして時効取得を理由とする移転登記手続を請求することができるかが問題になる。民法改正前は、財産管理人（民法25条）を選任し、その者を相手方に争うことも考えられたが、手続的・費用的な負担が大きかった。この点は、改正民法後は、所有者不明土地管理人の選任を申し立て（民法264条の２）、この者を相手方にして時効取得を主張することが考えられる（前述153-154頁〔第７章 **2** (3) (b) (ii)〕参照）。

(2) 立法論的検討の経緯

　立法論的には、（A案）時効取得を原因とする所有権移転登記を単独で申請することができるものとすること（登記申請に際し、不動産の占有状況や登記義務者が所在不明である旨を示した資格者による調査報告書の添付を求める一方、登記官は、必要に応じて追加調査を行う権限をもつほか、登記義務者である所有権の登記名義人に対し、その登記記録上の住所および住民票上の住所に宛てて当該申請がされた旨を通知するとともに、その旨を公告し、異議がないことを確認する）、（B案）時効取得を主張する者が、公示催告の申立てを行い、取得時効が成立した旨の裁判所の決定があったときは、不動産の所有権を時効取得した者が時効取得を原因とする所有権の移転の登記を単独で申請することができるものとすることが提案された[25]。

　A案は簡明であるが、時効取得の成立の判断を登記官が行うことが困難な場合も予想される。そこで、B案を展開する方向で、ⓐ登記名義人が死亡し

---

24) 大判昭和２・10・10民集６巻558頁、明治44・６・22民事414民事局長回答〔登記関係先例集・上308頁〕。

25) 金融財政事情研究会編2019:33-35頁。

ても、登記名義人を被告として訴訟を提起し、送達等は公示送達の方法で行う、⑥登記名義人の相続人の一部（1人または持分の過半数を有する者）を被告として訴訟を提起できるものとする、ⓒ登記名義人の相続人に代わって登記申請の権限を有する管理者を選任し、その者を被告として訴訟を提起できるものとすることが検討された[26]。この点は、令和3年民法等一部改正法により、所有者不明土地管理人の選任が可能になり（民法264条の2）、この者を相手方にして訴訟を提起することが可能となった。

　もっとも、時効起算日前に所有権の登記名義人が死亡し、その相続登記が未了の場合、時効取得を原因とする所有権の移転の登記の前提として、相続人への相続による所有権の移転の登記を要するものとされている[27]。そこで、この場合は、登記名義人から直接に時効取得者への所有権の移転の登記をすることができるようにすることも、検討する必要がある。

4 │ 関連制度のさらなる検討──共有持分権のみなし放棄など

　取得時効による所有権取得においては、占有者による占有状態の継続と表裏一体をなす形で、所有者の放置状態の継続が存在する。したがって、取得時効の制度は、①所有権の放棄および②共有持分権の放棄（民法255条）の制度とも深く関連している。すでに、土地所有権の放棄の制度の検討と併せて、①土地所有権の「みなし放棄」[28]、および②「共有持分のみなし放棄」についても[29]、その制度化の是非が検討された。

　ちなみに、①土地所有権の放棄の場合も、登記手続としては、移転登記とすべきものと考えられている[30]。また、②共有持分の放棄の場合も、他の共有者の持分が増加することから、放棄者の持分の抹消登記手続はできず[31]、放棄者と放棄によって持分が増加した者との共同申請により、持分の移転登

26）　部会資料4：10-12頁。

27）　登記研究455号89頁質疑応答6639。

28）　金融財政事情研究会編2019：55-57頁。

29）　金融財政事情研究会編2019：79-80頁。

30）　広島高裁松江支判平成28・12・21LEX/DB：25545271参照。

31）　大判大正3・11・3民録20輯881頁。昭和37・9・29民甲2751民事局長回答［登記関係先例集・追加編3 968頁］。

記申請が行われるものとされている。

　さらに、③共有不動産に対する所在等不明共有者の持分の取得およびその譲渡権限の付与の裁判の制度も、対価の支払を伴うものではあるが、所有者不明土地問題への対応方策としては、所有者不明土地の解消手段として、取得時効の制度と関連性をもつ[32]。

　これらの制度との連接関係を確認しながら、取得時効の存在理由に適合した機能を活性化させ、土地の取得・利用・管理・移転の各場面でできる限りスタックが生じることないような、シームレスな制度構築を目指す必要がある。そのことが、包摂的で持続可能な土地所有権制度の構築に通じるであろう。

---

32)　部会資料 3 : 23-30頁。

第10章

土地所有権の移転に関する
登記を義務化すべきか

　所有者不明土地問題の一因として、相続登記がされない場合が少なくない
ことが挙げられている。平成28年度の地籍調査において、不動産登記簿によ
って土地所有者、利害関係人または代理人の所在が確認できなかった土地の
うち、相続が発生したにもかかわらず未登記だったことを原因とするものは
83,371筆（66.7％）であった[1]。私たちはこの事実をどのように受け止め、
どのような制度改革を図るべきであろうか。こうした事態の原因が、土地
（および建物）の相続登記が法律上の義務ではないことにあるとみて、相続登
記を義務化すべきであるという議論が起こった。はたして相続登記を義務化
すべきか、義務化するとして、土地（および建物）の所有権の相続に限定す
べきか、地上権等や登記・登録済動産の相続の場合はどうすべきか、そうし
た義務の法的性質や内容はどのようなものとして定めるべきか、そのことと
の関係で、登記しなかった場合の制裁をどうすべきか、また、登記手続をど
のようにすべきかについて、検討が行われてきた。
　財産権の登記・登録を義務化することも、財産権に対する制約を意味する。
その際、義務の不履行に対して何らかの制裁を加えるとすれば、さらに一層
大きな制約を課すことを意味する。それゆえに、登記・登録を義務化するこ
とに対しては、従来慎重な態度がとられてきた。
　では、所有者不明土地問題への対応方策として、公共の福祉の観点から、
土地に関するどのような登記義務を課すことが妥当であろうか。本章では、
この点について考察する。

---

1)　国土交通省「平成28年度地籍調査における土地所有者等に関する調査」、同「土地白書
（平成30年版）」114頁（図表3-1-1）、前述13頁（第1章 **3 (1)**）参照。

1 │ 権利取得の登記をすることは権利者の義務か

(1) 登記法の規定

　土地の所有権取得の登記を義務化すべきかどうかについては、明治19（1886）年 8 月13日に公布された登記法（法律 1 号）の制定プロセスの段階から、大いに議論されてきた。当時は土地の売買譲与（相続を含む）等においては地券の書換えが必要であった（明治13〔1880〕年11月30日太政官布告52号・土地売買譲渡規則 1 条、 3 条、 4 条参照）。しかし、これを登記所での登記へと転換するために、明治19（1886）年 1 月に元老院に付議された登記法案（521号議案）の審議では、登記を効力要件とすべきかどうかが議論の的になった。登記簿に登記をしていない地所の売買等は「第三者に対し法律上其効なきものとす」とする政府原案（ 6 条 1 項）に対しては、登記が義務かどうか曖昧であるとして、元老院の調査委員から「必ず登記を要す」ることを明確にすべく、「登記を受けざる地所……の売買譲与に付ては地券……の下付若くは書換ヲ請ふことを得ず」との修正案（法案 6 条 2 項）が出され（同年 7 月27日）、元老院で可決された（同年 7 月30日）。ところが、内閣は登記法の公布までの間に、元老院で可決された登記法 6 条 2 項を単独で削除し、そのことについては公布後に元老院の検視会（同年 9 月15日）に付して承認を受け、施行された（明治20〔1887〕年 2 月 1 日）。これは登記を任意とするニュアンスを強めるものであった[2]。

(2) 登記法の改正

　しかし、登記法の施行から 5 か月足らずの明治20（1887）年 6 月、政府は登記法 1 条の修正案を提出し、「地所建物……の売買譲与質入書入を為す者は本法に従ひ……登記を請ふ可し」（ 1 条 1 項）とするなど、再び登記強制主義のニュアンスを強める提案をした。もっとも、登記しなければ売買譲与等が第三者に対して効力をもたない旨の 6 条（前述(1)の政府原案 6 条 1 項参照）には手を加えなかったことから、完全に登記強制主義に転じようとしたものでもなかった。この改正提案の趣旨は、 6 条があれば自ずと登記されるとの内閣の思惑が外れ、登記件数が意外に少なく、登記料収入が予測をはる

　2）　松尾1994：24-25頁。

かに下回る見込みとなったことから、登記の「任意法を改めて命令法」にしようとしたものである[3]。激しい議論の末、かつて法案6条2項として提案され、元老院で承認されながら、政府が一方的に削除したのと同様の条文も追加され、元老院はこれらの修正案を可決した。ところが、またしても内閣は、6条2項については、公布までの間に一方的に削除し、改正登記法の公布（明治20〔1887〕年7月16日）と同時に元老院の検視に付し、承認された（同年7月20日）[4]。

(3) 登記強制主義に対する逡巡の理由

その結果、改正登記法は「地所建物……の売買譲与質入書入を為す者は……登記を請ふ可し」（1条1項）とする一方で、「登記簿に登記を為さざる地所建物……の売買譲与質入書入は第三者に対し法律上其効なきものとす」（6条）との改正前規定を維持した。このように、登記義務を明示することにより、登記強制主義の色彩を強めつつ、完全にはそれに徹しきれなかった理由は、①登記強制主義を徹底すると、収税主義があまりに露骨になると危惧されたこと、②法律が人民相互の約束にまで立ち入り、登記しない者は罰するというのは、「正当の道理」があることとは思われないと考えられたこと[5]、③登記を強制し、未登記に対する制裁を強化すると、売買等の数自体が減少すると危惧されたこと、④登記所の絶対数が不足している中で登記を強制すれば、人々に過大な困難を生じさせ、登記の実効性がなくなると懸念されたこと、⑤土地に関する地籍簿が完備されていなかったことなどにある[6]。登記法6条は、登記の対抗要件主義（民法177条）の基となったとの解釈もあるが、少なくとも第三者に対しては効力要件的に理解されていたものと考えられる[7]。

(4) 民法・不動産登記法は登記任意主義か

法典調査会は、現行民法第1編から第3編の法案を帝国議会に提出する準

---

3) 松尾1994:25頁。
4) 松尾1994:25-26頁。
5) 水野遵（内閣委員）による。松尾1994:39頁注171参照。
6) 松尾1994:26-27頁。
7) 松尾1994:27-28頁。

備を終えた後、明治29（1896）年2月から不動産登記法案の審議を始めた。その作業に基づいて作成された不動産登記法案は、明治31（1898）年5月、帝国議会に提出された。衆議院の解散（同年6月）の後、明治32（1899）年1月に同法案が提出され、同年2月に可決、公布された（明治32年2月24日法律24号）[8]。すでに民法では、登記を不動産に関する所有権移転等の効力要件とはせず、対抗要件とする（ただし、第三者に対抗するために登記を要する権利の範囲を広げた）ことが固まっていた[9]。この点で、前述した登記法6条の解釈をめぐる曖昧さは払拭されていたとみられる。このことも踏まえ、不動産登記法の制定過程では、不動産登記法が登記強制主義をとると「民法よりも強くなるの恐」れがあることから、「登記と云ふものを義務とはしない」ということが、起草者（田部芳）によっても明確に意識されていた[10]。その結果、不動産登記法は、「登記を請ふ可し」（登記法1条1項）といった登記義務を定めた規定を設けなかった。

　もっとも、このような登記の任意主義は、登記はしてもしなくてもよいという考え方とは異なるものであったことにも留意する必要がある。というのも、先に起草・法案提出された民法177条が、登記を備えなければ第三者に対抗できない場面を意図的に拡大した結果、不動産に関する所有権移転等はいきおい登記されるはずであり、不動産登記法が「登記せよとのことは命ぜざるも、……登記するを以て原則と為すとの考」えを、起草者（井上正一）自身がもっていたからである[11]。

　この点は、民法177条自体の起草過程においても同様の認識が示されていた。起草者（穂積陳重）は、登記（民法177条）は、「公益に基く公示法」であり、そうであるだけに、所有権移転の方法や要件ではないとしても、「絶対的のものでなければ……効を奏することは出来ぬ」と考えていたことが注目される。このような民法177条の理解は、今日の議論において、登記を不動産に関する物権の得喪変更についての第三者対抗要件にとどまるものとしつつ、所有者不明土地の発生を防ぐという公益を確保する観点から、当事者

8）　松尾1995b:116-117頁。
9）　松尾1995b:116-119頁。
10）　松尾1995b:130頁。
11）　松尾1995b:130頁。

に公法上の登記義務を課すことが、民法177条の対抗要件主義と矛盾しないということの重要な手がかりになるものと解される。

(5) 不動産の表示に関する登記の登記義務

ちなみに、不動産登記法は、土地の表題登記については土地の所有者に登記義務を課している（36条）。同様に、地目・地積の変更または土地の滅失の登記については表題部所有者または所有権の登記名義人に（37条1項・2項、42条）、建物の表題登記については建物の所有者に（47条1項、49条2項、58条6項・7項）、建物の合体、表題部の変更、建物の滅失については表題部所有者または所有権の登記名義人に（49条1項・3項・4項、51条1項〜4項、57条）、それぞれ登記義務を課している[12]。登記申請義務者が申請を怠った場合、10万円以下の過料に処すものとしている（164条）。

2 │ 土地に関する所有権の移転と登記

(1) 民法177条の適用が及ぶ射程

登記を土地に関する権利変動の効力要件とするか、第三者対抗要件とするかという私法上の問題と、土地に関する権利変動があった場合に、公法上の登記義務を課すか否かとは、理論的には別問題である。しかし、私法上の権利変動について登記効力要件主義をとる場合には、登記をしなければ権利変動自体が生じないことから、公法上の登記義務を課すまでもないであろう。

これに対し、私法上の権利変動について対抗要件主義をとる場合には、登記をしなくとも権利変動が生じうることから、それでもなお登記義務を課すべきかどうか、その法律上の根拠、法的性質、内容などが問題になりうる。日本民法が定める登記の対抗要件主義（民法177条）の射程について、判例は、売買・贈与・交換・抵当権設定などの契約、遺贈（遺言執行者がない場合）、遺産分割、取消権の行使（取消後に対象不動産に対して所有権・抵当権などを取得した者が現れた場合）、契約解除権の行使（解除後に対象不動産に対して所有権・抵当権などを取得した者が現れた場合）などの法律行為による権利取得、

---

12) これらの登記義務は、土地・建物の固定資産税等の納税義務者の確定等を考慮した、公法上の義務であると解される。

【図表Ⅱ-8】 相続による権利取得と対抗要件

	平成30年民法改正前	平成30年民法改正後	民法規定
法定相続分の取得	×	×	899
遺産分割	○	○	899の2、909
遺贈（遺言執行者なし）	○	○	899の2
遺贈（遺言執行者あり）	×	※	1013②
相続分の指定	×	○	899の2
遺産分割方法の指定	×	○	899の2
特定財産承継遺言	×	○	899の2
相続放棄	×	×	939○

○：対抗要件必要（法定相続分を超える分）
×：対抗要件不要
※：善意の第三者には対抗できない

取得時効（取得時効の完成後に対象不動産に対して所有権・抵当権などを取得した者が現れた場合）、家督相続などによる不動産の取得に及ぶと解している[13]。

　さらに、共同相続の場合、相続による権利の承継は、法定相続分（民法900条、901条）を超える部分は、対抗要件を備えなければ第三者に対抗することができないとされた（平成30年7月13日法律72号による改正民法899条の2・1項）。その結果、従来判例が登記を備えなくとも第三者に対抗できると解した遺産分割方法の指定、相続分の指定または特定の遺産を特定の相続人に相続させる遺言（特定財産承継遺言。民法1014条2項）による土地の所有権または共有持分権の取得は、改正民法施行後は、法定相続分を超える部分については、登記をしなければ第三者に対抗できないことになった[14]。もっとも、それは、遺言の効果が相続開始時に遡る（民法985条1項）ゆえに、民法177条の「第三者」とは同じでない（【図表Ⅱ-8】）。

　これらの場合は、あえて公法上の登記義務を課さなくとも、自発的登記が促されると解される。もっとも、そのことは、仮にこれらの場合に当事者に公法上の登記義務を課したとしても、負担の追加と感じることは少ないであ

---

13)　松尾＝古積：84-89頁参照。
14)　松尾2019c：69-86頁参照。

ろうということも意味するであろう。

(2) 民法177条の適用が及ばない権利取得

　これに対し、従来の判例法理を前提とする限り、改正民法899条の2第1項および民法177条の適用が及ばないと解される場合、例えば、相続による法定相続分の権利取得[15]、共同相続人の一部の者が相続放棄をした場合における他の共同相続人による権利取得[16]などの場合は、登記を備えなくとも、土地の所有権または共有持分権の取得を第三者に対抗できることから、その限りでは当事者が登記を備えるインセンティブを欠くとも考えられる。これらの場合に、公法上の登記義務を課すことにより、登記を促す余地があるものと考えられる。もっとも、前述した民法177条の適用がある場合にも、必ず登記がされるとは限らないから、民法177条の適用がない場合にのみ公法上の登記義務を課すことはバランスを欠くであろう。また、民法177条の適用がある場合に公法上の登記義務を課したとしても、当事者が負担と感じることは少ないであろうことは、前述したとおりである、したがって、公法上の登記義務について定める場合には、相続による権利取得の態様にかかわらず、相続人、遺言執行者、権利取得者らの当事者は、法律の規定に従い、登記を備えなければならない旨を規定することになるものと考えられる。

3 ｜ 相続登記の申請を義務化する場合の規律方法の検討

(1) 相続登記の申請義務の法的根拠と法的性質の検討

　以上にみた不動産の所有権取得の登記をめぐる日本の民法および不動産登記法の沿革に照らしてみると、登記を義務化するとすれば、公益を確保する観点から、公法上の登記義務があることを規定すべきことになるものと考えられる[17]。その際、確保されるべき公益の内容が客観的に示される必要がある。この観点から、国土審議会土地政策分科会の『特別部会・とりまとめ』

---

15)　最判昭和38・2・22民集17巻1号235頁。
16)　最判昭和42・1・20民集21巻1号16頁。相続欠格（民法891条）、相続人廃除（民法892条、893条）の場合も同様と解される。
17)　金融財政事情研究会編2019:15-18頁参照。

は、第Ⅰ部「土地に関する制度の現状と課題」において、「所有者不明土地問題」とそれに対する方策を中心に土地制度の現状と課題を整理したうえで、第Ⅱ部「土地の利用や管理に関して所有者が負うべき責務や、その責務の担保方策に関して必要な措置の方向性について」における第2章(2)③で、「土地の適切な利用・管理・取引を支える情報基盤整備」の1つとして、以下のように述べていたことが注目される。

・登記（土地所有者情報の公示の促進）
　取引の安全・円滑に資することを目的とする登記の公示機能を十全に発揮させるという観点からは、土地・建物に関する権利関係の変動が登記に適時に反映されることが望ましい。このため、不動産登記情報の更新を図る方策を検討し、特に登記申請が行われないケースが多い相続登記について申請の義務化を検討するなど、権利変動を登記に適時に反映させる仕組みの構築が求められる。
　これに当たっては、所有者の登記に関する意識を向上させることも重要であり、所有者は適時に登記手続を行う責務を有するという規範を明らかにするとともに、税制措置や登記手続の簡略化といった費用面・手続面でのコスト低減を含め登記を適時に行うインセンティブについても検討を行うことが求められる[18]。

　ここには、前述した「公益に基づく公示法」としての民法177条および不動産登記法の登記の意義が、「特に登記申請が行われないケースが多い相続登記について申請の義務化を検討する」ことに関して具体的に提示されている。そこで、所有者不明土地の発生を防止する方策として、相続による権利取得の登記について、「公益に基づく公示法」の観点から公法上の義務として、相続人などに対して登記申請を義務づける法律を設けることが正当化されるものと解される[19]。その法理上の根拠は、相続によって取得された財産権に内在する義務に求めることができる。

---

18)　『特別部会・とりまとめ』：19頁。
19)　比較法的にも相続登記を義務化する例は少なくない。吉田2019：106-110頁参照。

(2)　相続登記の申請義務の内容の検討

　相続登記の申請を義務づける場合、ⓐまずは日本民法の法定相続主義・当然承継主義・包括承継主義（民法896条本文、898条、899条参照）に照らし、遺言の有無にかかわらず、相続開始により、法定相続分に従った権利変動が生じるものと解し、法定相続分に従って相続登記を申請する義務が発生する旨を定めることが考えられた[20]。もっとも、相続放棄をする者があることも考えられるから、少なくとも熟慮期間（自己のために相続の開始があったことを知った時から３か月以内。民法915条１項）が経過するまでは、登記申請義務は発生しない旨の期限（始期）の定めをする必要があるとされた。

　これに対し、ⓑ説として、①遺言がある場合は、遺産分割方法の指定、相続分の指定、遺贈、特定財産承継遺言など、遺言内容に従った登記の申請義務が発生するとの考え方もありうる[21]。もっとも、遺言の効力は遺言者の死亡時から発生するものの（民法965条１項）、遺言の執行には一定の時間を要することから、遺言がある場合には、この点も加味して、登記申請義務の発生について一定の期限（始期）を付す必要があると考えられる。

　また、②遺言の有無にかかわらず、遺産分割が必要な場合は、後に遺産分割がされることを想定し、かつ一定期間内に遺産分割をすべき義務を法律上定めるとすれば[22]、その期間が経過した時点で、遺産分割の結果までを反映した登記を申請すべき義務を定めることが考えられるから[23]、やはり期限を付す必要がある。

　このうち、ⓑ説による場合、遺産分割に期限を設けるとしても、一定期間（３年、５年、10年等）は相続登記をしなくてもよいことになる。そこで、相続登記の促進を政策目的とし、公益に基づく公示法の観点からは、ⓐ説によることが考えられた。その場合、①共同相続登記をしたうえで、②遺言、遺産分割、相続放棄などに従った登記をすることが想定されるから、その手続と費用についても、相続登記の促進の趣旨に照らして規定することを検討する必要がある（後述）。

---

20)　部会資料８：12頁（【甲案】）参照。
21)　部会資料８：12頁（【乙案】）参照。
22)　部会資料５：1-5頁参照。
23)　部会資料８：12頁（【乙案】）参照。

(3) 相続登記の申請義務を負う者の検討

登記申請義務を負う者としては、相続人のほか、遺贈（遺言執行者がある場合には、遺贈の履行は、遺言執行者のみが行いうる。民法1012条2項）、遺産分割方法の指定、相続分の指定、または特定財産承継遺言（遺言執行者は「対抗要件を備えるために必要な行為」をすることができる。民法1014条2項）がある場合には、遺言執行者が考えられる（民法1012条1項）。もっとも、これらの者と受遺者、その他の権利取得者との共同申請か単独申請かについては、別途検討する必要がある（後述）。

(4) 相続登記の申請義務の対象となる権利および財産の検討

相続登記の申請義務が生じる権利として、不動産登記法3条の所有権、地上権、永小作権、地役権、先取特権、質権、抵当権、賃借権、配偶者居住権、採石権が考えられる。所有者不明土地問題の対策という法政策目的に照らし、重要度の高い所有権などの権利に絞ることも、法理上は可能である[24]。

また、対象となる財産が、土地のみか、土地と建物かも問題になる。この点も法政策目的に照らして判断すべきである。敷地権付き区分建物については敷地と建物の公示が一体的に処理されていること、所有者不明土地問題と密接に関連して空き家の管理不全が問題になっていることなどに鑑みて、土地と建物の双方を対象とすることが適切であると考えられる[25]。

(5) 相続登記の申請手続の検討

相続登記の申請義務の内容に関する前記ⓐ説による場合には、①法定相続分に従って共同相続登記をしたうえで、②遺言、遺産分割、相続放棄などを反映した登記をすることになるから、その一連の手続を踏まえた、首尾一貫した登記手続についての規定（登記費用についての規定も含む）を整備する必要があった。②のうち、特定財産承継遺言、遺産分割、相続放棄については、登記権利者が錯誤による更正の登記（不動産登記法2条16号）を単独で申請することができるものとする（不動産登記法63条2項参照）一方、遺贈については、相続人以外の者が受遺者となる場合も含めて、登記の真性を担保する

---

24) 部会資料8：13頁は所有権に限ることを提案した。
25) 部会資料8：14頁（【乙案】）に該当する。

観点から、相続人（または遺言執行者）と受遺者との共同申請とすべきことが提案された[26]。しかし、更正の登記とすることの適否、遺言執行者がある場合に単独申請とする余地について、なお検討すべきであると考えられた。とりわけ遺言、遺産分割等ついては、共同相続登記の時点で、その後にさらなる登記の必要性が当然に想定されるゆえに、共同相続登記から遺言や遺産分割を反映した登記までを一連のものと捉えた登記手続を整備する余地があった。

(6)　相続登記の申請義務を怠った場合の制裁の検討

これについては、表示の登記の申請義務を怠った場合（不登法164条。前述）と同様、過料の制裁、その他の不利益を課すことが検討された[27]。もっとも、義務の懈怠に対する制裁により、相続登記の申請の実効性が上がるかどうかは、それ以前の問題に依存しているように思われる。それは、所有者不明土地問題の発生を未然に回避すべく、公益確保の観点から、《相続が生じた場合は不動産登記が重要である》という意識と、その場合にどこで、誰に相談し、どのような手続を取るべきかについての認識の有無が、より決定的である。法教育が重要になるゆえんである。

4 ｜ 不動産登記法・民法改正の帰結

(1)　相続登記の申請義務
(a)　相続よって不動産所有権を取得した者が負う登記申請義務の法的性質と内容

土地の所有者またはその共有者の全部または一部が特定不能または所在不明となっている土地としての所有者不明土地[28]を発生させる最大の原因は、土地の所有者または共有者（自然人）が死亡し、相続が開始しても、相続登記がされないことにあると考えられた[29]。そこで、相続人の側に相続登記等

---

26)　部会資料 8 : 6-10頁参照。

27)　部会資料 8 : 15-18頁参照。

28)　「所有者不明土地」の意義については、前述 3 頁（第 1 章・注 1 および該当本文）参照。

29)　前述13頁（第 1 章 **3** (1)注24該当本文）参照。

を促す方法と、登記所の側に登記名義人の死亡情報等を入手して登記に反映させる方法とが[30]、同時に検討されてきた。

まず、不動産登記法は、不動産の所有権の登記名義人が死亡した場合において、相続によって所有権を取得した相続人に登記の申請を義務づけた（不登法76条の2）[31]。

　「所有権の登記名義人について相続の開始があったときは、当該相続により所有権を取得した者は、自己のために相続の開始があったことを知り、かつ、当該所有権を取得したことを知った日から3年以内に、所有権の移転の登記を申請しなければならない。遺贈（相続人に対する遺贈に限る。）により所有権を取得した者も、同様とする」（不登法76条の2第1項）。

この登記申請義務は、民法改正によらずに、不動産登記法の改正により、「公法上の登記申請義務」[32]として創設されたものである。しかも、相続による不動産の所有権取得に限定して、登記の申請義務を課したものである。

(b)　相続登記申請期間

不動産所有権の登記名義人（自然人）が死亡して相続が開始した場合、①「相続」[33]によって所有権を取得した者、および②相続人に対する遺贈によって所有権を取得した者は、「自己のために相続の開始があったことを知り、かつ、当該所有権を取得したことを知った日から3年以内」に、所有権移転登記手続を申請しなければならないものとされた（不登法76条の2第1項）。この期間を、以下では「**相続登記申請期間**」ということにする。

---

30)　後述254頁（(5)②、③）参照。

31)　相続以外の原因（例えば、死因贈与、相続人以外の者への遺贈、売買等）による所有権の移転があった場合は、登記申請を公法上義務付ける規律は設けない方針がとられた（中間試案補足説明：171-172頁）。このような異なる取扱いをどのように説明しうるかが議論されたが、部会資料38：49-50頁第3でも維持された。

32)　中間試案：30頁（第6.2(1)）、部会資料38：11頁、13頁（第1.2(1)）、部会資料53：1頁（第2部第1.1(1)）、要綱：16頁（第2部第1.1(1)）参照。

33)　この「相続」には、遺産に属する特定の不動産を共同相続人の1人または数人に相続させる旨の遺言（特定財産承継遺言。民法1014条2項）による土地所有権の取得を含む（部会資料53：2頁、要綱：16頁〔第2部第1.1(1)注1〕）。

ただし、相続登記申請義務を創設する改正不動産登記法76条の2の施行の際に、不動産所有権の登記名義人がすでに死亡している場合は、相続登記申請期間（不登法76条の2第1項）がすでに進行を開始していることが考えられる。そこで、この場合には、①自己のために相続の開始があったことを知り、かつ当該所有権を取得したことを知った日、または②改正不動産登記法76条の2第1項の施行の日（令和6年4月1日。「民法等の一部を改正する法律の施行期日を定める政令」〔令和3年12月14日閣議決定〕による）のいずれか遅い日から3年以内に、所有権移転の登記を申請しなければならないものとされている（令和3年民法等一部改正法・附則5条6項）。これにより、相続登記申請義務が過大なものとならないように配慮されている[34]。

(c)　相続登記の申請方法

　①登記名義人から、特定財産承継遺言または相続人への遺贈によって所有権を取得した者は、その旨を相続登記申請期間内に登記を申請しなければならない（不登法76条の2第1項前段・後段）。

　②①の遺言がない場合、単独相続をした相続人は、相続による取得の登記を相続登記申請期間内に申請しなければならない（不登法76条の2第1項前段）。

　③①の遺言がない場合、共同相続人は、相続登記申請期間内に遺産分割をし、その結果を相続登記申請期間内に登記申請することにより、相続登記申請義務を果たすことができる（不登法76条の2第1項前段）。

　④①の遺言がない場合、共同相続人は、遺産分割をしないまま、ひとまず法定相続分（民法900条、901条）に従った登記を相続登記申請期間内に申請することによっても、相続登記申請義務を果たすことができる（不登法76条の2第1項前段）。

　ただし、法定相続分による登記がされた後に遺産分割が行われ、それによって法定相続分を超えて所有権を取得した共同相続人は、遺産分割の日から3年以内に、なおも所有権移転登記を申請しなければならない（不登法76条の2第3項）[35]。

　ちなみに、民法上は、相続による権利の承継は、遺産分割によるものかど

---

34)　部会資料53：1頁（第2部第1.1(1)注5）、村松＝大谷編著2022：400頁参照。

うかにかかわらず、法定相続分（民法900条、901条）を超える部分について
は、対抗要件を備えなければ第三者に対抗することができない（民法899条の
2第1項）。それゆえに、この登記により、公法上の登記義務を履行するこ
とになるとともに、実体法上の対抗力も取得することになる。

　⑤相続登記申請義務は、不動産所有権の登記名義人が死亡し、当該不動産
の所有権（共有持分権を含む）を相続した者が、自分が相続人であることを
申告することによっても、履行したものとみなされる（不登法76条の3）。こ
れは、不動産所有権の登記名義人について相続が開始し、自分がその相続人
であることの申出による相続登記申請義務のみなし履行である。単独相続の
場合のみならず、他に共同相続人がいても、その同意や共同の申出は不要で
ある。以下では、これを「**相続人申告登記**」という。

　　「前条〔不登法76条の2〕第1項の規定により所有権の移転の登記を申請する
　義務を負う者は、法務省令で定めるところにより、登記官に対し、所有権の登
　記名義人について相続が開始した旨及び自らが当該所有権の登記名義人の相続
　人である旨を申し出ることができる（不登法76条の3第1項）。
　　2　前条〔不登法76条の2〕第1項に規定する期間内に前項の規定による申
　出をした者は、同条第1項に規定する所有権の取得（当該申出の前にされた遺
　産の分割によるものを除く。）に係る所有権の移転の登記を申請する義務を履行
　したものとみなす」（不登法76条の3第2項。下線は引用者による）。

　このように、所有権移転登記の申請義務を負う者（不登法76条の2第1項。
前述239-240頁〔(a)〕）が、登記官に対し、①所有権の登記名義人について相
続が開始した旨、および②自らが当該所有権の登記名義人の相続人である旨
を、相続登記申請期間内に申し出たときは、所有権移転登記の申請義務を履
行したものとみなされる。

　ただし、当該申出の前に、当該不動産の所有権を遺産分割によって取得し
た相続人は、相続登記申請期間内に、遺産分割の結果を登記する義務を負い、

---

35)　なお、いったん法定相続分に従って所有権取得登記をした後に、遺産分割によって法定
　　相続分を超える所有権を取得した場合の登記手続の簡略化については、後述248-249頁
　　（(3)②）参照。

相続登記申請期間内に相続人申告登記をしても、所有権移転登記申請義務の
みなし履行の効果は生じない（不登法76条の3第2項括弧書「当該申出の前に
された遺産の分割によるものを除く」）。相続登記申告期間内に遺産分割によっ
て当該不動産の所有権を取得した以上は、その結果を同期間内に登記すべき
であると考えられるからである。

　相続人申告登記の申請に際しては、当該登記名義人の法定相続人であるこ
とを証する情報を提供しなければならない。しかし、その持分の割合を証す
る情報を提供する必要はなく、申出人が法定相続人の1人であることが分か
る限度での戸籍謄抄本を提供すれば足りる。例えば、登記名義人の配偶者で
あれば、現在の戸籍謄抄本、登記名義人の子であれば、登記名義人として被
相続人である親の氏名が記載されている子の現在の戸籍謄抄本で足りる[36]。
なお、相続人申告登記については、登記申請義務者の負担軽減を図るため、
添付書面の簡略化に努めるほか、登録免許税を非課税とする措置等について
検討を行うことが求められている[37]。

　相続人申告登記の申請に対し、登記官は職権で、不動産登記簿の甲区（所
有権に関する事項）の「権利者その他の事項」の欄に、相続開始を原因とし
て、当該申出があった旨、当該申出をした者の氏名および住所、その者が所
有権の登記名義人の「申告相続人」であること、その他法務省令で定める事
項を、所有権の登記に付記する方法で付記登記（不登法4条2項）を行う
（不登法76条の3第3項）。相続人申告登記は、あくまでも①所有権の登記名
義人について相続が開始したこと、および②自らが当該登記名義人の相続人
であるという事実についての「報告的な登記」である[38]。

　それゆえに、相続人申告登記は、相続した不動産についての持分を登記す
るものではない。そこで、相続人申告登記をした者が、その申出の後に、遺
産分割によって所有権を取得したときは、当該遺産の分割の日から3年以内
に、所有権移転登記を申請しなければならない（不登法76条の3第4項）。し
かも、その際には、相続人申告登記をした者は、法定相続分に応じた持分の

36）　部会資料53：6頁、要綱：17頁（第2部第1.1(3)注2）、村松＝大谷編著2022：275頁参照。

37）　衆議院法務委員会附帯決議3、参議院法務委員会附帯決議3。

38）　中間試案：32頁（第6.2(3)ア注1）、部会資料53：6-7頁、要綱：17頁（第2部第1.1(3)注
　　1）、村松＝大谷編著2022：270頁参照。

相続登記もしていないときには、遺産分割による所有権取得が法定相続分を超えているか否かにかかわらず、遺産分割から3年以内に所有権移転登記を申請する義務を負う[39]。

　相続人申告登記をした者が、遺産分割前に、法定相続分に従った相続登記をした場合は、その後に遺産分割をし、それによって法定続分を超えて所有権を取得したときに、遺産分割の日から3年以内に所有権移転登記をする義務を負う（不登法76条の3第4項括弧書）[40]。

(d)　相続登記の方法の相互関係

　以上のようにみてくると、不動産所有権の登記名義人が死亡した場合において、当該不動産の所有権（共有持分権を含む）を取得した相続人は、登記義務を履行するために、以下の方法から選択することができる。

①　相続登記申請期間（不登法76条の2第1項）内に、遺産分割協議を行い、遺産分割の結果を踏まえた登記をする[41]。単独相続の場合、または特定財産承継遺言もしくは相続人に対する遺贈によって所有権を取得した場合も、同期間内に、その旨の登記をする[42]。
②　ひとまず法定相続分による相続登記をしておいて、その後遺産分割協議をし、その結果を登記する[43]。その後の遺産分割によって法定相続分を超えて所有権を取得した相続人は、遺産分割の日から3年以内に所有権移転登記を申請する義務を負う。
③　不動産所有権の登記名義人が死亡し、自分が相続人であることを申し出る。その後の遺産分割の日から3年以内に所有権移転登記を申請する義務を負う。

---

39)　部会資料53：8頁、村松＝大谷編著2022：279頁参照。
40)　前述241-242頁（(c)④）参照。
41)　法定相続分による相続登記を経ずに、遺産分割協議による所有権移転を登記する場合、登記原因は相続となり、単独申請によることになる（不動産登記法63条2項）。
42)　この場合における登記手続の簡略化に関しては、後述247-248頁（(3)①）参照。
43)　この場合における登記手続の簡略化に関しては、後述248-249頁（(3)②）参照。

以上の中で、最も望ましい方法が上記①であることは、いうまでもない。なぜなら、①によれば、相続登記申請義務はただちに、かつ完全に履行されたことになるからである。そこで、相続開始後、速やかに遺産分割を行い、かつその結果を登記しようとするインセンティブを、可能な限り創出するような制度改革が行われるべきである[44]。しかし、相続開始により、被相続人の財産に属した一切の権利・義務が相続人に承継され（民法896条本文）、相続財産は各相続人の法定相続分または指定相続分に従った共有になるとする（民法898条、899条）相続法制の下で、一定の期間内に遺産分割を義務づけることは、相続人の財産権に対する大きな制約となり、困難である。その結果、相続登記申請期間内に遺産分割まで行って相続登記申請を行う上記①のみに相続人の選択肢を限定することはできない。そこで、代替策として、上記②および上記③が加えられることになったと考えられる。

　相続開始後、相続登記申請期間内に遺産分割をすることが困難であるとすると、上記②のように、ひとまず法定相続分（民法900条、901条）による相続登記をしておくことが考えられる。しかし、その後遺産の分割によって自己の法定相続分を超えて所有権を取得した者は、遺産分割の日から3年以内に、所有権移転登記を申請する義務を負う（不登法76の2第2項）[45]。したがって、遺産分割の結果を登記する前に、法定相続分に従って登記しておけば、相続登記申告義務は果たされる、ということには必ずしもならない[46]。

　のみならず、ひとまず相続登記申請期間内に法定相続分に従った登記をしたことにより、その後遺産分割がされずに放置されることになると、相続人について相続が発生するなどして、所在等不明所有者が増える可能性もあり、本末転倒になるおそれもある。

　さらに、上記③の相続人申告登記によっても、相続登記申請義務を履行することができる。しかし、この場合も、その後「遺産の分割によって所有権

44）　まず、遺産分割を促進するための方策につき、後述249-253頁（（4））参照。つぎに、相続登記申請義務の履行を促す方策として、相続登記申請義務の懈怠に対するサンクション（後述247頁〔(2)〕）、および相続登記手続の簡略化等（後述247-249頁〔(3)〕）参照。

45）　この登記申請義務を怠った場合の制裁については、後述247頁（(2)）参照。

46）　もっとも、いったん法定相続分に応じて所有権取得登記をした後に、遺産分割によって法定相続分を超える所有権を取得した場合は、登記手続の簡略化の措置がある。これについては、後述248-249頁（(3)②）参照。

を取得したとき」は、その前に法定相続分による相続登記がされていない限り、遺産分割の日から3年以内に所有権移転登記の申請義務を負う（不登法76の3第4項）[47]。しかも、法定相続分による所有権取得の登記すらされていないのであるから、法定相続分を超えて所有権を取得したか否かにかかわらず、所有権移転登記を申請する義務を負う。他方、相続人申告登記をしておけば、遺産分割がされない限り、所有権移転登記を義務づけられないことから、その状態が放置されると、やはり相続人について相続が発生するなどして、所在等不明所有者が増えるリスクは否定できないように思われる。

　その結果、相続登記申請の義務化が、所有者不明土地の発生を予防する効果をもつかどうかは、最終的に、遺産分割が円滑に促進されるかどうかにかかっている[48]。そのうえで、不動産の登記名義人が死亡した場合、その相続人は、相続開始および当該不動産についての所有権取得を知った日から3年以内に、遺産分割を済ませ、その旨を登記することが最も望ましいものとされている、という規範意識が形成されるか否かが、鍵を握っていると考えられる。衆議院および参議院の各法務委員会も、「遺産分割協議が行われ、その結果を登記に反映させることは確定的な権利帰属を促進し、不動産所有権の分散化の防止につながるもので、本改正〔令和3年民法改正等〕の趣旨にも沿うものである」との認識に立ち、「関係機関及び専門職者は連携体制を強化し、その促進に向けて、積極的に周知広報を行う」べきことを、あえて附帯決議している[49]。

　こうしてみると、不動産登記法による公法上の登記義務としての相続登記申請義務は、それ単独では、相続人に義務の履行を促し、所有者不明土地の発生を予防するうえで限界があると思われる。そこで、義務履行を確保するための不動産登記法上の措置（後述(2)、(3)）、および民法上の措置（後述(4)）が必要になる。

---

47)　相続登記申請期間内に相続人申告登記をした者が、遺産分割をする前に、法定相続分による登記をした場合において、その後に行われた遺産分割で法定相続分を超えて所有権を取得したときは、遺産分割の日から3年以内に所有権移転登記を申請する義務を負うものと解される（不登法76条の2第2項）。
48)　遺産分割自体を促進するための方策につき、後述249-253頁（(4)）参照。
49)　衆議院法務委員会附帯決議5、参議院法務委員会附帯決議5。

(2)　相続登記申請義務の懈怠に対する制裁

　公法上の登記申請義務を履行しなかった場合の制裁として、相続登記申請義務のある者が、相続の開始を知り、かつ当該不動産の所有権（共有持分権を含む）を取得したことを知った日から3年以内（不登法76条の2第1項・第2項、76条の3第4項）に、「正当な理由」がないにもかかわらず登記申請を怠ったときは、10万円以下の過料に処される（不登法164条）。「正当な理由」としては、①不動産所有権の登記名義人の相続人について相続が発生し、さらにその相続人について相続が発生する等の数次相続、その他の理由で、相続人の把握が困難である、②遺産が広範囲にわたって把握困難、③登記申請義務者の重病等による申請困難等が考えられる。

　しかし、被相続人について相続が発生したこと、または被相続人が不動産を所有していることを相続人が知らず、そのことについて相続人に帰責事由がない場合は、そもそも登記申請義務自体が発生していないと解される。そして、登記申請義務があるにもかかわらず、なおも「正当な理由」がある場合は、過料の制裁を免れることになる。「正当な理由」の具体例としては、①数次相続が発生して相続人が極めて多数に上り、戸籍謄本等の資料収集、他の相続人の把握等に時間を要する場合、②遺言の有効性を争う訴訟が継続している場合、③相続登記申請義務を負う者が重病等により、登記申請を期待できない事情がある場合、④登記簿はあるが、公図が現況と異なり、現地を確認できない場合等が考えられる[50]。

　なお、「正当な理由」についての法務局の判断、裁判所に対する過料事件の通知の手続など、過料の制裁の運用に際しては、透明性と公平性の確保に努めること、DV被害者の状況、経済的困窮の状況など、実質的に相続登記申請が困難な者の事情等を踏まえた柔軟な対応を行うことが求められている[51]。

(3)　登記手続の簡略化、その他

　①相続登記申請義務の履行を促すインセンティブとして、まず、相続人に

---

50)　中間試案：31-32頁（第6.2(2)）、中間試案補足説明：177-179頁、部会資料38：18-21頁（第1.2(2)）、部会資料53：4-5頁（第2部第1.1(2)）、村松＝大谷編著2022：298-299頁参照。

51)　衆議院法務委員会附帯決議2、参議院法務委員会附帯決議2。

対する遺贈による不動産所有権移転登記は、登記権利者（受遺者）が単独で申請することができるとされた（不登法63条3項、不登法60条の例外）。しかし、それ以外の権利変動については、相続人以外の者への遺贈、不動産所有権移転以外の権利変動を含め、相続を契機とする権利取得者について全面的に単独申請を認める趣旨ではない[52]。今次の不動産登記法改正は、所有者不明土地・建物の発生を予防するという立法政策に立脚するからである。

　②つぎに、不動産の登記名義人が死亡し、法定相続分に従った相続登記が行われ、その後に遺産分割がされた場合、法定相続分を超えて所有権を取得した者は、遺産分割から3年以内に所有権移転登記を申請しなければならない（不登法76条の2第2項）。この方法による登記申請義務の履行を促すインセンティブとして、登記権利者が単独で**更正登記**の方法によって遺産分割の結果を反映した登記を申請することができる旨が提案された[53]。これは、法定相続分による登記をした後に、遺産分割の結果を反映した登記を申請するときは、持分権の移転による移転登記を行う（したがって、持分権を移転する登記義務者と持分権を取得する登記権利者との共同申請となる）とする現在の登記実務を変更することにより、ひとまずは法定相続分による相続登記をしておくことへのインセンティブになると考えられたことによる。しかし、とりあえず法定相続分による登記をすれば、遺産分割によって法定相続分を超える所有権を取得しない限り、所有権移転登記義務が発生しないことから、遺産分割へのインセンティブを欠き、本末転倒となるおそれもある[54]。

　そこで、法定相続分での相続登記がされている場合において、以下①〜④の登記をするときは、「更正の登記によることができるもの」（傍点は引用者による）としたうえで、「登記権利者が単独で申請することができる」とし、これを「不動産登記実務の運用により対応する」ものとした[55]。すなわち、法定相続分での相続登記がされた後の、①遺産分割の協議または審判もしく

---

52) 中間試案：32-33頁（第6.3(1)）、部会資料38：27-29頁（第1.3(1)）、部会資料53：8-9頁（第2部第1.1(4)）参照。

53) 中間試案：33頁（第6.3(2)）、中間試案補足説明：185-190頁、部会資料38：29-32頁（第1.3(2)）、部会資料53：9-10頁（第2部第1.1(5)）、部会資料60：5頁（第2部第1.1(5)本文）参照。

54) 前述244-246頁（(1)(d)）参照。

55) 部会資料62-1：17-18頁（第2部第1.1(5)本文）。

は調停による所有権の取得に関する登記、②他の相続人の相続の放棄による所有権の取得に関する登記、③特定財産承継遺言による所有権の取得に関する登記、④相続人が受遺者である遺贈による所有権の取得に関する登記である。したがって、①の登記は、更正の登記（不登法67条）によらなくとも、従来の実務と同様に、登記義務者と登記権利者の共同申請により、所有権移転の登記をすることも妨げられるものではない[56]。

　③相続登記申請義務の履行を促すためのインセンティブとして、**所有不動産記録証明制度**も導入された。これは、不動産の所有権を登記しておくことにより、不動産の所有権の登記名義人、および不動産の所有権の登記名義人について死亡、法人の合併等の一般承継があった場合における相続人等の一般承継人が、当該登記名義人の所有名義になっている不動産の一覧についての証明書（所有不動産記録証明書）の交付を請求できるというものである（不登法119条の2第1項、第2項）。これにより、自らが登記名義人として所有する不動産、および登記名義人の相続人となっている不動産の把握が容易になるというメリットを享受できる。

　④その他、相続登記申請に際しての登録免許税の減免、添付書面の簡略化等も、相続登記申請義務の履行のインセンティブ（またはディスインセンティブの軽減）となりうる。

　もっとも、これら不動産登記法上の措置だけでは、相続登記申請期間内に遺産分割を行い、その結果を登記するという、最も期待される相続登記申請義務の履行方法を実現するには十分でない。そこで、最終的には、遺産分割それ自体を促す民法上の制度改革が求められる。

(4)　遺産分割の期間制限

　すでに確認したように、遺産分割をより速やかに実現することなしには、相続登記を促し、所有者不明土地の発生を効果的に予防することは困難である。

　しかしまた、相続の開始後、一定の期間内に、遺産分割を直接に義務づけることも困難である。そこで、令和3年民法等一部改正法は、共同相続人に対し、遺産分割を間接的に促す方法として、相続開始時から10年を経過した

56）　部会資料62-2:1-2頁。

後にする遺産分割については、具体的相続分の算定の基礎となる①特別受益（民法903条、904条）および②寄与分（民法904条の2）に関する規定が適用されないものとした（民法904条の3柱書本文）。これにより、相続開始時から10年経過してしまうと、共同相続人が、他の共同相続人の特別受益および自己の寄与分を考慮に入れた具体的相続分による遺産分割を求める利益を失う可能性がある。これは、具体的相続分に従って遺産分割を行うことに利益をもつ共同相続人のイニシアティブにより、相続開始時から10年以内に遺産分割が行われるよう、間接的に促すものであるといえる[57]。それによれば、遺言がない場合は、遺産分割がされずに10年経過した後は、法定相続分（民法900条、901条）または指定相続分（民法902条）に従って遺産分割が行われることになる[58]。

　ただし、①相続開始時から10年を経過する前に、相続人が家庭裁判所に遺産分割の請求をしたとき（民法904条の3第1号）、または②相続開始時から始まる10年の期間の満了前6か月以内の間に、遺産分割を請求することができないやむを得ない事由が相続人（当初の相続人が死亡しているときは、その地位を承継した者）にあった場合において、その事由が消滅した時から6か月を経過する前に、当該相続人が家庭裁判所に遺産分割の請求をしたとき（民法904条の3第2号）は、この限りでない（民法904条の3柱書ただし書）。

　また、遺産分割がされずに、相続開始から10年経過した後であっても、共同相続人間で具体的相続分に従って遺産分割する旨の合意がされた場合は、それに従った遺産分割の協議による分割は有効である。さらに、遺産分割の調停または審判による場合でも、当該合意に従った遺産分割は有効であると解される[59]。

　しかし、遺産分割がされずに相続開始から10年が経過し、法定相続分によって遺産分割がされた場合に、具体的相続分による場合よりも不利益を受けた共同相続人が、同じく利益を受けた共同相続人に対し、不当利得を理由とする返還請求をすることは認められないと解される[60]。遺産分割に際して具

57）　中間試案:24-27頁（第4.2、第4.3）、中間試案補足説明:123-142頁、部会資料42:1-9頁（第1）、部会資料51:20頁（第1部第4.3補足説明）、村松＝大谷編著2022:246頁。

58）　相続開始から10年経過後は、具体的相続分による遺産分割は求めえないが、遺産分割の基準（民法906条）はなお適用されうる（部会資料42:1頁〔第1.2(1)〕参照）。

59）　部会資料42:7-8頁（第1.5補足説明5）、部会資料51:20頁（第1部第4.3補足説明）参照。

体的相続分に関する民法903条、904条および904条の2が適用されないものとした趣旨は、遺産分割後の共同相続人間の最終的な利益帰属に法的根拠を与えるものであり、法定相続分に従った遺産分割により、具体的相続分に従った遺産分割よりも利益を受ける共同相続人の利得が、不当利得とはいえないことも含意していると解されるからである。

　相続開始時から10年を経過した後は、遺産分割の審判の申立ての取下げは、相手方の同意を得なければ、その効力を生じない（家手法199条2項）[61]。また、遺産分割の調停の申立ての取下げについても同様である（家手法273条2項）。これらも、相続開始時から10年以内の遺産分割への間接的なインセンティブとなりうる。

　つぎに、遺産分割をしないことについても規律が改められた。共同相続人は5年以内の期間を定めて、遺産の全部または一部について遺産分割をしない旨の契約をすることができるが、その期間の終期は、相続開始時から10年を超えることができない（民法908条2項）。この契約は5年以内の期間を定めて更新することができるが、その期間の終期も相続開始時から10年を超えることができない（民法908条3項）。

　また、遺産分割について共同相続人間に協議が調わず、または協議することができない場合、各共同相続人は遺産の全部または一部の分割を家庭裁判所に請求することができるが（民法907条2項本文）、その際、家庭裁判所は、「特別の事由」があるときは、5年以内の期間を定めて、遺産の全部または一部について分割を禁ずることができる。ただし、その期間の終期も相続開始時から10年を超えることができない（民法908条4項）。この期間は、家庭裁判所が5年以内の期間を定めて更新することができるが、その終期も相続開始時から10年を超えることができない（民法908条5項）。

　以上のようにみてくると、改正民法は、遺産分割に関して、原則として相続開始時から10年以内に遺産分割を行うべきであるという行為規範の形成を促しているとみることができるように思われる。しかしながら、相続開始時から10年の遺産分割期間内に遺産分割すべきであるという民法規範と、自己のために相続開始があったことを知り、かつ当該不動産所有権を取得したこ

60）　部会資料51:20頁（第1部第4.3補足説明）参照。
61）　部会資料42:8-9頁（第1.6）。

とを知った日から3年の相続登記申請期間内に遺産分割をして相続登記を申請することが最も望ましいという不動産登記法規範との間には、微妙なズレがある。これをどのように埋めるべきかが課題として残されている。その際には、相続開始時から10年間保護される**遺産分割の権利ないし利益**の実質を体系的に吟味する必要がある。遺産分割の権利・利益としては、すでにみた以下のものが認められている。

① 相続開始時から10年を経過した後にする遺産分割には、原則として、具体的相続分の算定の基礎となる特別受益および寄与分に関する規定が適用されない（民法904条の3柱書本文）。ただし、相続開始時から10年経過前に、相続人が家庭裁判所に遺産分割請求したとき（民法904条の3第1号）、および相続開始時から10年の期間満了前6か月以内に、遺産分割を請求することができない「やむを得ない事由」が相続人にあり、その事由の消滅時から6か月経過前に、家庭裁判所に遺産分割請求したとき（民法904条の3第2号）は、具体的相続分による分割が可能である。

② 相続開始時から10年経過後は、それ以前にされた遺産分割の調停や審判の申立てを取り下げるために、相手方の同意を要する（家手法199条2項、273条2項）。

③ 相続開始時から10年経過後は、通常共有と遺産共有が併存する共有物については、共有物分割訴訟により、通常共有の持分のみならず、遺産共有の持分についても、分割することができる（民法258条の2第2項本文）。
　ただし、共有物分割訴訟を提起していない共同相続人が、共有物分割訴訟が継続する裁判所から通知（訴状の送達）を受けた日から2か月以内に、共有物分割訴訟によって分割することに異議の申出をした場合は、共有物分割訴訟によって分割することはできない（民法258条の2第2項ただし書、第3項）。

④ 共同相続人は5年以内の期間を定めて遺産の全部または一部について，遺産分割しない旨の契約をすることができるが、その期間の終期は相続開始時から10年を超えることができない（民法908条2項）。この契約は5年以内の期間を定めて更新することができるが、その期間の終期も相続開始時から10年を超えることができない（民法908条3項）。

共同相続人が家庭裁判所に遺産分割の請求をした場合において、家庭裁判所が「特別の事由」があると認め、遺産の全部または一部について遺産の分割を禁ずる場合も同様である（民法908条4項，5項）。

⑤ 共有不動産の共有者が所在等不明の場合において、その共有持分が相続財産に属し、かつ共同相続人間で遺産分割すべきときは、相続開始時から10年経過していなければ、他の共有者による持分の取得および譲渡権限付与の裁判の対象とならない（民法262条の2第3項，262条の3第2項）。

　このうち、特に①・③・④・⑤が遺産分割のために相続人に確保しようとする10年間の期間保障の趣旨を吟味する必要がある。

　もっとも、所有者不明土地の発生予防は、令和3年民法改正等によって完結したわけではない。それは所在等不明となった土地所有者の所有権を制限しながら、公益の実現を図るべく、所有者と国家とのキャッチボールが始まったことを意味する。遺産分割の権利・利益に関する改正民法の規律（令和5年4月1日施行）と相続登記申請義務に関する不動産登記法の規律（令和6年4月1日施行）の実施状況を観察しながら[62]、遺産分割を促す規律および相続登記申請義務の規律が適切かどうかを観察し、さらに必要な改正を探る必要があると考えられる。

(5)　所有者不明土地の発生を予防するためのその他の措置

　令和3年民法等一部改正法は、所有者不明土地の発生を予防するための措置として、相続登記申請の義務化のほかに、不動産所有権の登記名義人を対象にして、以下のような制度も創設した。

---

62)　令和3年民法改正等の施行日は、「民法等の一部を改正する法律の施行期日を定める政令」および「相続等により取得した土地所有権の国庫への帰属に関する法律の施行期日を定める政令」（令和3年12月14日閣議決定）により、以下のとおりである。
　　すなわち、①土地利用に関連する民法の規律の見直し（相隣関係、共有、財産管理、相続等）は、令和5年4月1日、②相続登記の申請義務化等は、令和6年4月1日、③住所等の変更登記の申請義務化等は、公布後5年を超えない範囲内で政令で定める日、④相続土地国庫帰属法は、令和5年4月27日である。

① 不動産所有権の登記名義人は、その氏名（自然人）または名称（法人）、および住所の変更が生じた場合、変更日から 2 年以内に変更の登記の申請義務を負う（不登法76条の 5 ）。「正当な理由」なしに申請義務の履行を怠った場合は、 5 万円以下の過料に処される（不登法164条 2 項）。

　また、不動産の登記名義人が法人である場合、会社法人等番号（商業登記法 7 条）、その他法人の識別に必要な事項として法務省令で定めるものが、登記事項に追加された（不登法73条の 2 第 1 項 1 号）。

② 登記官は、不動産所有権の登記名義人が権利能力を有しないこととなった場合、職権で、当該登記名義人についてその旨を示す符号を表示することができる（不登法76条の 4 ）。

　そのために、登記官は、住民基本台帳ネットワークシステムに照会し、所有権の登記名義人の死亡情報等を取得することができる。その検索用情報として、所有権の登記名義人は、生年月日等も提供しなければならない。もっとも、この検索用情報の提供は、それに関する規定の施行（令和 3 年民法等一部改正法の公布後 5 年を超えない範囲内で政令で定める日）後に新たに不動産所有権の登記名義人となる者が提供義務を負う。その施行日以前に登記名義人となっている者は、検索用情報を任意で提供することができる。

③ 登記官は、不動産所有権の登記名義人の氏名・名称または住所について変更があったと認めるべき場合、職権で、変更の登記をすることができる（不登法76条の 6 本文）。ただし、当該登記名義人が自然人の場合、氏名または住所の変更の登記は、（登記官の照会に対し）その申出がある場合に限る（不登法76条の 6 ただし書）。

④ 不動産所有権の登記名義人は、日本国内に住所をもたないときは、日本国内における連絡先となる者の氏名・名称または住所、その他法務省令で定めるものを登記しなければならない（不登法73条の 2 第 1 項 2 号）。

　これらの措置も、所有者不明土地・建物の発生を予防すべく、公益の観点から、不動産所有権の登記名義人に義務を課し、またはその自由を制限するものといえる。

不動産の所有権（共有持分を含む）を相続（特定財産承継遺言を含む）また
は相続人への遺贈によって取得した者に課された所有権移転登記の申請義務
および不動産所有権の登記名義人に課された氏名・名称または住所に変更が
あった場合の変更登記の申請義務は、その懈怠に対する制裁と相俟って、不
動産の所有者に一定の行為を義務づけることにより、不動産所有権の行使の
自由を制限するものといえる。それが公共の福祉に適合し、財産権の保障
（憲法29条2項）に反しないかどうか、法施行後もフォローする必要がある。
それは土地所有権に関しては、改正土地基本法が定める土地所有者等の責務
の一環として、土地所有者に課された、登記手続による権利関係の明確化の
措置を講じるよう努める義務（6条2項）、国が実施する土地に関する施策
に協力すべき義務（6条3項）等を具体化した面をもつ。

　不動産所有権の行使に制約を課すこれらの立法の合憲性は、所有者の所在
等が不明となった土地・建物の管理コストが増大する中で、その発生を予防
するという目的に照らして、登記申請義務の範囲を限定していること、「正
当な理由」がある場合は制裁を発動しないこと、登記官の職権による登記の
権限を拡大し、所有者の負担を軽減していること、単独申請による等の登記
手続の軽減を図っていること、所有不動産記録証明制度等による登記のメリ
ットを拡大していること等の要素も総合的に考慮して、判断する必要がある。
その際には、これらの登記申請義務の賦課により、不動産登記情報が更新さ
れ、不動産所有者の所在等不明状態が実際どの程度改善されるか、その実効
性が重要な鍵を握っていると考えられる。

おわりに
——新しい土地所有論の可能性

　土地は、自然人、私法人、国、地方公共団体、その他の公法人、地域コミュニティなどによって所有されている。これは、各所の土地に対する異なる所有主体による、それぞれ独立した、いわば横割りの土地所有である。一方、それと併存する形で、本書においてこれまで検討してきたように、それぞれの主体による土地所有、例えば、1人の自然人による土地所有についてみても、それは当該所有者たる自然人のみならず、国、その土地が所在する地方公共団体などの公法人、その他の主体が、一定の権限をもっている。

　例えば、私人Aが所有する土地αに対し、まず、①国や地方公共団体は、土地収用法等に基づく一定の法的手続を経て行使される強制収用権限をもつ。また、国や地方公共団体は、法律や条例により、Aが所有する土地αの利用規制をすることもある。これは土地の私法上の所有権に対して公法上認められたいわば重層的な権限である[1]。このように土地に対する権限の重層構造という観点から見た場合、私人が、私人だけで土地を所有するということは、現実には困難であることが分かる。そして、この土地所有の重層構造においては、私人の手によって土地所有を維持できない場合、しかも、売買や贈与などの契約によって他人に所有権を移転することもできないときは、私人による土地所有に対して一定の権限をもつ国家は、何らかの責務を負うのかが不可避的な問題になる。

　また、そうした土地に対する公法的権限にとどまらず、Aが所有する土地αに対しては、②Aが所在不明になった場合に選任されうる不在者財産管理人や所有者不明土地管理人、土地αが管理不全状態になった場合に選任されうる管理不全土地管理人も、土地αに対して一定の管理権限をもつ。

　さらに、③土地αに隣接する土地βの所有者Bも、土地αに対して一定要件の下で隣地使用権、継続的給付設備の設置権等をもつ。

　そして、④Aが死亡し、土地αの所有権をCとDが共同相続した場合、所在不明になった共有者Cに対し、他の共有者Dは土地αのCの共有持分

1）カント／樽井＝池尾訳2002：168-171頁。

に対しても、土地αの管理、変更、持分の取得または譲渡権限の付与の裁判の申立権限等々、様々な権限をもちうる。

　こうしてみると、土地を所有するのは私人か国家かという単純な二項対立を超えて、土地所有は、所有者以外の主体がもつ公法上・私法上の権限が、所有者がもつ土地所有権と併存する形で、可能になっている。

　今や私人・近隣住民・地域コミュニティ・地方公共団体・国等の適切な役割分担と公平な費用負担による、包摂的で整合的で持続可能な土地管理システムが進化しつつある。それはIT化の進歩によって一層加速するであろう。このような土地管理システムの制度枠組は、資本主義的ないし自由主義的土地所有と社会主義的土地所有といった、従来のイデオロギー的対立を超えた、新たな土地所有論の可能性を示唆しているように思われる。

　しかし、このことは、私人による土地の私的所有を軽んじることをけっして意味しない。なぜなら、私人が土地の所有者あるいは利用者として、包摂的で整合的で持続可能な土地管理システムの中心的な担い手になることが、土地から多くの利益を効率的に産み出し、社会全体の効用を増大させてきたからである。もっとも、私人が土地管理システムの中心的な担い手になる場合には、土地を利用、管理または処分する際に、様々な形で具体化される土地所有者の責務を果たすことが求められる。その際、いわば「いいとこどり」をすることは、次第に認められなくなってきていることに、意を用いる必要がある。それでもなお、そうした私人が土地所有の自由を安定的に、かつ安心して享受しているという実感が得られるのでなければ、その国の私的土地所有制度はなお未成熟である、といわなければならない。

　所有者不明土地立法によって改革された土地所有制度の下で、今後日本の土地を誰が、どのように所有し、利用し、管理し、処分することにより、どのような物やサービスを産み出してゆくであろうか。それは日本社会の行く末を大きく左右するものであるに違いないであろう。

　以上のように、多様な担い手が様々な形で関わる制度枠組の下で、土地はそこにあり続けながら、誰かが所有し、利用し、管理し、処分し、自然人の場合は必ず死亡により、法人の場合は合併や清算を通じて、他者の手に移ってゆく。そのような無期限のサイクルの中で、「土地を所有する」とは、ある時、ある場所で、掛け替えのない担い手の一員になりうることにほかならない。

◆図表一覧

◆法令名略記

- ・空家等特措法：空家等対策の推進に関する特別措置法
- ・改正民法：民法等の一部を改正する法律（令和 3 年法律24号）によって改正された民法
- ・家手法：家事事件手続法
- ・区分所有法：建物の区分所有等に関する法律
- ・所有者不明土地利用円滑化法／所円法：所有者不明土地の利用の円滑化等に関する特別措置法
- ・森管法：森林経営管理法
- ・相帰規則：相続等により取得した土地所有権の国庫への帰属に関する法律施行規則（令和 5 年 1 月13日法務省令 1 号）
- ・相帰政令：相続等により取得した土地所有権の国庫への帰属に関する法律施行令（令和 4 年 9 月29日政令316号）
- ・相続土地国庫帰属法：相続等により取得した土地所有権の国庫への帰属に関する法律（令和 3 年法律25号）
- ・農強法：農業経営基盤強化促進法
- ・非訟法：非訟事件手続法
- ・表題部所有者不明土地法：表題部所有者不明土地の登記及び管理の適正化に関する法律
- ・不登法：不動産登記法
- ・令和 3 年民法等一部改正法：民法等の一部を改正する法律（令和 3 年法律24号）
- ・令和 3 年民法改正等：民法等の一部を改正する法律（令和 3 年法律24号）および相続等により取得した土地所有権の国庫への帰属に関する法律（令和 3 年法律25号）

◆立法関係資料等略記

- ・企画部会・新たな方向性：国土審議会土地政策分科会企画部会『土地政策の新たな方向性2016〜土地・不動産の活用と管理の再構築を目指して〜』（平成28〔2016〕年 8 月）
- ・企画部会・中間とりまとめ：国土審議会土地政策分科会企画部会『中間とりまとめ〜適正な土地の「管理」の確保に向けて〜』（令和元〔2019〕年12月）
- ・企画部会・とりまとめ：国土審議会土地政策分科会企画部会『所有者不明土地法の見直しに向けた方向性のとりまとめ』（令和 3 〔2021〕年12月）
- ・特別部会・とりまとめ：国土審議会土地政策分科会特別部会『とりまとめ』（平成31〔2019〕年 2 月）
- ・参議院法務委員会附帯決議：「民法等の一部を改正する法律案」及び「相続等により取得した土地所有権の国庫への帰属に関する法律案」に対する附帯決議（令和 3 年 4 月20日、参議院法務委員会）
- ・衆議院法務委員会附帯決議：「民法等の一部を改正する法律案」及び「相続等により取得した土地所有権の国庫への帰属に関する法律案」に対する附帯決議（令和 3 年 3 月30日、衆議院法務委員会）
- ・所有者不明土地対策基本方針：「所有者不明土地等対策の推進に関する基本方針」（平成30〔2018〕年 6 月 1 日、所有者不明土地等対策の推進のための関係閣僚会議〔第 2 回〕）
- ・中間試案：法制審議会民法・不動産登記法部会「民法・不動産登記法（所有者不明土地関係）等の改正に関する中間試案」（令和元年12月 3 日）
- ・中間試案補足説明：法務省民事局参事官室・民事第二課「民法・不動産登記法（所有者不明土地関係）等の改正に関する中間試案の補足説明」（令和 2 年 1 月）
- ・部会議事録：法制審議会民法・不動産登記法部会（第 1 回〜第26回）議事録
- ・部会資料：法制審議会民法・不動産登記法部会（第 1 回〜第26回）部会資料
- ・骨太方針2017：「経済財政運営と改革の基本方針 2017〜人材への投資を通じた生産性向上〜」（骨太方針）（平成29〔2017〕年 6 月 9 日閣議決定）
- ・骨太方針2018：「経済財政運営と改革の基本方針 2018〜少子高齢化の克服による持続的な成長経路の実現〜」（骨太方針）（平成30〔2018〕年 6 月15日閣議決定）
- ・要綱：法制審議会民法・不動産登記法部会『民法・不動産登記法（所有者不明土地関係）の改正等に関する要綱』（令和 3 年 2 月10日）

◆参考文献

編著者名等の五十音順による。
本文および注における引用は、編著者名および出版年による。

あ

・秋山靖浩（2019）「相隣関係の今日的課題」NBL1152号29-37頁
・秋山靖浩編著（2022）『新しい土地法——人口減少・高齢化社会の土地法を描く』（日本評論社）
・芦部信喜著＝高橋和之補訂（2019）『憲法〔第7版〕』（岩波書店）
・五十嵐敬喜（1990）『検証 土地基本法——特異な日本の土地所有権』（三省堂）
・石井紫郎（1976）「西欧近代的所有権概念継受の一齣——明治憲法第二七条成立過程を中心として」季刊・日本思想史1号（1976）109-133頁
・石田穣（2008）『物権法』（信山社）
・伊藤博文（1889）『帝国憲法義解』（国家学会）
・伊藤博文著＝宮沢俊義校注（1940）『大日本帝国憲法義解・皇室典範義解』（岩波書店）
・岩谷十郎（2015）「情と理で読み解く長沼事件——福澤諭吉の法交渉」『福澤諭吉年鑑42』（福澤諭吉協会）93-107頁
・梅謙次郎（1901）『訂正増補 民法要義 巻之一 総則編』（有斐閣）
・エプステイン, リチャード・A・／松浦好治監訳（2000）『公用収用の理論：公法私法二分論の克服と統合』（木鐸社）
・大島美津子（1994）『明治国家と地域社会』（岩波書店）
・大谷太＝川畑憲司＝鈴木美智子＝渡部みどり（2018）「所有者不明土地問題に関する法務省の取組み——共有私道の保存・管理等に関する事例研究会報告書について」月刊登記情報678号10-21頁
・小澤道一（2019）『逐条解説 土地収用法〔第四次改訂版〕上・下』（ぎょうせい）

か

・加藤正信（2015）「急増する所有者不明の土地と、国土の有効利用——立法提案『国土有効利用の促進に関する法律』」高翔龍ほか編『日本民法学の新たな時代』（有斐閣）297-348頁
・川島武宜（1960）『民法I 総則・物権』（有斐閣）
・川島武宜（1965）『民法総則』（有斐閣）
・川島武宜（1968）「入会権の公示方法（対抗要件）」川島武宜編『注釈民法(7)物権(2)』（有斐閣）585-590頁
・川島武宜（1981）『所有権法の理論』同『川島武宜著作集 第7巻』（岩波書店）所収
・カント, I・／樽井正義＝池尾恭一訳（2002）『カント全集11——人倫の形而上学』（岩波書店）
・川島武宜＝川井健編（2017）『新版注釈民法(7)』（有斐閣）
・共有私道の保存・管理等に関する事例研究会（2022）『複数の者が所有する私道の工事において必要な所有者の同意に関する研究報告書～所有者不明私道への対応ガイドライン～』〔令和4年6月〕［https://www.moj.go.jp/content/001374239.pdf］
・（共有私道の保存・管理等に関する事例研究会（第2期）の議事録等につき、［https://www.moj.go.jp/MINJI/minji07_00280.html］参照）
・金融財政事情研究会編（2019）『「登記制度・土地所有権の在り方等に関する研究報告書～所有者不明土地問題の解決に向けて～」の概要』（金融財政事情研究会）
・小粥太郎編（2020）『新注釈民法(5)』（有斐閣）
・国土交通省総合政策局総務課（2018a）『不明裁決申請に係る権利者調査のガイドライン〔第2版〕』（平成30年11月）
・国土交通省総合政策局総務課（2018b）『不明裁決事例集〔第2版〕』（平成30年11月改訂）

・国土交通省土地・建設産業局（2022）『地域福利増進事業ガイドライン』（令和4年11月）
・国土交通省土地・建設産業局企画課（2020）「土地基本法の改正について」土地総合研究2020年冬号44-53頁
・後藤浩平（2020）『Ｑ＆Ａ 所有者不明土地特措法・表題部所有者不明土地適正化法の実務と登記』（日本加除出版）
・小柳春一郎（2016）「フランス法における土地所有権放棄の新判例――危険崖地所有権放棄に関する破毀院民事第三部2015年11月5日判決（判例集登載）」獨協法学101号161-187頁
・小柳春一郎（2017）「フランス法における不動産の法的管理不全への対策――コルシカにおける相続登記未了と2017年地籍正常化法」土地総合研究2017年春号69-90頁
・小柳春一郎（2020）「土地基本法見直し『中間とりまとめ』における土地所有者の「管理」の責務――物理的管理と法的管理」土地総合研究2020年冬号3-13頁
・小柳春一郎（2021）『仏日不動産法の現代的展開』（成文堂）

さ

・坂口正彦（2014）『近現代日本の村と政策――長野県下伊那地方1910〜60年代』（日本経済評論社）
・坂本太郎＝家永三郎＝井上光貞＝大野晋校注（1994〜1995）『日本書紀(一)〜(五)』（岩波書店）
・佐藤達夫（1946）「三月四、五日司令部ニ於ケル顛末」国会図書館
・潮見佳男（2018）『詳解 相続法』（弘文堂）
・潮見佳男（2021）「所有者不明土地関係に係る民法・不動産登記法等の改正と相続法の規律の変更」家庭の法と裁判31号13-28頁
・志賀重昂（2014〔1894〕）『日本風景論（新装版）』（講談社）
・シューマッハー, E・F・／小島慶三＝酒井懋訳（1986）『スモール イズ ビューティフル――人間中心の経済学』（講談社）〔E. F. Schumacher, Small is Beautiful: A Study of Economics as if People Mattered, 1973〕
・スミス, A・／水田洋訳（2005）『法学講義』（岩波書店）
・スミス, A・／水田洋＝篠原久＝只越親和＝前田俊文訳（2012）『アダム・スミス法学講義1762〜1763』（名古屋大学出版会）

た

・平良小百合（2017）『財産権の憲法的保障』（尚学社）
・平良小百合（2022）「土地所有権と憲法――土地基本法の制定・改正論議から考える」秋山編著2022所収61-88頁
・田處博之（2017）「土地所有権の放棄――所有者不明化の抑止に向けて」土地総合研究2017年春号112-129頁
・辻伸行（2013）『所有の意思と取得時効』（有斐閣）
・富田裕（2017）「国土審議会の提案する所有者不明土地利用権設定制度の問題点とその解決としての無主不動産に一定の先占権を認める制度の考察」日本不動産学会誌31巻3号＝122号23-30頁

な

・中川雅之（2020）「人口減少下の投機的土地取引規制」土地総合研究2020年冬号28-35頁
・二宮周平（2019）『家族法〔第5版〕』（新世社）
・能見善久＝加藤慎太郎編（2019）『論点大系判例民法2〔第3版〕』（第一法規）

は

・バウマン, ジグムント・／奥井智之訳（2017）『コミュニティ――安全と自由の戦場』（筑摩書房）

- 長谷部恭男（2022）『憲法〔第8版〕』（新世社）
- 濱崎陽平（2017）「所有者不明土地が招く空き家問題——危険な家に翻弄される行政」Wedge29巻9号22-23頁
- 福沢諭吉（1959〔1892〕）「地租論」（時事新報明治25〔1892〕年4月29日～5月8日）福沢全集1959所収115-142頁
- 福澤全集（1959）慶應義塾『福澤諭吉全集 第6巻』（岩波書店）
- 福澤全集（1962）慶應義塾『福澤諭吉全集 第19巻』（岩波書店）
- 藤川大樹（2017）「警察も手を焼く『地面師』——映画のような詐欺の実態」Wedge29巻9号26-27頁
- 藤原弘通（1999）『取得時効法の諸問題』（有信堂高文社）
- 舟橋諄一（1960）『物権法』（有斐閣）
- 堀田親臣（2018）「土地所有権の現代的意義——所有権放棄という視点からの一考察」広島法学41巻3号69-96頁
- ホッブズ，Ｔ・／水田洋訳（1992）『リヴァイアサン(1)』（岩波書店）
- 本間義人＝五十嵐敬喜＝原田純孝編（1990）『土地基本法を読む——都市・土地・住宅問題のゆくえ』（日本経済評論社）

ま

- 牧健二（1956）「知行の原始段階——律令的知行の成立及び本質」高村象平＝小松芳喬編輯代表『野村博士還暦記念論文集 封建制と資本制』（有斐閣）1-52頁
- 牧英正＝藤原明久編（1993）『日本法制史』（青林書院）
- 松尾弘（1989）「グロチウスの所有権論（一）」一橋研究14巻3号107-135頁
- 松尾弘（1993）「プーフェンドルフの所有権論と法理論の展開——『義務論』を中心にして」比較法史研究（Historia Juris）2号347-372頁
- 松尾弘（1994）「不動産譲渡法の形成過程における固有法と継受法の混交(1)」横浜国際経済法学3巻1号1-41頁
- 松尾弘（1995a・1995b）「不動産譲渡法の形成過程における固有法と継受法の混交(2)・(3・完)」横浜国際経済法学3巻2号33-70頁・4巻1号103-165頁
- 松尾弘（1996）「人格と所有権——所有制度の構造論的分析のための覚書き」横浜国際経済法学4巻2号247-279頁
- 松尾弘（2008）「環境共有の法理への一視点——地域コミュニティによる財産管理に焦点を当てて」慶應義塾大学法学部編『慶應義塾創立一五〇年記念法学部論文集 慶應の法律学 民事法』（慶應義塾大学法学部）
- 松尾弘（2012）『開発法学の基礎理論——良い統治のための法律学』（勁草書房）
- 松尾弘（2015）「所有権とは何か——開発のための諸刃の剣」法学セミナー60巻6号14-18頁
- 松尾弘（2018a）「共有物の使用・管理・変更・分割をめぐる共有者の権利——共有関係を織りなす合意の糸」澤野順彦編『不動産法論点大系』（民事法研究会）206-234頁
- 松尾弘（2018b）「日本における土地所有権の成立——開発法学の観点から」慶應法学41号93-145頁
- 松尾弘（2019a）「土地所有における私人の権利・義務と国家の権限・責務——所有者不明土地に対する利用権等の取得立法を契機にして」慶應法学42号337-377頁
- 松尾弘（2019b）「所有者不明土地問題への法的対応」登記情報696号4-15頁
- 松尾弘（2019c）『家族法改正を読む——家族法改正のポイントとトレンド』（慶應義塾大学出版会）
- 松尾弘（2019d）「判批」民事判例18・96-99頁
- 松尾弘（2020a）「所有者不明の土地をめぐる法的課題」ジュリスト1543号14-20頁
- 松尾弘（2020b）「所有者不明土地問題をめぐる法制度の現状と課題（問題提起）」信託フォーラム13巻15-24頁
- 松尾弘（2021a）「土地基本法の総合的評価——法律学の視点から」日本不動産学会誌136号26-41

頁
・松尾弘、(2021b)「所有者不明土地問題の解決に向けた民事基本法制の見直し──相続土地国庫帰属法を中心に」法律のひろば74巻10号36-44頁
・松尾弘、(2021c)「共有物の管理に関する民法改正の意義と特色」RETIO（不動産適正取引推進機構）123号21-28頁
・松尾弘、(2021d)「所有者不明土地問題をめぐる令和 3 年民法改正等と相続実務への影響」日本相続学会『円満かつ円滑に』 9 号7-20頁
・松尾弘、(2021e)『物権法改正を読む──令和 3 年民法・不動産登記法改正等のポイント』（慶應義塾大学出版会）
・松尾弘、(2021f)『所有者不明土地の発生予防・利用管理・解消促進からみる改正民法・不動産登記法』（ぎょうせい）
・松尾弘、(2022)「所有者不明土地特措法改正の意義と課題」RETIO（不動産適正取引推進機構）126号13-20頁
・松尾弘＝古積健三郎（2008）『物権・担保物権法〔第 2 版〕』（弘文堂）
・松岡久和＝平野哲郎（2019）「判批」立命館法学381=382号229-245頁
・ミル，Ｊ・Ｓ・／末永茂喜訳（1950）『経済学原理(二)』（日本評論社）
・南森茂太（2008）「神田孝平『農商辨』における商の『利』──税制改革論を中心に」経済学史研究50巻 1 号62-77頁
・武川幸嗣（2019）「不在者財産管理制度の再考」NBL1152号22-28頁
・村松秀樹＝大谷太編著（2022）『Ｑ＆Ａ 令和 3 年改正民法・改正不動産登記法・相続土地国庫帰属法』（金融財政事情研究会）
・村松秀樹＝大谷太＝脇村真治＝川畑憲司＝古賀朝哉＝宮﨑文康＝渡部みどり＝小田智典＝中丸隆之＝福田宏晃（2021a)「令和 3 年民法・不動産登記法等改正及び相続土地国庫帰属法の解説(1)～(5・完)」NBL1206号4-9頁、1208号、1210号、1212号、1214号
・門間勝（2017)「用地補償と所有者不明土地」日本不動産学会誌31巻 3 号66-70頁

や

・山野目章夫（2022）『土地法制の改革──土地の利用・管理・放棄』（有斐閣）
・山野目章夫編（2018）『新注釈民法(1)』（有斐閣）
・山下詠子（2011）『入会林野の変容と現代的意義』（東京大学出版会）
・山下詠子（2016）「多数共有地の現状と認可地縁団体制度──入会林野を例に」都市問題2016年11月号81-90頁
・山城一真（2019）「共有法の基礎理論とその課題」NBL1152号38-45頁
・吉田克己（2019）『現代土地所有論──所有者不明土地と人口減少社会をめぐる法的諸問題』（信山社）
・吉野悟（1989）『近世私法史における時効』（日本評論社）
・吉原祥子（2017）『人口減少時代の土地問題──「所有者不明化」と相続、空き家、制度のゆくえ』（中公新書）

ら

・ラズ，ジョゼフ／松尾弘訳（2011）『法体系の概念──法体系論序説〔第 2 版〕』（慶應義塾大学出版会）
・ルソー，Ｊ・Ｊ・／本田喜代治＝平岡昇訳（1933）『人間不平等起原論』（岩波文庫）
・ルブール＝モパン，ナデージュ／小柳春一郎訳（2016）「フランス法における土地所有権放棄──考察すべき諸要素」獨協法学100号205-222頁

わ

・我妻榮（1965）『新訂 民法総則』（岩波書店）
・我妻栄著＝有泉亨補訂（1983）『新訂 物権法』（岩波書店）
・和辻哲郎（1979）『風土——人間学的考察』（岩波書店）

欧文

著者名のアルファベット順による。

・De Sato, Hernando（2000）, *The Mystery of Capital: Why Capitalism Triumphs in the West and Fails Everywhere Else*, Basic Books.
・Matsuo, Hiroshi（1997）, "Historical and Theoretical Intimacy Between the Concepts of Rights and Property", in: Rex Martin and Gerhard Sprenger（eds.）, *Rights, ARSP-Beiheft 67*, pp. 72–80.
・North, Douglass C.（2001/2002）, "Why Some Countries Are Rich and Some Are Poor", *Chicago-Kent Law Review*, Vol. 77, pp. 319–330.

◆索引

《著者紹介》

松尾　弘（まつお　ひろし）　慶應義塾大学大学院法務研究科教授（専攻：民法学、開発法学）

●──略歴
1962年　　長野県生まれ。
1985年　　慶應義塾大学法学部卒業。
1990年　　一橋大学大学院法学研究科博士後期課程単位取得。
横浜市立大学商学部助教授、横浜国立大学大学院国際社会科学研究科教授を経て、現在、慶應義塾大学大学院法務研究科教授。
この間、シドニー大学客員教授、オックスフォード大学客員研究員。社会資本整備審議会・公共用地部会委員、法制審議会民法・不動産登記法部会幹事、国土審議会・土地政策分科会特別委員、土地等利用状況審議会委員等を歴任。また、ラオス、ベトナム、カンボジア、ネパール等の民法整備支援に携わる。

●──主要業績
『良い統治と法の支配──開発法学の挑戦』（日本評論社、2009年）、『J・ラズ 法体系の概念──法体系論序説〔第2版〕』（慶應義塾大学出版会、2011年）、『開発法学の基礎理論──良い統治のための法律学』（勁草書房、2012年）、『民法改正を読む──改正論から学ぶ民法』（慶應義塾大学出版会、2012年）、『基本事例から考える損失補償法』（大成出版社、2015年）、『民法の体系──市民法の基礎〔第6版〕』（慶應義塾大学出版会、2016年）、『発展するアジアの政治・経済・法──法は政治・経済のために何ができるか』（日本評論社、2016年）、『債権法改正を読む──改正論から学ぶ新民法』（慶應義塾大学出版会、2017年）、『家族法改正を読む──親族・相続法改正のポイントとトレンド』（慶應義塾大学出版会、2019年）、『物権法改正を読む──令和3年民法・不動産登記法改正等のポイント』（慶應義塾大学出版会、2021年）、『所有者不明土地の発生予防・利用管理・解消促進からみる改正民法・不動産登記法』（ぎょうせい、2021年）、*Property and Trust Law in Japan*, Wolters Kluwer, 2021, *Politics, Economy and Law in Developing Asia: A Reflection on Law and Development*, Keio University Press, 2022

土地所有を考える（とちしょゆうをかんがえる）
──所有者不明土地立法の理解を深めるために（しょゆうしゃふめいとちりっぽうのりかいをふかめるために）

2023年4月10日　第1版第1刷発行

著　者──松尾　弘
発行所──株式会社　日本評論社
　　　　　〒170-8474 東京都豊島区南大塚3-12-4
　　　　　電話03-3987-8621（販売：FAX－8590）
　　　　　　　　03-3987-8592（編集）
　　　　　https://www.nippyo.co.jp/　振替　00100-3-16
印刷所──精文堂印刷株式会社
製本所──株式会社　難波製本
装　丁──神田程史
検印省略　©2023　Hiroshi Matsuo
ISBN978-4-535-52600-6　　　　　　　　　　　　　Printed in Japan

.